C ORNELIA N ITSCH

W0228982

Vornamen
von beliebt bis ausgefallen

➤ Mehr als 6000 Namen aus aller Welt

➤ Herkunft, Bedeutung, Kurz- und
Koseformen

Über die Autorin

Cornelia Nitsch hat Sozialwissenschaften studiert und war etliche Jahre Redakteurin bei verschiedenen Elternzeitschriften. Heute arbeitet sie als freie Journalistin und gilt als eine der erfolgreichsten deutschen Eltern-Autorinnen. Sie lebt mit ihrem Mann und vier Kindern in der Nähe von Bad Tölz.

INHALT

EIN WORT ZUVOR

Der Vorname ist mehr als nur ein Mittel zur Unterscheidung von anderen, mehr als ein reines Schmuckelement. Er ist immer Teil der Persönlichkeit eines Menschen und begleitet ihn stets. Ein Kind wird mit seinem Namen angesprochen und macht sich durch seinen Namen bekannt. Der Name prangt auf der Geburtsurkunde und im Album unter den Fotos von der Einschulung. Er steht auf allen Schulzeugnissen und wird bei wichtigen Anlässen wie etwa der Abiturfeier oder der Trauung laut vorgelesen. Er bleibt sogar über das Leben hinaus, denn zum Schluss steht er auf dem Grabstein zur Erinnerung an den, der ihn trug. Und gerade weil er so wichtig ist, nehmen die meisten Eltern die Suche nach einem passenden Namen auch sehr ernst und machen sich die Entscheidung wahrlich nicht leicht. Dabei sind jedoch einige Klippen zu umschiffen: Erst müssen sie sich untereinander einigen, dann muss die Verwandtschaft überzeugt werden und schließlich auch noch der Standesbeamte.

Der große GU Kompass Vornamen begleitet Sie bei diesem Prozess und gibt Hilfestellungen und Tipps,
➤ welcher Vorname zu welcher Art von Familiennamen am besten passt,
➤ welche Kose- und Spitznamen sich aus den verschiedenen Vornamen ergeben können (und oft sind gerade diese Kurzformen besonders ansprechend).
➤ woher welcher Name kommt und was er bedeutet,
➤ wie die Namen wirken, welche Ausstrahlung sie haben,
➤ wie Namen in anderen Ländern heißen und wo sie überall üblich sind.

Außerdem erhalten Sie viele wertvolle Informationen über alles, was Sie als Eltern berücksichtigen sollten oder müssen, wenn Sie Ihrem Baby einen Namen geben.

Cornelia Nitsch

WIE SOLL ES DENN HEISSEN?

Auch an den Vornamen der Kinder lassen sich die Veränderungen unseres gesellschaftlichen Lebens ablesen. So sind im Zuge der Globalisierung und mit dem Zusammenwachsen der Länder in Europa zunehmend Namen aus anderen Gefilden, vor allem aus dem englischen Sprachraum, in Deutschland beliebt geworden. Zwar sind auch alte Namen wieder »in«, aber längst nicht alle traditionellen Namen erleben eine solche Renaissance. Denn viele der Namen, die noch zu Zeiten unserer Großeltern gefragt waren, wie etwa Gerlinde oder Gottlieb, sind inzwischen weitgehend verschwunden. Auch die Vornamen der ersten Nachkriegsgeneration, wie zum Beispiel Gabriele oder Wolfgang, geraten langsam, aber sicher in Vergessenheit.

Eltern fühlen sich heute bei der Wahl eines Vornamens für ihr Kind freier, weniger durch Traditionen und Normen eingeengt als früher. So »muss« ein Baby inzwischen nicht mehr nach seinen Paten benannt werden, auch nicht nach der Großmutter oder dem Großvater oder gar nach einem Heiligen.

Die Suche nach dem geeigneten Namen

Gerade während der Schwangerschaft ist die Suche nach einem geeigneten Namen für das Baby immer ein Thema.

➤ Die einen betreiben sie mit großer Freude, verstehen die Suche als kreativen Akt – als eine Möglichkeit, ihre Individualität zu zeigen. Sie haben Spaß daran, eigene Ideen zu entwickeln und damit zu spielen.

➤ Die anderen tun sich mit der Entscheidung schwerer, gerade weil sie heute die freie Wahl haben. Meist geht es ihnen bei der Namenswahl weniger um Selbstverwirklichung als vielmehr um den kleinen Sohn, die kleine Tochter – diesen Winzling, der den Namen tragen soll. Das Kind steht im Mittelpunkt ihrer Überlegungen.

Gerade erst auf die Welt gekommen, zeigt ein Neugeborenes noch wenig Profil. Zu diesem frühen Zeitpunkt ist es schwer zu beurteilen, ob der Name, den die Eltern vielleicht im Sinn haben, später wirklich zu ihrem Sprössling passen wird. Dazu kommt auch eine innere Hürde: Sie müssen über ihr Kind hinweg bestimmen, denn es kann bei der Entscheidung noch nicht mitreden. Es ist aber wesentlich davon betroffen, denn der Vorname wird es ein Leben lang begleiten. Natürlich kann es seinen Vornamen später verändern: abkürzen, verlängern oder in eine Koseform umwandeln. Dennoch bleibt er bestehen, eng verbunden mit dem Namensträger. Ihn offiziell durch einen anderen Namen zu ersetzen bereitet eine Menge Umstände.

Zu guter Letzt noch ein Hinweis zur Handhabung dieses Buches: Um Ihnen in diesem Kompass möglichst viele Namen vorstellen zu können und auch aus Gründen der besseren Lesbarkeit, finden Sie Namen mit unterschiedlicher Schreibweise immer bei der gebräuchlicheren Form. So finden Sie den Namen Klaudia beispielsweise beim Buchstaben C (Claudia) und Yan bei J (Jan).

A

Abelina: wohlklingend; ungewöhnlich, aber nicht zu extravagant. Aus dem Hebräischen. Bedeutung: Hauch. Abkürzungen: Aba, Lina.

Abigail: ein lässiger, moderner englischer Name. Aus dem Hebräischen. Bedeutung: Vaterfreude. Abkürzungen: Abbie, Abby, Gail.

Abra: ungewöhnlich, sehr selten; passt zu vielen Familiennamen. Die weibliche Form von Abraham. Aus dem Hebräischen. Bedeutung: Vater der Menge.

Ada: einfacher und prägnanter biblischer Name; angenehm im Klang; passt gut zu den meisten Familiennamen. Aus dem Hebräischen. Bedeutung: edel. Wird auch als Kurzform von Adelheid verstanden.

Adalie, Adalina, Adeline: liebenswerte, zärtliche Namen. Ursprünglich Kosenamen zu → Adelheid, → Acela/Adele. Abkürzungen: Ada, Dela, Della, Lida, Lina, Line.

Adela, Adele: ein alter Name, der langsam wieder entdeckt wird. Kurzform von Namen mit den Anfangssilben »Adel«. Bedeutung: edel. In Frankreich: Adèle. Abkürzungen: Ada, Adda, Dela, Della, Leda, Lida.

Adelheid, Adelheide: ein alter, fast in Vergessenheit geratener Name. Aus dem Althochdeutschen. Bedeutung: edel. In Frankreich: Adelaide; in den Niederlanden: Alita; die baskische Fassung: Talesia. Abkürzungen: Ada, Adda, Alda, Adan, Heide, Heidi, Lida. Namenstag: 16. Dezember.

Adia: klingt warm, vertraut und doch exotisch. Ein afrikanischer Name. Bedeutung: das Geschenk.

Adina: unverbraucht und zeitgemäß. Aus dem Hebräischen. Bedeutung: weich. Abkürzungen: Ada, Dina.

Adriana, Adriane: klassisch, zeitlos; in vielen Ländern bekannt. Aus dem Lateinischen. Bedeutung: von der Adria. In Frankreich und England: Adrienne; in den Niederlanden: Aria. Abkürzungen: Ada, Ana, Ria, Riana.

Adrienne: → Adriana/Adriane.

Agatha, Agathe: war lange vergessen, wird jetzt wieder entdeckt; in vielen Ländern bekannt. Aus dem Griechischen. Bedeutung: die Gute. In Schweden: Agda; in Russland: Agafia, Agascha. Abkürzungen: Agda, Aggi, Aggy, Gate. Namenstag: 5. Februar.

Agda: → Agatha/Agathe.

Aglaia, Aglaja: blumig, romantisch. Aus dem Griechischen. Bedeutung: Glanz, Pracht. Abkürzungen: Laija, Laja.

Agnes: ein alter Name, der wieder aktueller wird; passt zu fast jedem Familiennamen. Aus dem Griechischen. Bedeutung: rein. In Schweden: Agna, Agneta, Agnetha, Agnita; in Spanien: Inés, Ines; in Italien: Agnese, Agnete. Abkürzungen: Ada, Agda. Namenstag: 21. Januar.

Aida: individuell und elegant; passt jedoch nicht zu jedem Familiennamen. Aus dem Arabischen. Bedeutung: zurückkehren. Abkürzungen: Ada, Ida.

Aika: friesisch; angenehm im Klang mit den Vokalen zweimal a und einmal i; passt nicht nur in den Norden. Wahrscheinlich mit dem Namen → Helena verwandt.

Aila, Aileen: → Helena.

Ailis: poetisch und geheimnisvoll. Irisch, angelehnt an den englischen Namen → Alice. Abkürzungen: Aila, Lissie, Lilli, Lilly.

Aimée: ein romantischer französischer Name; passt am besten zu einem schlichten oder besonders klangvollen Familiennamen. Hergeleitet von → Amata. Abkürzungen: Mae, May, Mee.

Aislinn: ein poetischer irischer Name. Aus dem Gälischen. Bedeutung: Traum, Vision. Im Englischen: Isleen. Abkürzungen: Aila, Leen, Linn, Lyn, Lynn.

Aja: einfach, unkompliziert und angenehm im Klang; passt gut zu den meisten Familiennamen. Aus dem Italienischen. Bedeutung: Erzieherin.

Akelei: Blumenname. Aus dem Lateinischen. In Russland: Akulina. Abkürzungen: Leila, Lina.

Alanna: angenehm im Klang, einfach in der Schreibweise; international. Aus dem Gälischen. Bedeutung: die Schöne. Abkürzungen: Ala, Lana.

Alba: kurz und prägnant; voller, angenehmer Klang durch das zweimalige a; mit nahezu jedem Familiennamen vereinbar. Aus dem Lateinischen. Bedeutung: die Perle.

A

Alberta, Albertina, Albertine: traditionelle Namen, die heute wieder mehr Liebhaber finden. Aus dem Althochdeutschen; passen zu den meisten Familiennamen. Bedeutung: edel, glänzend. Kosename: Albertje. Abkürzungen: Aja, Ala, Berta, Berte, Tina, Tine.

Alda: angenehm im Klang, einfach in der Schreibweise; passt zu den meisten Familiennamen. Ursprünglich Kurzform von Namen mit den Anfangssilben »Adel«. Bedeutung: edel. In Frankreich: Aude.

Aldina, Aldine: klangvoll; ungewöhnlich, aber nicht zu ausgefallen. Entwickelt aus Namen mit den Endsilben »dina«, »dine«. Abkürzungen: Ada, Dina.

Aleida, Aleide: niederdeutsch; passt aber nicht nur nach Norddeutschland. Angelehnt an den Namen → Adelheid. Abkürzungen: Ada, Ida, Lida.

Alena, Alene: zunehmend beliebt; slawisch, passt aber fast überall. Verwandt mit → Magdalena. Abkürzungen: Lena, Lene.

Alenica, Alenka: romantische und melodiöse russische Namen. Abgeleitet von → Helena. Abkürzungen: Lena, Lenca oder Lenka.

Alesia: ein voller, angenehmer, warmer Klang; anspruchsvoll und passt deshalb am besten zu einem entsprechend klangvollen oder besonders schlichten Familiennamen. Hergeleitet von → Adelheid. Baskisch: Talesia. Abkürzungen: Lesly, Lexa, Zia.

Alessa, Alessia: → Alexa.

Aleta, Aletta, Alette: melodiös; ausgefallen, aber nicht zu abgehoben; niederländisch beziehungsweise friesisch. Erinnert an → Adelheid. Abkürzungen: Letta, Lexa.

Alexa, Alexia, Alexis: international; modern. Ursprünglich Kurzform von → Alexandra. In Italien: Alessa, Alessia. Abkürzungen: Alix, Lessia, Lessja, Lexa.

Alexandra, Alessandra, auch **Alexandrina, Alexandrine:** beliebter klassischer Name; in vielen Ländern bekannt; die weibliche Form von Alexander. Aus dem Griechischen. Bedeutung: Beschützer. In Skandinavien: Aleksandra. Abkürzungen: Alessia, Alex, Alexa, Alexis, Alix, Alja, Alla, Ally, Andra, Sandra, Sandy, Sanja, Sanya.

Alice, Alicia oder **Alyce:** eine in vielen Ländern bekannte Nebenform von → Elisabeth, → Adelheid oder → Alexandra. In Irland: Ailis; in Finnland: Aila. Eine weitere Variante: Alison. Abkürzungen: Ala, Ali, Alisa, Alja, Ally, Lia, Licia, Lilli, Liz, Liza, Lizzi, Lizzy.

Alida, Alide, Allida, auch **Talida:** melodiöse norddeutsche Namen, die überall passen. Koseformen von → Adelheid. Abkürzungen: Ala, Lida, Lixa.

Alina, Aline: beliebter internationaler Name; passt nahezu überall; schwedisch, ungarisch beziehungsweise slawisch. Wahrscheinlich angelehnt an → Helena. Abkürzungen: Ala, Alja, Ali, Lina, Line.

Alisa: individuell und wirkungsvoll; international; passt zu den meisten Familiennamen. Aus dem Griechischen. Bedeutung: Glück. Wird auch als Nebenform von → Alice betrachtet. Abkürzungen: Ala, Alja, Lisa, Lissa, Sasa.

Alison: → Alice.

Alissa: individueller Name, der trotzdem zu den meisten Familiennamen passt. Aus dem Englischen. Angelehnt an den Namen → Alice. Abkürzungen: Ala, Lissa, Lissi, Lissy.

Alita: → Adelheid.

Alja: attraktiv; originell, aber nicht zu übertrieben; passt zu den meisten Familiennamen. Aus dem Russischen. Abgeleitet von → Alexandra.

Alke: ein fast schon zärtlicher Name; eher in Norddeutschland vertreten; erinnert ans Plattdeutsche. Die Silbe »Al« bedeutet »edel«.

Alkje: niederländisch. Koseform aller Vornamen, die mit der Silbe »Al« beginnen.

Allegra: ein vor allem in den USA bekannter italienischer Name, der international immer beliebter wird. Bedeutung: die Lebhafte. Abkürzung: Alja.

Alletta: schwedisch; klingt wie ein frisches, fröhliches Lied. Angelehnt an → Adelheid. Abkürzungen: Alja, Letta.

Alma: fast schon in Vergessenheit geratener Name. Wahrscheinlich aus dem Spanischen/Lateinischen. Bedeutung: die Nährende.

Almut, Almuth, auch **Almud:** ein alter Name, aber nicht altmodisch; passt zu fast jedem Familiennamen. Hergeleitet von Adelmut. Bedeutung: edel und Geist. Abkürzungen: Ala, Ally, Altje, Ama, Muna.

Alva: schlicht, einfach und gleichzeitig romantisch; schwedisch. Angelehnt an den Namen → Alvina.

Alvina: angenehm im Klang, einfach in der Schreibweise; individuell, aber nicht zu gewollt. Aus dem Nordischen. Bedeutung: die Elfe. Abkürzungen: Ala, Ally, Ina.

Alwina, Alwine: ein früher beliebter alter Name, der ziemlich in Vergessenheit geraten ist; die weibliche Form von Alwin. Bedeutung: edel und Freund. Im Englischen: Alwyne; in Schweden: Alvine. Abkürzungen: Ala, Ally, Alwy.

Amabella, Amabelle: romantisch und weiblich. Aus dem Lateinischen. Bedeutung: die Liebenswerte. In England: Mabel. Abkürzungen: Ama, Bella.

Amalia, Amalie, Amalina, Amaline, neuer **Amelia, Amelie, Ameline:** ein beliebter alter Name, vor allem in der Form Amelie. Angelehnt an Namen mit der Anfangssilbe »Amal« wie etwa Amalfrieda. Bedeutung: tapfer. In Frankreich: Amélie, Ameline; in Ungarn: Malika; in Italien: Amelia. Abkürzungen: Ala, Alia, Ama, Ami, Amy, Lia, Lilli, Lilly, Malia, Mela, Melia, Meline.

Ama: selten, sehr ansprechend; passt in jedes Land und zu jedem Familiennamen. Baskisch. Bedeutung: die Mutter. Der Name ist auch in Ghana bekannt und bedeutet dort: die am Samstag Geborene.

Amalinde, Amalindis: angelehnt an Namen mit der Anfangssilbe »Amal« wie etwa Amalfrieda. Bedeutung: tapfer. Abkürzungen: Ama, Ami, Linda, Linde.

Amanda: eher selten; individuell; passt weniger gut zu einem ganz alltäglichen Familiennamen. Aus dem Lateinischen. Bedeutung: die Liebenswerte. Abkürzungen: Ama, Amy, Ana, Manda, Mandy, Nanda, Nanna.

Amata: ein Name, der sowohl einen angenehmen Klang als auch eine angenehme Aussage zu bieten hat. Aus dem Lateinischen. Bedeutung: die Geliebte. In Frankreich: Aimée. Abkürzungen: Ama, Amy, Mata.

Amelia, **Amelie**, **Ameline**, **Amely:** → Amalia.

Anastasia, **Anastacia**, **Anastasija:** melodiöser russischer Name, der in vielen Ländern bekannt ist; sollte besser an einen klangvollen als einen alltäglichen Familiennamen gekoppelt werden. Aus dem Griechischen. Bedeutung: die Auferstandene. Im Englischen: Anstice. Abkürzungen: Ana, Assia, Assja, Asta, Nanja, Naschda, Nastja, Stasia, Sita, Tasja, Tassia. Namenstag: 25. Dezember.

Andrea: beliebt; mit den Vokalen zweimal a, einmal e angenehm im Klang. Aus dem Griechischen. Bedeutung: die Tapfere. In Irland: Aindrea; in Frankreich: Andrée; in Osteuropa: Andreana, Andriana, Andrijana. Abkürzungen: Ana, Andi, Andie, Anja, Rea.

Andrée: → Andrea.

Anemone: ein romantischer Name, der an das Buschwindröschen erinnert. Aus dem Griechischen. Bedeutung: Wind. Wird der Name mit zwei n geschrieben, ist er eine Verbindung aus → Anne und → Monika.

Angela: beliebt; passt immer. Aus dem Lateinischen. Bedeutung: der Engel. In Frankreich: Angèle; in Polen: Aniela; weitere Formen: Angelia, Angelina, Angeline. Abkürzungen: Ana, Ange, Ela, Gela, Geli. Namenstag: 27. Januar.

Angelika, auch **Angelica:** angelehnt an → Angela. In Frankreich: Angélique; in Russland: Gelja. Abkürzungen: Angie, Gelja, Ica, Ika, Lica, Lika.

Ania: ungewöhnlich, aber nicht extravagant; individuell. Spanisch. Angelehnt an → Anna.

Anica: unkomplizierter slawischer Name; in dieser Schreibweise eher ungewöhnlich. Angelehnt an → Anna. Abkürzungen: Ana, Anna, Ica, Ninni.

Anik, Anika, Anike, auch **Annik, Annika, Aniska:** eine russische Koseform von → Anna. In Finnland: Anniki. Abkürzungen: Ana, Anna, Ika, Ninni, Nika, Nike, Niki, Niska.

Anina, Anine, auch **Annina, Annine:** ein liebevoller dänischer Kosename; passt überall. Abgeleitet von → Anna.

Anita: ein klangvoller spanischer beziehungsweise italienischer Name; auch in Deutschland beliebt; mit jedem Familiennamen zu kombinieren. Eine Koseform von → Anna. Abkürzungen: Ana, Anna, Ninni, Nita.

Anja: einfacher und unkomplizierter Name; vor allem in Norddeutschland beliebt. Slawische/russische Kurzform von → Anna. Koseform: Anjuscha.

Anjuscha, Anjuschka: zärtlich und liebenswert; slawisch. Verwandt mit → Anna. Abkürzungen: Juscha, Juschka.

Anka, Anke: unkomplizierter slawischer Name; angenehm in Klang und Schreibweise; passt zu nahezu jedem Familiennamen. Angelehnt an → Anna.

Anna, Anne, auch **Annina, Annine:** schlichter, einfacher biblischer Name; sehr beliebt. Aus dem Hebräischen. Bedeutung: die Begnadete. Der Name wird auch als Kurzform von → Johanna verstanden. In Spanien: Ana, Ania; im Englischen: Ann; in den Niederlanden: Aniet. Kosenamen: Änne, Andel, Ann, Annemie, Anneke, Annelie, Anni, Anniko, Nannerl. Manche der Abkürzungen gelten auch als volle Namen. Namenstag: 26. Juli.

WAS GILT ALS NAME, WAS NICHT?

Beim Standesbeamten dürfen nur Vornamen eingetragen werden, die auch wirklich irgendwo auf der Welt Vornamen sind. Das ist manchmal schwierig, denn was anderswo als Vorname gilt, wird in Deutschland nicht unbedingt auch als Vorname verstanden. Ein Beispiel: Der Name Dakota. In den USA akzeptiert, hier umstritten. Wirklich ein Name? Das ist oftmals Interpretationssache. Die Folge sind Meinungsverschiedenheiten bis hin zu Prozessen. Wer also Streitigkeiten von vornherein vermeiden möchte, sollte einen Namen aussuchen, der klar als solcher zu erkennen ist.

Annabell, Annabella, auch **Anabel:** ungewöhnlicher italienischer Name; wirkt am besten im Verbund mit einem ebenso klangvollen oder besonders schlichten Familiennamen. Zusammengesetzt aus → Anna und → Bella.

Annamaria, Annamarie, Annemaria, Annemarie: vor ein paar Jahrzehnten sehr beliebt, dann ziemlich in Vergessenheit geraten. Zusammengesetzt aus → Anna und → Maria. Abkürzungen: Annemie, Mia, Mimmi.

Annbritt: schwedisch; passt zu den meisten Familiennamen; auch in Deutschland bekannt. Zusammengesetzt aus → Anna und → Britta.

Anneke, Anneken: eine besonders zärtliche niederländische Koseform von → Anna; auch in Friesland bekannt; erinnert an das Plattdeutsche.

Anneli, Annelie: aus dem Alemannischen. Kurz- und Koseform von → Anna. Abkürzungen: Ana, Anna, Anne, Anni, Annie, Anny, Lilli, Lilly, Nele, Nelly.

Annemieke, Annemieken: zärtliche, liebevolle niederländische Koseform von → Annamaria; passt besonders gut zu einem typisch norddeutschen Familiennamen.

Annett, Annette, auch **Anette:** schon lange eingebürgerter französischer Name; beliebt; charmant; passt zu fast jedem Familiennamen. Eine Verkleinerungsform von → Anna. Abkürzungen: Anna, Anne, Nena, Nette.

Anouk, Annouk, Anouchka: außergewöhnlicher slawischer Name; macht sich am besten mit einem schlichten oder ebenso ausgefallenen Familiennamen; in vielen Ländern bekannt. Verwandt mit → Anna/Anuscha. Abkürzungen: Ana, Nuscha, Nuschka.

Antina, Antine: wohlklingender friesischer Name; passt aber ebenso gut in den Süden; auch in den Niederlanden bekannt. Abgeleitet von → Anna. Abkürzungen: Ana, Anna, Anne, Ina, Nina, Tina.

Antje: ein niederländischer Name; auch in Norddeutschland bekannt und beliebt; klingt wie ein zärtlicher Kosename. Angelehnt an den Namen → Anna.

Antoinette: elegant und anspruchsvoll; passt deshalb am besten zu einem entsprechend anspruchsvollen Familiennamen. Französisch, abgeleitet von → Antonia. Abkürzungen: Ana, Nette, Netta, Toni, Tonja, Tony.

Antonia, Antonie, auch **Antonina:** klassisch; traditionell; gleich bleibend beliebt; verträgt sich besonders gut mit einem wohlklingenden oder unauffälligen Familiennamen. Aus dem Lateinischen. Bedeutung: ein alter Familienname. In Osteuropa: Antonina; in Italien: Antonella, Antonietta, auch Antonetta, Antonette; in Spanien: Antonita. Abkürzungen: Ana, Anna, Anne, Tonia, Toni, Tonja, Tonya, Tony, Tosja, Tosya, Nanna, Nina, Ninni, Nita.

Anuscha, Annuschka: liebenswerter, zärtlicher russischer Name; international. Angelehnt an → Anna. In Ungarn: Annuska; → Anouk.

Apollonia: vor Jahrzehnten ein beliebter Name in Deutschland, heute eher selten. Aus dem Griechischen. Bedeutung: dem Gott Apoll geweiht. In Dänemark und Norwegen: Abelone. Abkürzungen: Abela, Lona, Loni, Lonie, Ninni, Polly, Pola. Namenstag: 9. Februar.

Arabella: ungewöhnlicher spanischer Name; originell, aber nicht übertrieben. Bedeutung: die kleine Araberin. Im Englischen: Arabel. Abkürzungen: Bella, Ella, Lale.

Areta, Aretha: international; vor allem in England und Nordamerika beliebt; passt zu den meisten Familiennamen. Ursprünglich aus dem Griechischen. Bedeutung: die Vortreffliche. Abkürzungen: Eta, Etta, Reta, Retha.

Ariadne: besonders klangvoll und romantisch; macht sich am besten mit einem nicht alltäglichen Familiennamen. Aus dem Griechischen. Bedeutung: die Ehrwürdige, die Liebliche. In Frankreich: Ariane (beliebter als Ariadne); in Italien: Arianna; in Russland: Arka. Abkürzungen: Ana, Ara, Ina, Nanna, Ria.

Ariane, Arianna: → Ariadne.

Ariela, Ariella, Arielle: angenehm im Klang; originell, aber nicht übertrieben; ein italienischer/französischer Name. Aus dem Hebräischen. Bedeutung: die Heldin Gottes. Abkürzungen: Ela, Ella, Illa, Ille, Ria.

Arietta: fröhlicher, unkomplizierter italienischer Name. Bedeutung: das Liedchen. Abkürzungen: Ari, Etta, Rietta.

Arista: außergewöhnlich; frisch und angenehm im Klang durch die Vokalfolge a, i und wieder a. Aus dem Griechischen. Bedeutung: die Beste. Abkürzungen: Ara, Ria, Rixa.

Arlene: individuell, aber nicht übertrieben originell; ein englischer/irischer Name. Aus dem Keltischen. Bedeutung: das Kind. Eine andere, interessantere Schreibweise: Arlyne. Abkürzungen: Lea, Lena, Lene, Lynn.

Arlett, **Arlette:** heiterer und beschwingter französischer Name; weibliche Form von Arnold. Die Silbe »Ar« steht für den Adler. Abkürzung: Letta.

Armanda, auch **Armida**, **Armide**, **Armina:** ein anspruchsvoller italienischer Name; passt sicher nicht zu jedem deutschen Familiennamen; angelehnt an Armand, verwandt mit Hermann. Bedeutung: Heer und Krieger. In Frankreich: Armande. Abkürzungen: Ara, Manda.

Arnika: ungarisch, aber seit langem eingebürgert und recht beliebt; angelehnt an Arnolde, die weibliche Form von Arnold. Bedeutung: Adler und herrschen; auch ein Blumenname. Abkürzungen: Arna, Ika, Nika, Nike.

Asa: schlicht und prägnant; ein alter germanischer Name. Bedeutung: die Göttin.

Ashley oder **Asley:** zunehmend bekannt; lässig; international. Aus dem Englischen. Bedeutung: von der Eschenweide. Auch ein Jungenname. Abkürzung: Leyla.

Asina: originell, aber nicht zu ausgefallen; weich und gleichzeitig frisch; verwandt mit dem Namen Asa. Aus dem Nordischen. Bedeutung: die Göttin. Abkürzungen: Asa, Nina, Sina.

Asja, **Assja:** attraktiver russischer Name; klingt gut und strahlt Energie aus; individuell. Angelehnt an Namen wie → Anna oder → Anastasia.

Assa: frisch und dynamisch; friesisch; passt jedoch nicht nur zu norddeutschen Familiennamen. Ursprünglich Kurzform von anderen A-Namen.

Asta: ein schlichter, wohlklingender und zeitloser Name, der zu fast allen Familiennamen passt; nordisch. Bedeutung: die Liebe. Kurzform von A-Namen wie etwa → Astrid oder → Anastasia.

Astrid, auch **Estrid:** nordischer Name, der vom Klang lebt; in vielen Ländern bekannt und beliebt. Bedeutung: die Reiterin der Götter. Abkürzung: Asta.

Atara: außergewöhnlich; wirkt am besten mit einem entsprechend ausdrucksvollen Familiennamen. Aus dem Hebräischen. Bedeutung: die Krone. Abkürzungen: Ara, Tara.

Athanasia: ein anspruchsvoller Name; wirkt am besten mit einem ebenso anspruchsvollen Familiennamen; ausgefallen. Aus dem Griechischen. Bedeutung: die Unsterbliche. Abkürzungen: Ata, Nana, Nasia.

Athina: individuell, ungewöhnlich, aber nicht zu extravagant. Ein griechischer Name, angelehnt an die Göttin Athene. Abkürzungen: Ana, Nina, Thina, Tina.

Audrey: ein in vielen Ländern bekannter englischer Name; klingt wesentlich moderner als die entsprechende deutsche Fassung Adeltraud. Aus dem Althochdeutschen. Bedeutung: edel und die Stärke. Abkürzungen: Auda, Reya.

Augusta, **Auguste**, auch **Augustina**, **Augustine:** vor hundert Jahren war der Name gebräuchlich, heute ist er fast vergessen. Aus dem Lateinischen. Bedeutung: die Erhabene. In England auch: Austin. Abkürzungen: Asta, Aura, Guscha, Gussy, Gusta, Gustl, Gutja, Justa, Stani, Uta, Ute.

Aurelia: märchenhaft, verspielt; braucht einen außergewöhnlichen oder besonders schlichten Familiennamen, um gut zu wirken. Aus dem Lateinischen. Bedeutung: die Goldene. Im Englischen: Oralie, Oriel; in den Niederlanden: Auralia; in Frankreich: Aurélie; in Ungarn: Aranka; in Rumänien: Aurica; in Russland: Awreja. Abkürzungen: Ala, Aura, Ela, Lia, Reca, Reja, Relja, Rella, Rica.

Aurora: ausdrucksvoll und romantisch; verlangt jedoch nach einem entsprechend wohlklingenden Familiennamen. Aus dem Lateinischen. Bedeutung: die Morgenröte. In Frankreich: Aure, Aurore. Abkürzungen: Aura, Zora.

Ava: originell, aber nicht pompös; ein angenehm klingender internationaler Name. Herkunft unbekannt; vielleicht verwandt mit dem Namen → Eva.

Avery: lässig und modern. Aus dem Altenglischen. Bedeutung: die Führerin der Elfen.

Babette, Babett: in vielen Ländern bekannter französischer Name. Hergeleitet von → Barbara. Als Kosename: Babichon. Abkürzungen: Betsy, Bette.

Bärbel: früher sehr beliebt, dann aus der Mode gekommen. Kurzform von → Barbara.

Barbara: vor ein paar Jahrzehnten ein Modename, jetzt seltener; in vielen Ländern bekannt. Aus dem Griechischen. Bedeutung: die Fremde. In Frankreich: Barbey; in Schweden: Barbro; in Polen: Basia; in Schottland: Baubie; in Russland: Warwara oder Warja, Warenka (Kurzformen). Abkürzungen: Barbe, Barbo, Barbie, Bärbel, Babsi, Bibi. Namenstag: 4. Dezember.

Bastienne: attraktiv; individuell, aber nicht übertrieben ausgefallen; französisch; die weibliche Form von Sebastian. Aus dem Griechischen. Bedeutung: verwehrungswürdig. Abkürzungen: Asta, Stine, Tina, Tine.

Beata, Beate: traditionell; passt nahezu überall. Aus dem Lateinischen. Bedeutung: die Glückliche. Abkürzung: Bea. Namenstag: 8. April.

Beatrice: → Beatrix.

Beatrix: zeitlos, ansprechend, individuell. Aus dem Lateinischen. Bedeutung: die Glück Bringende. In Frankreich: Béatrice; in England und Italien: Beatrice. Abkürzungen: Bea, Bela, Bele, Trice, Trix, Trixie, Trixy. Namenstag: 12. März.

Becky: kurz und einprägsam. Kurzform von → Rebekka.

Belina, Belinda, Belinde: ein besonders klangvoller Name; vor allem in England bekannt; international. Wahrscheinlich abgeleitet vom italienischen »Bella«. Bedeutung: die Schönheit. In Frankreich: Béline. Abkürzungen: Bea, Bela, Bella, Ina, Lina, Linda.

Bella: schlicht, einfach und gleichzeitig anspruchsvoll; passt nahezu überall. Kurzform von Namen wie Isabella, Arabella oder Sybilla. Bedeutung: die Schönheit.

Benedikta: traditionell; wirkt am besten in Verbindung mit einem schlichten, nicht zu langen oder besonders klangvollen Familiennamen. Aus dem Lateinischen. Bedeutung: die Gesegnete. Im Englischen: Benedicta; in Schweden und Dänemark: Bengta; in Spanien: Benita; in Italien: Benedetta; in Frankreich: Bénédicte; in den Niederlanden und Friesland: Bentje. Abkürzungen: Bea, Bena, Bene, Beta, Dikta, Ditta, Ika, Nita.

Benigna: klassisch, ausgefallen; am wirkungsvollsten in Verbindung mit einem wohlklingenden oder aber einem schlichten Familiennamen. Aus dem Lateinischen. Bedeutung: die Gütige. Abkürzungen: Bina, Bine, Ina, Nigna, Nina, Ninni, Nita. Namenstag: 20. Juni.

Benita: → Benedikta.

Berenike: individuell; originell, aber nicht zu ausgefallen; passt jedoch nicht zu jedem Familiennamen. Aus dem Griechischen. Bedeutung: den Sieg bringen. In Frankreich: Bérénice. Abkürzungen: Bea, Bera, Nike.

Bergit: → Birgit.

Berit, Berrit: kurz und knackig; frisch, unverbraucht. Dänisch und schwedisch. Abgeleitet von → Birgit. Abkürzungen: Bea, Itje, Rita.

Bernadette: ein eleganter, französischer Name; jedoch nicht mit jedem Familiennamen wirkungsvoll zu kombinieren. Abgeleitet von Bernhard; verwandt mit den Namen → Bernarde/Bernhardine. Abkürzungen: Bea, Berna, Detta, Etta. Namenstag: 16. April.

Bernarda, Bernarde: → Bernharda.

Bernharda, Bernharde, Bernhardina, Bernhardine: alte Namen, hört man nur noch selten; beliebter sind heute die fremdsprachigen Fassungen des Namens; angelehnt an Bernhard. Aus dem Althochdeutschen. Bedeutung: Bär und hart. In Schweden, den Niederlanden und Osteuropa Bernarda; in Frankreich: Bernarde. Abkürzungen: Ada, Bea, Bende, Bera, Dina, Harda.

Berta, Berte, Bertha, Berthe: kurz, schlicht und unkompliziert; passt problemlos zu den meisten Familiennamen; fast vergessen, jetzt wieder entdeckt wie auch andere alte Namen. Kurzform aller Vornamen mit den Endsilben »berta«. Bedeutung: glänzend.

Beryl: modern, originell. Aus dem Englischen/Griechischen. Bezieht sich auf den Edelstein Beryll.

Bess, Bessy: modern, einfach und unkompliziert. Aus dem Englischen. Kurzform von → Elisabeth.

Beta: friesischer Name. Als Kurzform von → Beata oder → Benedikta bekannt.

Bettina, Bettine: traditionell, nicht zu auffällig. Koseform von → Elisabeth. Abkürzungen: Bette, Betti, Betty, Tina, Tine. Namenstag: 27. Februar.

Betty, Betsy: modern und beschwingt; passt in jedes Land und zu jedem Familiennamen. Kurzform von → Elisabeth.

Bianca, Bianka: in vielen Ländern bekannt. Aus dem Italienischen. Bedeutung: die Weiße; die Glänzende. In Spanien: Blanka; in Frankreich: Blanche, Blanchette; in Portugal: Branca. Abkürzungen: Ana, Anca, Anka, Ina, Inca, Kara. Namenstag: 1. Dezember.

Bina: einfach, klar und wohlklingend; mit fast jedem Familiennamen zu koppeln. Aus dem Hebräischen. Bedeutung: Verständnis; auch Kurzform von Namen mit der Endsilbe »ine«, wie etwa Christine.

Bionda, Blonda: verspielt; nur für blonde Mädchen geeignet. Italienisch. Bedeutung: die Blonde. Als Kosename: Biondetta. Abkürzungen: Bi, Ina, Ona.

Birdie: fröhlich und unbeschwert. Ein zärtlicher Name aus dem englischsprachigen Raum. Bedeutung: kleiner Vogel.

Birgit, Birgitt, Birgitta, auch **Birgid, Bergit, Bergita:** schwedische Namen; weit über den Norden hinaus bekannt und beliebt; Mitte des vorigen Jahrhunderts ein Modename. Verwandt mit → Brigitte. Abkürzungen: Bibi, Bibbi, Biddy, Brit, Gitt, Gitta, Gitte, Gitti.

Birla: ein ungewöhnlicher nordischer Name, der sanft und weich klingt; passt besonders gut zu norddeutschen Familiennamen. Bedeutung: kleiner Bär.

Birte, Birthe: passt besonders gut nach Norddeutschland. Skandinavische Kurzform zu → Birgit. Abkürzungen: Bibi, Libbi, Bitta, Gitta, Gitte.

Blanca: ein in vielen Ländern bekannter rätoromanischer Name. Bedeutung: weiß. In Frankreich: Blanche; in Spanien: Blanka. Abkürzungen: Anca, Anka, Lana.

Blia: kurz und einprägsam; passt nahezu überall. Aus dem Schwedischen. Bedeutung: die Sanfte.

Bonita: originell, aber nicht übertrieben; weckt Interesse; passt problemlos zu den meisten Familiennamen. Aus dem Spanischen. Bedeutung: die Schöne. Abkürzungen: Bonne, Bonny, Nita.

Bonna: ein friesischer Name, der vor allem von seinem Klang lebt; mit fast jedem Familiennamen gut zu kombinieren. Bedeutung ungewiss; vielleicht hergeleitet von dem französischen Wort »bon«. Bedeutung: gut.

Branca: ein alter Namen, der aber nicht altmodisch wirkt, sondern schlicht, wohlklingend und zeitgemäß; angelehnt an den männlichen Namen Hildebrand. Aus dem Althochdeutschen. Bedeutung: der Kampf und das Feuer. In England: Brenda. Abkürzungen: Ana, Anna.

B

ALTE NAMEN JA – ABER NICHT ALLE

Neben internationalen Namen sind heute auch viele alte deutsche Namen wieder gefragt, wie Emma, Henriette, Karl und Anton. Aber längst nicht alle »Oldies« sind wieder »in«, viele bleiben vergessen, und das hat seine Gründe:

➤ Die Bedeutung vieler alter Namen passt einfach nicht mehr in unsere Zeit. Wer möchte heute noch einen Namen tragen, der auf die glänzende Schneide einer Waffe hinweist (Egilbert) oder auf das traute Heim (Heimtrude)?

➤ Viele der alten Namen stammen aus dem Althochdeutschen, gehen sogar auf die Germanen zurück – sich an diese Wurzeln zu erinnern ist in Deutschland derzeit wenig gefragt. So gehören viele alte Namen wohl endgültig der Vergangenheit an. Keine Chance mehr für Ingegund, Heribald, Eberhilde und Dietbrand.

Branka: einfacher Name mit einem vollen, angenehmen Klang durch das zweimalige a; in vielen Ländern bekannt. Aus dem Slawischen. Bedeutung: Ruhm.

Brenda: modern, unkompliziert; passt fast überall. Aus dem Englischen, verwandt mit dem Namen → Branda.

Bridget: → Brigitta.

Brigitta, **Brigitte:** frischer, unkomplizierter schwedischer Name; seit langem weit über Schweden hinaus bekannt; vor einem halben Jahrhundert ein Modename. Aus dem Keltischen. Bedeutung: die Erhabene. Im Englischen: Bridget; andere Varianten: Begitta, Begitte, auch Bergitte, Brigida, Brygida. Abkürzungen: Biddy, Brida, Britta, Britt, Ritta, Rita. Namenstag: 23. Juli.

Britta, auch **Brit, Britt:** luftig und leicht. Nordische Kurzform von → Brigitta/Brigitte. In Lappland: Pikka; in Finnland: Pirkko. Kosenamen und Abkürzungen: Itje, Rita.

Bronja: ungewöhnlicher slawischer Name; passt überall. Kurzform von Bronislawa. Bedeutung: Harnisch und Ruhm. Abkürzungen: Bo, Bro, Jana.

C

Cäcilia, **Cäcilie**, **Cecilia**, **Cecilie**, auch **Zäzilie:** traditionell; mit vielen Familiennamen nur schwer kombinierbar; die fremdsprachigen Fassungen sind teilweise beliebter als die deutsche. Aus dem Lateinischen. Bedeutung: Hinweis auf eine alte Familie. In Frankreich: Cécile; in Spanien: Cecilia; im Englischen: Cecily, Cicely; in Finnland und Schweden: Silja; in Schweden auch Silka, Silke, Sisan, Sisel, Sissa, Sissan oder Sissel; in Irland: Sisile, Sile; in Friesland: Silje. Abkürzungen: Ciel, Cilli, Cillie, Cilia, Ciss, Cissy, Lia, Lil, Lill, Lilia, Lilaja, Sissa, Zia, Zilia, Zilja, Zilje, Zila, Zillia, Zillie, Zillja. Namenstag: 22. November.

Cady: lässig, leicht; ein amerikanischer Fantasiename; passt nahezu immer und überall.

Calida: origineller spanischer Name, der mit einem ebenso wohlklingenden Familiennamen kombiniert gut wirkt. Bedeutung: die Begeisterung. Abkürzungen: Cala, Calla, Lale, Lia, Lida, Lilli, Lily.

Calla: individuell; international; passt in jedes Land; lässt sich mit fast jedem Familiennamen kombinieren. Bedeutung: erinnert an eine Blume; eventuell auch schwedische Kurzform zu → Karoline/Caroline.

Canace: anspruchsvoll; ein seltener, eleganter und wohlklingender Name. Aus dem Griechischen. Bedeutung: Tochter des Winds. Abkürzungen: Ana, Cara, Nacia, Nana.

Candace, **Candice:** modern, international. Aus dem Englischen. Bedeutung: der Name bezieht sich auf eine Königin aus Äthiopien. Abkürzungen: Candie, Candy, Daisy.

Candida, **Kandida:** ausdrucks- und anspruchsvoll; besonders wirkungsvoll mit einem außergewöhnlichen Familiennamen zu kombinieren. Aus dem Lateinischen. Bedeutung: die Glänzende. Abkürzungen: Ana, Anna, Candie, Candy, Cara, Dida, Dina, Ida.

Canice: locker, leicht; international. Aus dem Irischen. Bedeutung: die Kinderfreundliche. Abkürzungen: Candie, Candy, Cass, Nice, Nike.

Cara, Kara: individuell; einfach und angenehm in der Ausstrahlung; passt zu jedem Familiennamen und in jedes Land. Aus dem Lateinischen. Bedeutung: wert, geschätzt.

Carey: lässig, modern; vor allem im englischsprachigen Raum bekannt. Kurzform von → Katharina.

Carina, Karina: wohlklingend; einfache Schreibweise; besonders, aber nicht übertrieben originell; in zahlreichen Ländern bekannt. Aus dem Italienischen. Bedeutung: die Hübsche; gilt auch als Kurzform von → Katharina. In Finnland: Kaarina. Abkürzungen: Ana, Cara, Ina, Kara. Namenstag: 7. November.

Carlota, Carlotta: → Charlotte.

Carmen, Carmela, Carmelia, Carmina, Carmine, Carmelina, Karmen: diese Namen erinnern an Sommer, Sonne und Süden; inzwischen in vielen Ländern bekannt. Aus dem Spanischen. Bedeutung: Jungfrau Maria vom Berge Carmel. Abkürzungen: Cara, Ela, Ina, Lia, Lina, Mela, Mele, Mina. Namenstag: 16. Juli.

Carna: ein warmer, voller Klang; einfach in der Schreibweise; passt in jedes Land, in jede Familie. Aus dem Hebräischen. Bedeutung: das Horn.

Carol: lässig, leicht und unkompliziert. Aus dem Englischen. Hergeleitet von Carl; Kurzform von → Carolin. Abkürzungen: Cara, Caro, Lola.

Carolin, Carolina, Caroline, auch **Karolin, Karolina, Karoline:** auf der Hitliste der beliebtesten Namen weit oben; mädchenhaft; traditionell; passt zu fast jedem Familiennamen. Angelehnt an die Namen → Karola / Karla, damit verwandt mit dem Namen Karl. Eine besondere Form: Carolyn. Abkürzungen: Cara, Caro, Carol, Carrie, Carry, Kara, Karel, Karo, Lilli, Lillie, Lilly, Line, Lina, Lola.

Carolyn: → Carolin.

Caron: modern und beschwingt; ein schlichter, irischer Name mit der angenehmen Bedeutung »liebenswert«. Abkürzungen: Cara, Ona.

Carrie, Carry: locker, ungezwungen; passt in jedes Land und in jede Familie. Aus dem Englischen. Kurz- und Koseform von → Carolyn.

Caryl: ein liebenswerter walisischer Name; passt zu den meisten Familiennamen. Bedeutung: die Geliebte.

Cassia, Kassia: ein extravaganter polnischer Name; macht neugierig. Kurzform von → Katharina. Abkürzungen: Cass, Sia, Sissa, Sita.

Catalina: ausdrucksvoller spanischer Name; wirkt am besten mit einem entsprechend ausdrucksstarken oder einem ganz schlichten Familiennamen. Verwandt mit → Katharina. Abkürzungen: Cara, Cata, Carey, Ina, Lina.

Cathia, Catia, Catiana: frisch und unverbraucht. Verwandt mit dem Namen → Katharina; siehe auch → Katia, Katja.

Cathleen: → Katharina.

Cathrin, Catrin, auch **Kathrin:** → Katharina.

Cecily: → Cäcilia.

Celestina: attraktiv, elegant; ein italienischer und spanischer Name, der schmückt – vor allem in Verbindung mit einem klangvollen Familiennamen; weibliche Form von Cölestin. Aus dem Lateinischen. Bedeutung: himmlisch. In Frankreich: Célestine. Abkürzungen: Cena, Lina, Line, Stina, Stine, Tina, Tine, Zena, Zilia.

Celia: weiblich, weich und warm; wirkt am besten in Kombination mit einem schlichten oder besonders klangvollen Familiennamen. Angelehnt an → Cäcilia. Abkürzungen: Ela, Eli, Lia.

Celina, Celine, auch **Selina, Seline:** ein fröhlicher, wohlklingender Name. Verwandt mit → Cäcilie; vielleicht auch verwandt mit Marceline, einem ursprünglich französischen Namen, angelehnt an Marcellus. Aus dem Lateinischen. Bedeutung: Hinweis auf eine alte Familie. In Frankreich: Céline. Abkürzungen: Cela, Cella, Lina, Line.

Cella, Zella: individuell; passt am besten zu einem etwas ausgefalleneren oder ganz zurückhaltenden Familiennamen; Kurzform von Marcelle, Marcella, Marzella. Verwandt mit Marzellus. Aus dem Lateinischen. Bedeutung: Hinweis auf eine alte Familie.

C

WELCHE NAMEN SIND ERLAUBT?

Bei der Eintragung durch den Standesbeamten gibt es Schwierigkeiten, wenn der gewünschte Vorname

➤ Anstoß erregt und die Persönlichkeitsrechte des Kindes verletzt,

➤ eine lächerliche Wirkung erzielt,

➤ äußerliches Zeichen einer extremen Gesinnung ist,

➤ das Geschlecht des Kindes nicht erkennen lässt.

Soll ein Kind einen Namen tragen, der sowohl für Jungen als auch für Mädchen infrage kommt, wie zum Beispiel Kay oder Andrea, braucht es einen eindeutigen Zweitnamen. Innerhalb dieses behördlich vorgegebenen Rahmens dürfen Eltern aber durchaus auch neue Namen erfinden. Eine Freiheit, von der immer mehr Eltern Gebrauch machen (siehe Seite 13).

Cendrine: ein eleganter französischer Name; heute international. Bedeutung: die Asche. Im Englischen: Cinderella. Abkürzungen: Cindie, Cindy, Ela, Ella, Ena, Eni, Dina.

Chantal, Chantelle: in unseren Breiten nicht alltäglicher französischer Name; über Frankreich hinaus bekannt. Aus dem Lateinischen. Bedeutung: die Sängerin.

Charis: originell, jedoch nicht ganz unkompliziert; wirkt am besten zusammmen mit einem etwas ausgefalleneren Familiennamen. Aus dem Griechischen. Bedeutung: die Anmut.

Charlaine, Charlène: eleganter französischer Name, der über Frankreich hinaus bekannt ist; die weibliche Form von Charles/Carl. Bedeutung: freier Mann. Im Englischen: Charleen/Charlene. Abkürzungen: Charlie, Charly, Lana, Lena, Lene.

Charlotte: ursprünglich ein französischer Name, heute in vielen Ländern etabliert; zu Beginn des vergangenen Jahrhunderts beliebt, dann fast vergessen; inzwischen wieder entdeckt. Weiterbildung des männlichen Namens Charles/Carl. Bedeutung: freier Mann. In den Niederlanden: Charlotta, Charlot; in Schweden: Charlotta, Carlotta; in Spanien und Portugal: Carlota; in Italien: Carlotta. Abkürzungen: Cara, Lola, Lota, Lotta, Lotte, Sheryl.

Charmaine: ungewöhnlich, elegant; passt am besten zu einem ähnlich schmückenden Familiennamen. Aus dem Französischen. Bedeutung: die Charmante. Abkürzungen: Charlie, Mani.

Chelsea: modern, international; passt am besten zu einem neutraleren, nicht typisch deutschen Familiennamen. Aus dem Altenglischen. Bedeutung: Hafen; möglicherweise aber auch nach einem Ortsnamen in Australien. Abkürzungen: Elsie, Elsy.

Chery: spritzig, frisch und unverbraucht; vor allem in Amerika bekannt. Die Herkunft ist ungewiss, vielleicht eine Abkürzung von → Carolyn oder → Charlotte.

Chiara, Kiara: attraktiv, ungewöhnlich; passt am besten zu einem besonders schlichten oder ähnlich klangvollen Familiennamen. Italienische Form von → Clara/Klara. Andere Formen: Chiarella, Chiarelle.

Chilia, Chilja: → Rahel.

Chloe, Cloe: ein romantischer Name, der sich am besten mit einem nicht ganz alltäglichen Familiennamen macht. Aus dem Griechischen. Bedeutung: das junge Grün.

Christa, Christel: früher sehr beliebt, mit der Zeit allerdings aus der Mode gekommen. Kurzformen von → Christiane. Nordisch: Krista; in England: Christabel. Abkürzungen: Cissy, Chris oder Chrissy.

Christiana, Christiane, auch Christianne, Cristiana: traditionell; sehr beliebt; die weibliche Form von Christian. Aus dem Griechischen/Lateinischen. Bedeutung: die Gesalbte. Nordisch: Kristiana, Kristiane; in Italien: Cristiana; in der Schweiz: Christelle. Kosenamen und Abkürzungen: Cissy, Chris, Chrissy, Christa, Nane, Nanna, Tiana, Tjana.

Christina, Christine, Christin, Cristina: sehr beliebter, traditioneller Name; passt zu fast jedem Familiennamen. Eine Variante von → Christiane, der weiblichen Form von Christian. Nordisch: Kristin, Kristina, Kristine; eine schwedische Koseform: Kickan; in Irland: Cristiona; in Italien: Cristina; in Polen: Krysta; in Schottland: Kirsty; in Schweden: Kirsti. Abkürzungen: Cissy, Chris, Chrissie, Ina, Stina, Stine, Tine, Tina, Tita.

Chrysantha: anspruchsvoll, besonders; braucht, um richtig gut zur Geltung zu kommen, einen nicht ganz alltäglichen Familiennamen. Aus dem Griechischen. Bedeutung: das Gold und die Blume; auch ein Blumenname. Abkürzungen: Chris, Chrys, Sana, Sandra, Santa.

Cilia: originell, unverbraucht, frisch und dynamisch; passt sich überall an. Kurzform von → Cäcilia.

Cinderella: → Cendrine.

Cindy, Sindy: moderne Kurzform von → Cinderella, dem Aschenputtel aus dem entsprechenden Märchen.

Cinja, Cinnia: frisch, beschwingt und leicht. Ein ungarischer Name, der an Zinnien, an Sommerblumen erinnert.

Cirila: extravaganter spanischer Name; ausgefallen, passt am besten zu einem ebenso ausgefallenen oder besonders schlichten Familiennamen. Verwandt mit dem männlichen Namen Cyrill. Aus dem Griechischen. Bedeutung: die Gebieterin. In Ungarn: Cirilla. Abkürzungen: Cira, Cissy, Ila, Illa, Ira, Lia.

Cita, Sita, Zita, Zitta: passt sicherlich am besten zu einem wohlklingenden, längeren Familiennamen. Aus dem Italienischen. Bedeutung: die Hurtige; wird auch als Kurzform von → Felicitas/Felizitas verstanden.

Claire: → Clara.

Clara, Klara: lange Zeit fast vergessen, dann wieder entdeckt und seit einigen Jahren wieder sehr beliebt; passt zu nahezu jedem Familiennamen. Aus dem Lateinischen. Bedeutung: klar, hell. In Italien: Chiara; in Frankreich: Claire, Clairette oder Clare (auch in englischsprachigen Ländern); in England und Amerika: Clary; in Spanien: Clará; in den Niederlanden und Friesland: Claartje. Kosenamen: Kläre, Klärchen. Namenstag: 11. August.

Clarissa, Clarisse, Klarissa, Klarisse: edel, aber nicht zu ausgefallen. Hergeleitet von → Clara. Aus dem Lateinischen. Bedeutung: klar, hell. Im Englischen: Clarence; in Spanien: Clarita. Abkürzungen: Clara, Isa, Issie, Issy, Lara.

Claudia, Klaudia, auch **Claudine, Clodia:** traditioneller biblischer Name; nach wie vor beliebt; passt zu fast jedem Familiennamen. Aus dem Lateinischen. Bedeutung: Hinweis auf das Geschlecht der Claudier. In Frankreich Claude, Claudine, Claudette oder Claudinette. Abkürzungen: Claude, Dina, Dine, Lana, Lia.

Clementia, Clemenza, Clementina, Clementine, Klementia, Klemenza, Klementina, Klementine: kein Trendname; gilt eher als ein wenig altmodisch, was vielleicht seinen besonderen Reiz ausmacht; die weibliche Form von Clemenz. Aus dem Lateinischen. Bedeutung: sanftmütig, gütig. Abkürzungen: Clea, Emma, Ena, Tine, Tina.

Clivia, Klivia: ungewöhnlich, aber nicht übertrieben originell; passt auch gut zu einem ausgefalleneren Familiennamen. Bedeutung: ein Blumenname.

Cloe: → Chloe.

Coletta, Colette: wohlklingender italienischer Name. Verwandt den Namen Nicoletta/Nikolaus. Aus dem Griechischen. Bedeutung: Sieg und Volk. In Frankreich: Colette. Abkürzungen: Coco, Etta, Letta.

Colleen: locker, frisch und unkompliziert; lässt sich mit vielen deutschen Familiennamen gut kombinieren. Aus dem Englischen/Gälischen. Bedeutung: das Mädchen. Abkürzungen: Connie, Conny, Lynn.

Colombe, Columba, Columbine, auch **Kolomba, Kolumba, Kolumbine:** ein klang- und anspruchsvoller Name. Aus dem Griechischen. Bedeutung: die Taube. In Frankreich: Colombe. Abkürzungen: Collie, Colly.

Cora, Kora: schlicht und einfach; passt fast immer und zu fast jedem Familiennamen. Aus dem Griechischen. Bedeutung: Mädchen, Jungfrau. Kosename: Coretta.

Coralie: ein liebenswerter, fröhlicher niederländischer Name. Bedeutung: die Koralle. Abkürzungen: Cora, Lia.

Cordelia, Kordelia: zeitlos; angenehmer Klang; nicht zu ausgefallen, aber auch nicht zu alltäglich; passt zu fast jedem Familiennamen. Eine Variante von → Cordula/Kordula. Abkürzungen: Conny, Corry, Delia, Lia.

Cordula, Kordula: mädchenhaft, weich; mit den meisten Familiennamen gut zu kombinieren. Aus dem Griechischen. Bedeutung: das Mädchen. Abkürzungen: Conny, Corry, Lulu. Namenstag: 22. Oktober.

C

Corina, Corinna, Korinna: traditionell. Aus dem Griechischen. Bedeutung: die Tochter. In Spanien, Italien und Portugal: Corina; in Frankreich: Corinne. Abkürzungen: Cora, Corrie, Corry, Ina, Kory, Ona.

Cornelia, Cornelie, Kornelia, Kornelie: traditionell; passt nahezu überall; liegt heute weniger im Trend als noch vor ein paar Jahren; die weibliche Form von Cornelius, einem alten lateinischen Familiennamen. Im Englischen: Cornela, Cornell; in Frankreich: Cornélie; in den Niederlanden: Cora. Abkürzungen: Conni, Connie, Conny, Corny, Corry, Lilli, Neela, Neele, Neelke, Neeltje, Nela, Nele, Nelli. Namenstag: 31. März.

Cosima, Kosima: ein internationaler, eleganter Name; passt allerdings nicht zu jedem Familiennamen. Aus dem Griechischen. Bedeutung: die Sittsame, die Ordnungsliebende. Abkürzungen: Coco, Cosi, Cosy, Sima.

Cynara: anspruchs- und ausdrucksvoll; braucht einen passenden Familiennamen als Rahmen. Aus dem Griechischen. Bedeutung: die Artischocke. Abkürzungen: Cy, Nana, Nara.

Cynthia: außergewöhnlich; am wirkungsvollsten mit einem besonders schlichten oder besonders klangvollen Namen zu kombinieren. Aus dem Englischen/Griechischen. Bedeutung: vom Berg Cynthos stammend. In Ungarn: Cintia; in Italien: Cinzia. Abkürzungen: Cindy, Cyn, Cynth.

Cyprienne: verspielter, romantischer französischer Name; passt nicht zu jedem deutschen Familiennamen; die weibliche Form von Cyprien, verwandt mit Cyprian. Aus dem Griechischen. Bedeutung: Einwohner von Zypern.

Dacia: ungewöhnlich, originell, unverbraucht und unkompliziert. Aus dem Griechischen. Bedeutung: aus Dakien stammend.

Dagmar: traditioneller dänischer Name, der aber seit langem über Dänemark hinaus bekannt ist; vor einem halben Jahrhundert in Mode, heute eher selten. Bedeutung: Tag und berühmt. Abkürzungen: Dagi, Daggi.

Dagny: heiter und liebenswert. Aus dem Schwedischen. Bedeutung: der Tag und neu.

Daisy: modern, locker und beschwingt; passt fast immer. Aus dem Englischen. Bedeutung: Gänseblümchen.

Dalila, Dalilah, auch **Delila, Delilah:** ein besonderer Name, anspruchsvoll; braucht einen entsprechenden, nicht zu alltäglichen Familiennamen, um gut zu wirken. Aus dem Hebräischen. Bedeutung: sehnend. Abkürzungen: Dala, Darja, Lia, Lila, Lilla.

Damaris: romantisch. Aus dem Griechischen. Bedeutung: die Geliebte. Abkürzungen: Dana, Darja, Mari, Maris.

Dana wohlklingend, unkompliziert; passt nahezu überall. Kurzform von → Daniela; vielleicht auch keltisch mit der Bedeutung »die Dänin«.

Daniela, Daniele, Danielle: traditionell; sehr beliebt. Aus dem Hebräischen. Bedeutung: Gott ist mein Richter. In Italien: Daniella; in Frankreich: Danielle; in Russland und anderen osteuropäischen Ländern: Danaila, Danilka, Danila; in Polen: Danuta; in Amerika: Danja. Abkürzungen: Dani, Danja, Dany, Danny, Darja, Nele, Nela.

Daphne, Dafne: ein ausdrucksvoller, ungewöhnlicher Name, der sich am besten in Kombination mit einem ebenso ausdrucksvollen Familiennamen macht. Aus dem Griechischen. Bedeutung: Lorbeer. In Italien: Dafne.

Daria: ein seltener, angenehmer Name; passt gut zu den meisten deutschen Familiennamen. Aus dem Griechischen. Bedeutung: die Beschützerin. In Russland: Darja.

Davina, Davida: ausdrucksvoll; die weibliche Form von David. Aus dem Hebräischen. Bedeutung: geliebt. Im Englischen: Davina; in den Niederlanden: Davide, Davita. Abkürzungen: Dana, Danny, Vida, Vita.

Dawina, Dawine: ungewöhnlich, aber nicht zu exotisch; passt nicht nur zu norddeutschen Familiennamen. Friesisch. Wahrscheinlich mit dem englischen Namen Dawn verwandt. Bedeutung: der Tagesanbruch. Abkürzungen: Dana, Ina, Wina, Wine, Winnie.

Debora, Deborah: biblischer Name; heute in vielen Ländern beliebt; individuell. Aus dem Hebräischen. Bedeutung: Biene. Abkürzungen: Debbie, Debra.

Deda, Dedda, Deta, Detta, auch **Didda:** friesisch, darüber hinaus jedoch kaum bekannt. Angelehnt an Namen mit der Anfangssilbe »Diet« wie etwa Dietlinde.

Deidre: seltener englischer Name. Bedeutung: die Tobende. Abkürzungen: Daisy, Ida.

Delia: klassisch; passt zu den meisten Familiennamen, am besten zu einem möglichst neutralen. Aus dem Griechischen. Bedeutung: von der Insel Delos stammend.

Delila, Delilah: → Dalila.

Denice: beschwingt und heiter; ein englischer Name, hergeleitet von Dionysius. Aus dem Griechischen. Bedeutung: dem Gott Dionysos geweiht. In Frankreich: Denise. Abkürzungen: Dena, Nice, Nike.

Denise: → Denice.

Desideria: ungewöhnlich; klassisch. Aus dem Lateinischen. Bedeutung: die Erwünschte. In Frankreich (und weit darüber hinaus): Désirée. Abkürzungen: Daisy, Sita.

Désirée: → Desideria.

Deta, Detje, Dette: friesisch. Ursprünglich aus dem Althochdeutschen. Hergeleitet von Namen mit der Anfangssilbe »Diet«. Bedeutung: das Volk.

Diana, Diane, Dianne: frisch, anmutig; in vielen Ländern beliebt und bekannt, jedoch kein Trendname. Aus dem Lateinischen. Bedeutung: Name der Jagd- und Mondgöttin. Eine besondere Form in England: Dyana. Abkürzungen: Ana, Dina, Ina. Namenstag: 10. Juni.

Diantha: individuell, passt am besten zu einem ebenso ungewöhnlichen Familiennamen. Aus dem Griechischen. Bedeutung: Blume des Zeus. Im Englischen: Dianthia. Abkürzungen: Dina, Dinja, Nana, Nita.

Didda, **Ditta:** sehr norddeutsch, passt aber zu vielen Familiennamen. Friesisch. Bedeutung wie bei allen Namen mit der Anfangssilbe »Diet«: das Volk. In Dänemark: Ditte.

Dido: schlicht, einfach; mit jedem Familiennamen zu koppeln. Aus dem Griechischen. Bedeutung: die Mondgöttin.

Dierka, **Dirka**, **Dirkje:** selten; die Namen passen am besten in den Norden. Friesisch. Die weibliche Form von Dirk/ Dietrich. Bedeutung: das Volk und mächtig. Abkürzungen: Dika, Ica, Ika.

Dieta: individuell; passt trotzdem überall. Friesisch; abgeleitet von Namen mit der Anfangssilbe »Diet«. Die niederdeutsche Form »Deta« ist vielleicht bekannter.

Dietlinde: ein alter deutscher Name, inzwischen jedoch nur wenig gefragt. Bedeutung: Volk und Linde. Abkürzungen dieses Namens sind dagegen »in«: Linde und Dieta.

MEHR ALS EINEN VORNAMEN?

Von den Neugeborenen des Jahres 2002 erhielten nach einer Bestandsaufnahme und Hochrechnung

➤ 62 Prozent nur einen Vornamen,

➤ 34 Prozent zwei Vornamen und

➤ 4 Prozent drei oder mehr Vornamen.

Bekommt ein Kind zwei oder drei Namen und wünschen die Eltern, dass die Namen durch Bindestriche verbunden werden, dann muss der Namensträger später bei einer offiziellen Unterschrift alle Vornamen ausschreiben. Bindestrich-Namen sind deshalb nicht zu empfehlen. Wie viele Namen der Standesbeamte für ein Kind zulässt, ist weitgehend seiner eigenen Entscheidung überlassen. Im Streitfall muss das Gericht entscheiden.

Dina, **Dinah:** modern und einfach; passt zu jedem Familiennamen. Herkunft: Zum einen Kurzform von Namen mit den Endsilben »ina«, wie zum Beispiel Christina. Zum anderen aus dem Hebräischen. Bedeutung dann: zum Recht verhelfen.

Doanna: leicht und modern. Ein amerikanischer Name, zusammengesetzt aus → Dorothy/Dorothea und → Anna.

Doda: friesisch; mit den Vokalen a und o besonders klangvoll; passt zu fast jedem Familiennamen. Verwandt mit dem Namen → Dorothea. In Dänemark: Dorde.

Dodje: ebenfalls friesisch; erinnert an eine frische gelbe Butterblume und an saftige Wiesen. Angelehnt an den Namen → Dorothea.

Dolores: international, ausdrucksvoll; wirkt am besten zusammen mit einem ähnlich ausdrucksstarken Familiennamen. Aus dem Lateinischen. Bedeutung: die Schmerzensreiche. Im Englischen: Delora. Abkürzungen: Doda, Dodo, Lola, Lora, Lore.

Domenica, **Dominica**, **Domenika**, **Dominika:** klassisch; passt zu den meisten Familiennamen. Aus dem Lateinischen. Bedeutung: Gott geweiht. In Frankreich: Dominique; in Italien: Domenica; in Spanien: Dominga; in Russland: Domka, Donka. Abkürzungen: Doma, Ica, Nika, Nike.

Dominique: → Domenica.

Donalda: selten; passt am besten zu einem schlichten oder ungewöhnlichen Familiennamen. Die weibliche Form von Donald. Aus dem Keltischen. Bedeutung: der Weltherrscher. In England: Donie (Kurzform). Abkürzungen: Ada, Dona, Donna, Nada.

Donata, **Donate**, **Donatella**, **Donatina:** ausdrucksvoll; besonders angenehm im Klang durch die Vokale zweimal a und einmal o; verträgt einen ungewöhnlichen Familiennamen besser als einen ganz alltäglichen; weibliche Form von Donatus. Aus dem Lateinischen. Bedeutung: Geschenk Gottes. Kosename: Donatella. Abkürzungen: Ana, Dona, Donna, Nana, Nata.

Dora, **Dore:** klar, schlicht; mit den meisten Familiennamen gut kombinierbar; früher weit verbreitet, dann fast vergessen; wird langsam wieder interessanter. Eine Kurzform von → Dorothea oder → Theodora. In Ungarn: Dorina.

Dorée: unkompliziert und schmückend; individuell, aber nicht zu ausgefallen; passt jedoch nicht zu jedem Familiennamen. Französisch. Bedeutung: die Goldene.

Doreen: unkompliziert und ungezwungen. Aus dem Irischen/Gälischen. Bedeutung: die Mürrische; gilt auch als Kurzform von Dorothy (→ Dorothea).

Dorette: fröhlich, heiter und beschwingt. Französische Koseform von → Dorothea.

Doris: vor Jahrzehnten sehr gefragt, heute seltener; passt zu den meisten Familiennamen. Kurzform von → Dorothea; vielleicht auch von → Theodora. In Italien: Dori, Doride; in England: Dorice.

Dorothea, **Dorothee:** klassisch; passt fast überall. Aus dem Griechischen. Bedeutung: Geschenk Gottes. In Dänemark: Dorete; in Frankreich: Dorothée, Dorett, Dorette; in Spanien und Italien: Dorotea, Dorinda, Dorinde; im Englischen: Dorothy, Doriet, Dorrit, Dory; in Polen und Tschechien: Dorota. Abkürzungen: Dodo, Dörte, Dolly, Dora, Dorit, Dorith, Dorle, Doro, Dorthy, Dory, Dot, Dotta, Dotti, Dottie, Dotty. Namenstag: 25. Juni.

Dorrit: modern, frisch und unverbraucht. Englische Kurzform von → Dorothea/Dorothy.

Dorte, **Dörte**, **Dörthe:** liebenswert und zärtlich. Friesische und dänische Kurzformen von → Dorothea.

Dortje, **Doortje:** zärtlich und freundlich; lässt sich am besten mit einem typisch norddeutschen Familiennamen kombinieren. Friesisch, wie ganz eindeutig zu hören ist. Ein Kosename von → Dagmar oder → Dorothea. Abkürzungen: Dolly, Doro.

Dunja: unkomplizierter slawischer Name; passt fast überall. Aus dem Griechischen. Bedeutung: wohlgefällig.

Dyveke: ungewöhnlich; passt besonders gut nach Norddeutschland. Friesisch, abgeleitet vom niederländischen »duif«, und das bedeutet: die Taube.

D

Ebba, Ebbe: kurz und schlicht; passt überall und zu jedem Familiennamen. Norddeutsch/schwedisch. Verwandt mit Ebbo. Bedeutung: der Eber.

Ebony: modern, leicht und heiter. Aus dem Amerikanischen. Bedeutung: das Ebenholz. Abkürzungen: Bonnie, Bony.

Eda, Edda, Etta: angenehmer Zweiklang; ein Name, der zu vielen Familiennamen passt; abgeleitet von Edwardina. Altenglisch. Bedeutung: Segen, Reichtum.

Edana: ungewöhnlich, aber nicht zu abgehoben. Aus dem Irischen/Gälischen. Bedeutung: die kleine Feurige. Abkürzungen: Eda, Edda, Dana, Dani.

Edina: ungarischer Name. Herkunft ungewiss; vielleicht eine Kurzform von den englischen Namen Edwardina/Edward. Bedeutung: Erbgut und Hüter. Abkürzungen: Eda, Dina, Dine, Ina.

Edith, Edyth, Edita, Editha: alte englische Namen, inzwischen in viele Sprachen übernommen; früher sehr beliebt, heute weniger im Trend. Bedeutung: reiche Gabe. In Frankreich: Édith. Abkürzungen: Edda, Etta.

Edmée: eleganter französischer Name; ausdrucks- und anspruchsvoll; auch in den Niederlanden bekannt. Verwandt mit Edmunda/Edmund. Aus dem Althochdeutschen. Bedeutung: Besitz und Schutz. In Italien: Edmea. Abkürzungen: Eda, Mea, Mée.

Edna: klar und hell; ein einfacher Name, der sich mit den meisten Familiennamen gut kombinieren lässt. Aus dem Hebräischen. Bedeutung: angenehm.

Effi: kurz, frisch; passt nahezu überall. Kurz- und Koseform zu Alfrida. Aus dem Althochdeutschen. Bedeutung: edel und der Friede.

Eika, Eike: friesischer Name; für Norddeutschlandfans. Abgeleitet von Namen mit der Anfangssilbe »Eck« oder »Eg«. Bedeutung: das Schwert.

Eila, Eilen: poetischer norwegischer Name; angenehm im Klang, besonders, aber nicht zu ausgefallen. Verwandt mit dem Namen → Helena.

Eileen: → Helena.

Eilke: friesisch; zugleich herb und doch weich. Verwandt mit dem alten deutschen Namen → Adelheid. In den Niederlanden: Eikea.

Eina: frisch und klar; ungewöhnlich, aber nicht abgehoben; weibliche Form von Einar. Aus dem Schwedischen. Bedeutung: allein kämpfen.

Elaine: warm, heiter; ein alter französischer Name, der aber nicht altmodisch wirkt; auch in England bekannt. Verwandt mit → Helena. Abkürzungen: Ana, Ela, Lea.

Eleanor: → Eleonora.

Elena: melodiös; individuell, aber nicht zu ausgefallen. Italienisch / spanisch. Verwandt mit → Helena. In Russland: Alencia. Abkürzungen: Ela, Lea, Lena.

Eleonora, Eleonore: zeitlos und elegant; passt am besten zu einem ebenso eleganten oder aber besonders schlichten Familiennamen. Aus dem Arabischen. Bedeutung: Gott ist mein Licht. Im Englischen: Eleanor, Elinor, Ellinor; in Frankreich: Eléonore; in Spanien: Leanor. Abkürzungen: Ela, Elea, Eleane, Eli, Lora, Lore, Nonna, Nonno, Nora. Namenstag: 25. Juni.

Elfi, Elfie: früher sehr beliebt, heute weniger im Trend; angelehnt an den Namen Alfrida. Aus dem Althochdeutschen. Bedeutung: edel und Friede.

Elga, Elgine: schwedisch; selten, unverbraucht und unkompliziert; passt zu fast jedem Familiennamen. Varianten des nordischen Namens → Helga.

Eliana, Eliane: ausdrucksvoll, zeitlos. Verwandt mit → Helena. Abkürzungen: Ana, Ela, Lia, Liane, Nana, Nane.

Elida: melodiös; passt nicht nur in den Norden. Aus Skandinavien. Bedeutung: das schnell segelnde Schiff. Abkürzungen: Ela, Ida, Lia, Lida.

E

Eliette: heiterer und beschwingter französischer Name; die weibliche Form von Elias. Aus dem Hebräischen. Bedeutung: Jahwe ist Gott. Abkürzungen: Ela, Etta, Lia, Nette.

Elina, Eline: wohlklingender schwedischer/dänischer Name; ungewöhnlich, aber nicht zu aufgesetzt. Abgeleitet von → Helene; es gibt den Namen auch im Walisischen mit der Bedeutung »der Engel«. Eine Variante des Namens: Elna. Abkürzungen: Ella, Elly, Elna, Lilli, Lilly, Line, Lina.

Elinor: → Eleonora.

Elisa, Elise: ein liebenswerter alter Name, der langsam wieder aktuell wird. Kurzform von → Elisabeth. Abkürzungen: Ela, Lisa, Lise, Liese, Liesel.

Elisabeth: ein alter biblischer Name; traditionell; sehr beliebt, seitdem er wieder entdeckt wurde. Aus dem Griechischen. Bedeutung: Mein Gott ist vollkommen. In Irland: Eilis; in Rumänien: Elisabeta; in Italien: Elisabetta; im Englischen: Elizabeth; in Polen: Elzbieta; in Russland: Elizaveta; in Ungarn: Erzsébet. Abkürzungen: Bess, Bessy, Betsy, Bette, Ella, Elsa, Else, Elsie, Elsy, Libby, Lill, Lili, Lily, Lisa, Lise, Liesa, Liese, Liska, Lisenka, Lissie, Lissy, Liz, Lizzie, Sif, Siff, Siv, Siw. Namenstag: 19. November.

Elka, Elke: vor Jahrzehnten sehr gefragt, inzwischen seltener. Friesisch. Die Anfangssilbe »Elk« entspricht der Silbe »Adel«. Bedeutung: edel.

Ella, Elly: ein alter Name; früher sehr beliebt. Kurzform von E-Namen wie zum Beispiel Elisabeth oder Elfriede.

Elleke: zärtlicher und fröhlicher niederländischer Name; auch in Friesland bekannt. Dem alten deutschen Namen → Adelheid verwandt.

Ellen: zeitlos und unkompliziert; in zahlreichen Ländern bekannt. Aus dem Englischen. Ursprünglich eine Kurzform von → Helene.

Ellice: ungewöhnlich – auch in der Schreibweise; wirkt überzeugend mit einem ebenso ungewöhnlichen Familiennamen; englisch; die weibliche Form von Elias. Aus dem Hebräischen. Bedeutung: Mein Gott ist Jahwe. Abkürzungen: Ella, Elli, Elly, Lica, Lissy, Lizza.

Ellinor: → Eleonora.

Eloisa: mädchenhaft, fröhlich; passt nicht zu jedem Familiennamen; zu Beginn des vorigen Jahrhunderts ein Modename, dann ziemlich vergessen; kommt aber langsam wieder ins Gespräch. Verwandt mit Heloise. Aus dem Althochdeutschen. Bedeutung: gesund, groß.

Elsa, Else: norddeutsch. Kurzform von → Elisabeth. Niederdeutsche Formen: Elseke, Elsike, Elska.

Elsabe, Elsabea: ein alter, charmanter Name; warm und zärtlich. Kurzform von → Elisabeth. Abkürzungen: Bea, Ella, Elsa, Elsche, Else.

Elsbeth: früher ein Trendname, heute weniger aktuell. Verwandt mit → Elisabeth. Abkürzungen: Bea, Bess, Betty, Ella, Elsa, Elseke, Elske.

Elsie, Elsy: frisch und unverbraucht. Aus dem Englischen. Kurzform von → Elisabeth.

Elvira, Elwira: spanisch, aber längst international, passt zu den meisten deutschen Familiennamen. Bedeutung: die Erhabene. Abkürzungen: Ela, Ella, Ira, Vita.

Elyssa: interessant und attraktiv; lautmalerisch; ungewöhnlich, aber nicht zu abgehoben. Ursprünglich Kurzform von → Elisabeth. Abkürzungen: Ela, Lys, Lyssa.

Emilia, Emilie, auch Ämilia: zu Beginn des vergangenen Jahrhunderts fast ein Modename, dann nicht mehr im Trend; wird in den letzten Jahren wieder entdeckt; weibliche Variante von Emil, angelehnt an Aemilius. Aus dem Lateinischen. Bedeutung: Hinweis auf ein altes Geschlecht. In Irland: Eimile; in Schottland: Aimil; im Englischen: Emily; in Osteuropa: Emilka. Abkürzungen: Emmi, Emmy, Lie, Lia, Mila, Milia, Milla, Tilla, Tilly. Namenstag: 5. Januar.

Emma, Emmi: vor Jahrzehnten »in«, dann ziemlich in Vergessenheit geraten; jetzt wieder aktueller. Kurzform von Namen mit der Anfangssilbe »Irm« wie etwa Irmgard. Aus dem Althochdeutschen. Bedeutung: gewaltig.

Emmanuelle: anspruchsvoller französischer Name; passt gut zu einem ebenso ausdrucksvollen oder ganz schlichten Familiennamen; weibliche Form von Emanuel. Aus dem Hebräischen. Bedeutung: Gott ist mit uns. In Italien: Emanuela. Abkürzungen: Ela, Ella, Ema, Emma, Lulu, Manu.

Ena: angenehmer Klang, einfache Schreibweise; passt überall und zu fast jedem Familiennamen; schwedisch, aber auch außerhalb Skandinaviens gefragt. Verwandt mit Eina/Einar. Bedeutung: allein kämpfen.

Enid: herb, ohne Schnörkel und großen Anspruch. Ein englischer Name, ursprünglich aus Irland. Bedeutung: kleines Feuer. Oder aus dem Altwalisischen, Bedeutung dann: Reinheit. Abkürzung: Ena.

Enrica: zeitlos; ungewöhnlich, aber nicht ausgeflippt; passt am besten zu einem schlichten oder besonders ausdrucksvollen Familiennamen. Italienisch/spanisch. Verwandt mit dem Namen Heinrich. Bedeutung: Einfriedung und mächtig. Abkürzungen: Cara, Ena, Rica.

Erica, Erika: lange beliebt, heute fast vergessen; weibliche Form des nordischen Namens Erik. Bedeutung: alleiniger Herrscher; andere verstehen den Namen als Blumennamen und denken an blühende Heide. Abkürzungen: Eni, Ria, Rica, Ricca, Rika.

Erlanda: selten; passt zu den meisten Familiennamen; weibliche Form von Erland. Nordisch. Bedeutung: fremd. Abkürzungen: Ela, Dana, Lana.

Erna: schlicht und einfach; passt nahezu überall; lange vergessen, wird aber wieder zunehmend aktuell. Kurzform von → Ernesta.

Ernesta, Ernestina, Ernestine: liebenswert, traditionell und ein wenig altmodisch, was vielleicht einen besonderen Reiz ausmacht; weibliche Fassung von Ernst. Aus dem Althochdeutschen. Bedeutung: der Ernst. In Italien/Spanien: Ernesta. Abkürzungen: Ena, Erna, Nena, Stine, Tine. Namenstag: 14. April.

Eska, Eske, Eeske: ausgefallener friesischer Name; jenseits von Friesland weitgehend unbekannt. Herkunft ungewiss.

Esmeralda: anspruchsvoll und elegant; besonders wirkungsvoll mit einem entsprechend eleganten Familiennamen. Aus dem Spanischen. Bedeutung: Smaragd. Abkürzungen: Ada, Ema, Esma, Mala, Mea.

Esta: unkomplizierter schwedischer Name; verwandt mit Asta. Entweder Kurzform von A-Namen wie etwa Astrid oder Anastasia oder nordisch. Bedeutung: die Liebe. Im Englischen Kurzform von Estella, der spanischen/französischen Form von → Stella.

Estella: besonders wohlklingender Name. Aus dem Italienischen. Bedeutung: der Stern. In Spanien: Estrella; in Frankreich: Estelle. Abkürzungen: Ella, Stella.

Esther, Ester: zeitlos, fern jeder Mode; biblisch. Aus dem Hebräischen. Bedeutung: junge Frau; der Name kommt auch im Persischen vor. Bedeutung: der Stern. In den Niederlanden und in England: Hester; in Irland: Eister; in Spanien: Ester. Namenstag: 24. Mai.

Estrid: → Astrid.

Ethel: modern, lässig und unkompliziert. Aus dem Englischen. Hergeleitet von Namen mit den Anfangssilben »Edel/Adel« wie zum Beispiel Adelheid.

Eugenia, Eugenie: klassisch; romantisch; in vielen Ländern bekannt; weibliche Form von Eugen. Aus dem Griechischen. Bedeutung: edel, wohlgeboren. Abkürzungen: Gena, Gene, Genia, Jena, Jeni, Nia, Nini, Ninni.

Eulalia, Eulalie: traditionell, vor einem Jahrhundert häufiger, heute eher selten; ungewöhnlich; passt nicht zu jedem Familiennamen. Aus dem Griechischen. Bedeutung: beredt. Abkürzungen: Lale, Lia.

E

NOCH EINMAL DRÜBER SCHLAFEN

Eine werdende Mutter neigt nicht selten zu Stimmungsschwankungen. Marija oder Kolja sind zum Beispiel heute die eindeutigen Favoriten, und ist der Vater in spe auch von diesen absoluten Lieblingsnamen überzeugt, zeigt sich die Welt ein paar Tage später vielleicht schon wieder in einem ganz anderen Licht: Marija oder Kolja – vielleicht doch nicht das Wahre hier bei uns?

Lassen Sie sich deshalb lieber viel Zeit bei der Namenssuche, damit auch die Möglichkeit bleibt, alles noch einmal umzuschmeißen und nach einem neuen Lieblingsnamen zu forschen, falls Zweifel aufkommen.

Eunice: modern, international. Aus dem Englischen/Griechischen. Bedeutung: guter Sieg. Abkürzungen: Nice, Nike, Ninni. Eine andere Form: Unice.

Eustacia, Eustachia: außergewöhnlich; am besten mit einem ganz schlichten oder ebenso klangvollen Familiennamen zu koppeln; die weibliche Form von Eustach. Aus dem Griechischen. Bedeutung: ährenreich. Abkürzungen: Staci, Stacy, Tassia.

Eva, Eve: klassischer biblischer Name; immer gefragt; passt zu fast jedem Familiennamen. Aus dem Hebräischen. Bedeutung: Lebensspenderin. In Frankreich: Ève.

Evan: aus dem Englischen. Kurzform von → Johanna.

Evangeline: anspruchsvoll; wirkt am besten neben einem ebenso eindrucksvollen Familiennamen. Aus dem Englischen/Griechischen. Bedeutung: gute Botschaft. Abkürzungen: Ana, Engel, Eva, Line, Lina.

Evelin, Evelina, Eveline, auch **Evelyn, Eileen:** vor Jahrzehnten sehr gefragt, jetzt seltener zu hören. Aus dem Englischen. Verwandt mit dem Namen → Eva. Abkürzungen: Eva, Eve, Lin, Lina, Line.

Evita: edel; passt am besten zu einem ähnlich attraktiven Familiennamen. Spanisch, inzwischen aber international bekannt. Ursprünglich eine Koseform von → Eva. Abkürzungen: Eva, Evi, Vita.

Fabia, Fabiana oder **Fabiane:** ausgefallen, aber nicht zu abgehoben; heiter; mit den meisten Familiennamen gut zu kombinieren. Aus dem Lateinischen. Bedeutung: Hinweis auf ein römisches Geschlecht. In Frankreich: Fabienne; in Spanien: Fabiola. Abkürzungen: Aba, Bina, Abba.

Fabienne: → Fabia.

Fabrizia: elegant, ausgefallen; passt am besten zu einem ebenso eleganten oder ganz neutralen Familiennamen; weibliche Form von Fabricius. Aus dem Lateinischen. Hinweis auf eine alte Familie. In Frankreich: Fabrice. Abkürzungen: Aba, Issi, Issie, Issy, Izzi, Zia.

Falka: unkompliziert; unabhängig von Trends; einfache Schreibweise; passt zu den meisten Familiennamen. Nordisch. Bedeutung: der Falke.

Fanni, Fanny: ein warmer, freundlicher Name; in früheren Zeiten sehr beliebt. Kurzform von Namen wie → Stephanie oder → Franziska.

Farah: ein weicher, warmer Name, der an den Orient erinnert; passt deshalb nicht zu jedem Familiennamen in unseren Breiten. Aus dem Arabischen. Bedeutung: die Freude. Abkürzung: Ava.

Fay: positiv, fröhlich, international; ein kurzer, liebenswerter Name, der einen längeren Familiennamen verträgt. Aus dem Englischen. Bedeutung: die Fee.

Federica, Federiga: ausdrucksvoll; passt am besten zu einem ähnlich ausdrucksvollen oder besonders schlichten, kürzeren Familiennamen; weibliche Form von Federico/Friedrich. Bedeutung: Friede, Herrschaft und mächtig. Abkürzungen: Freda, Ika, Rica, Rika, Wieka, Wika.

Fedora, Feodora: ein romantischer, anspruchsvoller russischer Name; wirkt am besten zusammen mit einem ähnlich ausdrucksvollen Familiennamen. Verwandt mit dem Namen → Theodora/Theodor. Abkürzungen: Fee, Feo, Dodo, Dora, Doro.

Fedra: ein eleganter griechischer Name. Neugriechisch. Bedeutung: der helle Schein.

Feeka, Feeke: ein Name für Norddeutschland-Fans. Friesisch. Bedeutung: der Friede. Abkürzung: Eka.

Felicia, Felizia: wohlklingend, leicht und beschwingt; passt zu den meisten Familiennamen; weibliche Form von Felix. Aus dem Lateinischen. Bedeutung: die Glückliche. Im Englischen/Spanischen: Felicia; in England auch: Felicity; in Frankreich: Félicie. Abkürzungen: Fee, Lia, Licia, Liz, Lizia, Lizzie, Lizzy.

Felicitas, Felizitas: klassisch, unberührt von Trends; passt am besten zu einem neutralen oder besonders klangvollen Familiennamen; weibliche Form von Felix. Aus dem Lateinischen. Bedeutung: die Glückliche. Abkürzungen: Fee, Ina, Ita, Lale, Lia, Liz, Lizia, Lizzie, Lizzy, Tassia, Tessa, Tini. Namenstag: 7. März.

Felicity: → Felicia.

Femke: erinnert an grüne Wiesen und Meer; vor allem in Norddeutschland beliebt, weibliche Form von Fredemar/Friedemar. Friesisch. Bedeutung: Friede.

Fenja, Fenka, Fenke: friesisch; herb und klar – erinnert an die raue Nordseeküste. Bedeutet im weitesten Sinne »Frieden«; abgeleitet von dem Wort »Frede«.

Fenna, Fenneke: Namen, die besonders gut in die norddeutsche Landschaft passen. Aus den Niederlanden und Friesland. Entwickelt aus Namen mit den Anfangssilben »Frede«. Bedeutung: der Frieden. Abkürzung: Nena.

Fentje, Fentke: friesischer Name, außerhalb Norddeutschlands ziemlich unbekannt. Wahrscheinlich abgeleitet von Namen mit den Anfangssilben »Frede« wie zum Beispiel Fredegard oder Frederike. Bedeutung: der Friede. Abkürzungen: Ena, Etje, Nena.

Fernanda, Fernande, Ferdinanda, Ferdinande: zeitlos, klassisch; fern jeder Mode. Verwandt mit den Namen Ferdinand/Fridunanth. Aus dem Althochdeutschen. Bedeutung:

Friede und kühn. In Italien und Spanien: Fernanda; in Frankreich: Fernande. Abkürzungen: Ana, Nane, Nanda.

Fidelia: ausdrucksvoller, origineller spanischer Name; wirkt am besten zusammen mit einem ebenso ausdrucksstarken Familiennamen; weibliche Form von Fidelio / Fidelius. Aus dem Lateinischen. Bedeutung: getreu, ehrlich. Abkürzungen: Delia, Fida, Fina, Ila, Lia.

Fidelis: heiter, leicht, beschwingt und liebenswert; weibliche Form von Fidelio / Fidelius. Aus dem Lateinischen. Bedeutung: getreu, ehrlich. Abkürzungen: Delia, Delis, Fida, Fina, Lis, Lise, Lisa, Liz, Lizzie, Lizzy.

Finia: leicht, hell und spritzig; lässt sich mit den meisten Familiennamen gut kombinieren. Aus dem Baskischen. Bedeutung: fein, zärtlich.

Fiona: ein internationaler Name. Ursprünglich gälisch. Bedeutung: schön, weiß. Abkürzungen: Fina, Ina, Ona.

Fiorella, Fioretta: ansprechender italienischer Name. Aus dem Lateinischen. Bedeutung: die Blume.

Fiorenza: → Florentia.

Flavia: individuell und elegant; erinnert an den Süden; passt am besten zu einem entsprechend südlichen oder möglichst neutralen Familiennamen; weibliche Form von Flavius. Aus dem Lateinischen. Bedeutung: ein römischer Geschlechtername.

Fleur: → Flora.

Flora, Floria: angenehm und blumig; lautmalerisch. Aus dem Lateinischen. Bedeutung: die Blume. In Frankreich: Fleur; in Italien: Fiora; im Englischen: Floria, Floris, Florry, Flower; in Spanien: Floreta; in Rumänien: Florica. Abkürzung: Flori. Namenstag: 24. November.

Florentia, Florenzia, auch **Florenze, Florentina, Florentine:** attraktiv und mädchenhaft. Aus dem Lateinischen. Bedeutung: im blühenden Alter. Eine andere Form: Fiorenza; im Englischen und Französischen: Florence. Abkürzungen: Florry, Ona, Rena, Tina, Tine.

Floretta, Florette: heiter und ungezwungen. Verkleinerung von → Flora. In Italien: Fioretta; in Frankreich: Fleuretta. Abkürzungen: Flora, Fiora.

Floriana, Floriane, Florianne: schmuck und attraktiv; lautmalerisch. Italienisch/französisch. Angelehnt an Florian. Aus dem Lateinischen. Bedeutung: im blühenden Alter. In Spanien: Florina, Florine, auch Fiorina. Abkürzungen: Flora, Fiora.

France: außergewöhnlicher französischer Name; passt nicht zu jedem deutschen Familiennamen. Ursprünglich eine Kurzform von Francoise, verwandt mit → Franziska.

Franka, Franca: die weibliche Form von Frank, einem alten deutschen Namen, der »frei« oder »der Franke« bedeutet. In Frankreich: France, Francine, Franzine. Abkürzungen: Ana, Fran, Anca, Anka.

Franziska: klassisch, immer aktuell; passt nahezu überall und zu jedem Familiennamen. Aus dem Lateinischen. Bedeutung: die Freie. In Schweden: Siska; in Italien: Francesca, Francisca; in Frankreich: Francoise; im Englischen: Frances, Francis; in Osteuropa: Franciska, auch Franeka, Franika; in Spanien: Pancha. Abkürzungen: Cecca, Fanni, Fanny, Fran, France, Francie, Franja, Franny, Franzi, Sika, Siska, Sissi, Ziska. Namenstag: 9. März.

Frauke, Fraukea: herb und weich zugleich; passt besonders gut zu einem typisch norddeutschen Nachnamen. Bedeutung: kleines Fräulein.

UNTERSCHIEDE ZWISCHEN NEUEN UND ALTEN BUNDESLÄNDERN

Zwischen den alten und den neuen Bundesländern gibt es deutliche Unterschiede bei der Namensgebung. So sind in den neuen Bundesländern die Jungennamen Eric/Erik, Justin und Max sehr beliebt, während diese Namen in der Statistik der alten Bundesländer eher auf den hinteren Rängen der Beliebtheitsskala liegen. Umgekehrt ist der Name Jan im Osten weit weniger beliebt als im Westen. Bei den Mädchennamen ist Michelle vor allem östlich der Elbe gefragt. Vanessa zählt zu den Hits in den neuen Bundesländern, Katharina in den alten.

Freda, Vreda: nicht sehr üblich, aber auch nicht zu ausgefallen; schlicht; einfach in der Schreibweise; passt zu fast jedem Familiennamen. Friesische und schwedische Kurzform von → Frederika.

Frederika, Frederike: zeitlos; eine norddeutsche weibliche Form von Frederik/Friederich. Aus dem Althochdeutschen. Bedeutung: Friede und Herrschaft. Abkürzungen: Fredde, Fita, Ika, Rika, Wieka.

F

Freia, Freya, Freyja: zeitlos, fern jeden Trends; passt nahezu überall und immer. Nordisch. Weist auf die Göttin Freyja hin. Bedeutung: die Herrin. Abkürzung: Aya.

Fricka, Frikka, Fricke: frisch und klar; friesisch, abgeleitet von → Friederike/Friedrich. Abkürzungen: Frede, Icka.

Frida, Frieda, Friede: vor etwa hundert Jahren beliebt, dann in Vergessenheit geraten; heute ab und zu wieder im Gespräch. Kurzform von Namen wie Friederike oder Elfriede.

Friederika, Friederike: traditionell, immer gefragt; weibliche Form von Friedrich. Aus dem Althochdeutschen. Bedeutung: Friede und Herrschaft. Im Englischen: Frederica; in Frankreich: Fédérique; in Italien: Federica, Federiga; in Ungarn: Ferike; in Polen: Fryderyka. Abkürzungen: Fita, Fricka, Frida, Frieda, Friede, Frigga, Frika, Frieke, Fritzi, Ricka, Rieke, Rieka, Rika, Rike, Wika, Wieka.

Frigga, Frigge: nicht alltäglicher nordischer Name; frisch und unkompliziert. Bedeutung: die Geliebte; auch bekannt als Kurzform von → Frederika oder → Friederike.

Frika, Frike, Frikka, Frikke: Namen, die am besten an die Nord- und Ostseeküste passen. Friesisch. Abgeleitet von → Friederike. Abkürzungen: Ica, Ika, Issy, Rika, Rike.

Fro: ein Name, der auch tatsächlich die Bedeutung hat, die man mit ihm verbindet, wenn man den Namen hört. Aus dem Nordischen. Bedeutung: die Fröhliche.

Fylla: außergewöhnlicher Name; interessant in Schreibweise und Klang; macht neugierig. Bedeutung: nach der nordischen Fruchtbarkeitsgöttin.

Gabi, Gaby: vor einigen Jahrzehnten ein Modename, heute weniger gefragt. Kurzform von → Gabriela/Gabriele.

Gabina: schlicht und trotzdem ungewöhnlich; passt problemlos zu den meisten Familiennamen. Aus dem Lateinischen. Bedeutung: bezieht sich auf die Stadt Gabii in der Nähe von Rom; ist außerdem ein zusätzlicher Name für die römische Göttin Juno (Gemahlin des Jupiter). Abkürzungen: Bina, Bine, Gabi, Ina.

Gabriela, Gabriele, auch **Gabriella:** mädchenhaft; traditionell; weibliche Form von Gabriel. Aus dem Hebräischen. Bedeutung: Mann Gottes. In Frankreich: Gabrielle; in Italien und Ungarn: Gabriella; in Spanien und Portugal: Gabriela; in Russland: Gawrila, Gavrila. Abkürzungen: Ela, Ella, Gabi, Gaby.

Gada: einfach und unkompliziert; passt am besten zu einem nicht ganz alltäglichen Familiennamen. Aus dem Hebräischen. Bedeutung: glücklich. Abkürzung: Ada.

Gail, Gayle: fröhlicher englischer Name; passt nahezu überall. Wahrscheinlich aus dem Althochdeutschen. Bedeutung: übermütig; vielleicht auch eine Kurz- und Koseform von → Abigail.

Gala: klangvoll; einfach in der Schreibweise; selten, aber nicht zu ungewöhnlich; passt am besten zu einem ebenso attraktiven Familiennamen. Aus dem Lateinischen. Bedeutung: die Gallierin. Auch aus dem Altnorwegischen, Bedeutung dann: die Sängerin.

Galdina: seltener italienischer Name mit gutem Klang. Die weibliche Form von Galdo/Gerhard. Bedeutung: der Speer und hart. Abkürzungen: Gala, Dina, Ina.

Galina: klingt angenehm und macht neugierig. Aus dem Russischen. Bedeutung: Friede, Ruhe. Abkürzungen: Gala, Ganja, Gulja, Ina, Lina.

Ganja: ein einfacher, klangvoller und origineller Name, der sich auch gut mit den meisten deutschen Familiennamen kombinieren lässt; ursprünglich eine Kurzform von → Galina oder → Gavrila/Gabriele.

Garda, Garde: friesischer Name; angelehnt an → Gerda.

Gea: ein einfacher Name; ungewohnt, aber nicht zu abgehoben. Aus dem Griechischen. Bedeutung: die Erde.

Geeltje: ein zärtlicher, angenehmer Klang für norddeutsche Ohren. Friesisch. Verwandt mit dem Namen → Gail.

Geerdina: im Norden beliebter als im Süden. Aus den Niederlanden, aber auch in Friesland bekannt. Verwandt mit → Gertrud/Gertraud, wie viele Namen mit der Anfangssilbe »Ger«. Abkürzungen: Dina, Ena, Geba, Gertie.

Geesa Gesa, Gese: schlicht, einfach; angenehm und warm im Klang durch die Kombination der Vokale e und a. Norddeutsch. Verwandt mit dem Namen → Gertrud.

Geesche, Gesche: klingt für die meisten ungewohnt; eher im Norden bekannt. Friesisch, abgeleitet von → Gertrud.

Geeske, Geske: ein friesischer Name, der ans Plattdeutsche erinnert und deshalb besonders gut nach Norddeutschland passt. Abgeleitet von dem Namen → Gertrud.

Gela: ein friesischer Name, der angenehm, sympathisch und nicht so fremd klingt. Herkunft unbekannt.

Genia: unkonventionell; besonders, aber nicht zu ausgefallen mit vielen Familiennamen gut vereinbar. Kurz- und Koseform von → Eugenia/Eugenie, der weiblichen Form von Eugen.

Genoveva, Genovefa: ein alter, klangvoller Name, der sich nicht mit jedem Familiennamen verträgt. Aus dem Gälischen. Bedeutung: Volk und Frau. In Frankreich: Geneviève, auch Ginette. Abkürzungen: Efa, Eva, Gena, Genna, Veva.

Georgette: → Georgia.

Georgia, Georgina, Georgine: eleganter Name, der in vielen Ländern bekannt ist; wirkt am besten in Kombination mit einem schmückenden Familiennamen. Aus dem Griechischen. Bedeutung: die Bäuerin. In Frankreich: Georgette; in Rumänien: Georgeta, Giorgina. Abkürzungen: Gera Gia, Gina, Ina.

Geraldine, Geralde: international beliebt; weibliche Form von Gerald/Gerwald. Bedeutung: Speer und Kampf. In Italien: Giralda. Abkürzungen: Dine, Dina, Ela, Gera, Gerrie, Gerry, Jerry.

Gerda, Gerde, Gerdie: nordisch; zu Beginn des vorigen Jahrhunderts »in«, inzwischen weniger aktuell. Abgeleitet von → Gertrud.

Gerdis: verspielter schwedischer Name; freundlich. Aus dem Althochdeutschen. Die Silbe »Ger« bedeutet »Speer« und die Silbe »dis« »Göttin«.

Germaine: ausdrucks- und anspruchsvoller französischer Name; nicht mit jedem Familiennamen gut vereinbar; weibliche Form von Germain. Aus dem Lateinischen. Bedeutung: die Germanin. In den Niederlanden: Germina. Abkürzungen: Gera, Maine, Mani, Mina.

Gerrit, Gerritje: typisch friesische Namen, die sich besonders gut in Norddeutschland machen. Abgeleitet von Gerharde. Aus dem Althochdeutschen. Bedeutung: hart, stark.

Gerta, Gerte, Geerta: norddeutsch; vor hundert Jahren gefragt, heute weitgehend in Vergessenheit geraten; weibliche Form von Gerd/Gerhard. Bedeutung: Speer und hart. Kosenamen: Geertje, Gertje.

Gertrud, Gertrude, Gertrudis, auch **Gertraud:** ein alter deutscher Name; ziemlich in Vergessenheit geraten. Aus dem Althochdeutschen. Bedeutung: Speer und Kraft. Norddeutsche Formen: Gertruid oder Gertruida; in den Niederlanden: Geertrui; in Italien: Gertruda; im Französischen und Englischen: Gertrude. Abkürzungen: Gena, Gerda, Gerta, Gerte, Gerti, Gerty, Traudel, Traute, Trude, Trudi, Trudis. Namenstag: 17. November.

Gervaise: französisch; weibliche Form von Gervais; hergeleitet von Gervas. Aus dem Althochdeutschen. Bedeutung: Speer und heranwachsen. Abkürzungen: Gea, Isa.

Gesina, Gesine: friesisch; in Norddeutschland geschätzt und auch im Süden bekannt; abgeleitet von → Gertrud. Abkürzungen: Gerta, Gerte, Gerda, Sina, Sine, Zina.

Ghada: schlicht, originell und wohlklingend; passt am besten zu einem sehr schlichten oder einem außergewöhnlichen Familiennamen. Aus dem Arabischen. Bedeutung: junges Mädchen.

Ghislaine: anspruchs- und ausdrucksvoll; braucht einen nicht ganz alltäglichen Familiennamen, um gut zu wirken; französisch; weibliche Form von Ghislain. Ursprünglich aus dem Lateinischen. Bezieht sich auf den heiligen Gislenus. Abkürzungen: Gis, Gisa, Isa, Lana.

Gianna: erinnert an Sonne und den Süden. Italienische Kurzform von → Johanna, der weiblichen Form von Johannes. Abkürzungen: Gina, Ina, Janna.

Gila: ein einfacher, klarer Name mit einem guten Klang; passt zu den meisten Familiennamen. Aus dem Hebräischen. Bedeutung: Glück, Freude. Wird auch als Kurzform von → Gisela verstanden.

Gilla: unkomplizierter, einfacher schwedischer Name; klingt frisch und spritzig. Angelehnt an → Gisela. Abkürzungen: Gill, Ille, Illa.

Gilta Gilda: seltener italienischer Name. Verwandt mit Namen mit der Anfangssilbe »Hil« wie zum Beispiel Hilda/Hilde. Aus dem Althochdeutschen. Bedeutung: Kampf. Abkürzungen: Gill, Gilla.

Gina: unkompliziert und attraktiv. Kurzform von Namen mit den Endsilben »ina« wie etwa Beispiel Josefina.

Giovanna: → Johanna.

Gisa: frisch und leicht. Wird selten als eigenständiger Name eingetragen, dient meist als Abkürzung von Namen wie Giselinde, Gisela oder Giselle.

Gisela: vor einigen Generationen sehr beliebt, heute seltener Aus dem Germanischen. Bedeutung: aus edlem Geschlecht, die Vornehme. In Frankreich: Gisèle und Giselle; in Italien: Gisella; in Ungarn: Gizella. Abkürzungen: Ela, Ila, Gill, Gila, Gilla, Gisa, Sella. Namenstag: 13. Februar.

Giselinde: fast in Vergessenheit geratener norddeutscher Name. Verwandt mit dem Namen → Gisela. Die Kurzformen Linde oder Gisa sind beliebter.

Gitta, Gitte: munter, fröhlich; passt zu fast jedem Familiennamen. Kurzform von → Brigitta/Brigitte.

Giulia, Giuliana: → Julia.

Gladys: locker und unkapriziös; ein englischer Name; passt in jedes Land und zu den meisten Familiennamen. Ursprünglich aus Irland. Bedeutung ungewiss.

Gloria: ein anspruchsvoller Name, der einen ebenso lautmalerischen oder neutralen, zurückhaltenden Familiennamen braucht, um wirklich gut zu wirken. Aus dem Lateinischen. Bedeutung: Ruhm.

Goda, Godela: ausgefallen, aber nicht zu ungewöhnlich; sympathischer Klang; passt fast immer und überall. Kurzform der Namen mit der Anfangssilbe »God« oder »Gud«.

Gölin: liebenswerter, fast zärtlicher schwedischer Name; passt gut zu typisch norddeutschen Familiennamen. Herkunft und Bedeutung sind ungewiss.

Golda: ursprünglich ein jiddischer Name, inzwischen aber auch international bekannt. Bedeutung: die Goldene. Im Englischen auch Goldie, Goldy.

Gosta: ungewöhnlich, aber nicht zu ausgefallen; passt zu den meisten Familiennamen; angenehm im Klang, einfach in der Schreibweise. Kurzform von → Augusta.

Gratia, Grazia, auch **Graziana:** wirkt besonders weiblich, weil der Name an das Wort »graziös« erinnert. Aus dem Lateinischen. Bedeutung: die Anmutige. In den Niederlanden und in Spanien: Gracia; in Italien: Graziella; in Spanien auch Egracia; im Englischen: Grace; in Schottland: Giorsal. Abkürzungen: Grace, Tizza, Zia.

Greta, Grete, Gretel: einfache, schlichte schwedische Mädchennamen ohne Firlefanz; lange vergessen, gerade wieder entdeckt; über Skandinavien hinaus bekannt. Abkürzung von → Margareta/Margarete. In den Niederlanden: Gretske. Kosenamen: Greet, Greetje oder Gretje.

Griet, Grietje, Grit: niederländische und friesische Namen mit einem sehr speziellen nordischen Klang. Kurzform von Magriet, Margarethe oder Margareta.

Griselda, Griselde, Griseldis: alte romantische Namen, die am besten in Kombination mit entsprechenden Familiennamen wirken. Aus dem Althochdeutschen. Bedeutung: grau und Held. Im Englischen: Grishilda; in Schottland: Gritelda. Abkürzungen: Grizel, Grizzel.

Gry: ein nordischer Name, der geheimnisvoll klingt, frisch wie ein neuer Tag. Und genau das bedeutet der Name auch.

Gudrun: sehr klarer norddeutscher Name; wirkt allerdings ein wenig streng; vor Jahrzehnten beliebt, heute eher selten geworden. Nordisch. Bedeutung: das Geheimnis. Abkürzungen: Guda, Guscha, Una.

Gudula: ein alter Name, der in seiner Ursprungsform Guda viele Jahrhunderte überdauert hat. Aus dem Germanischen. Bedeutung: Gott. Abkürzungen: Guda, Gulja.

Gunda, Gonda, auch **Gundela, Gundula:** norddeutscher Name, der fast überall passt, heute allerdings selten vorkommt. Aus dem Althochdeutschen. Bedeutung: Kampf. Abkürzung: Goda. Namenstag: 6. Mai.

Gunilla: ungewöhnlich, aber nicht zu ausgefallen. Nordisch. Bedeutung der Silbe »Gun«: Kampf. Abkürzungen: Guscha, Ila, Illa, Ille.

Gwen, Gwenda: lässig und unbeschwert. Ursprünglich Kurzform von → Gwendolin.

Gwendolyn, Gwendolin: verspielt, märchenhaft und verträumt; englische Namen, inzwischen international. Aus dem Keltischen. Bedeutung: erinnert an alte Sagengestalten. Abkürzungen: Gwen, Dodo, Dollie, Dolly, Line, Lina.

Gwyneth: ungewöhnlich, ausgefallen; braucht einen entsprechend ausgefallenen Familiennamen, um gut zu wirken. Aus dem Englischen; hergeleitet vom walisischen »gwynedd«. Wahrscheinliche Bedeutung: die Weiße; vielleicht auch »die Gesegnete«.

Gy: kurz, verspielt und versponnen. Nordisch und von angenehmer Bedeutung: die Schöne, die Göttin. In Schweden: Gya. Koseformen von Gy, auch für deutsche Ohren besonders wohlklingend: Gylla oder Gyta.

G

Haldis: ungewöhnlich, ausgefallen. Aus dem Schwedischen. Bedeutung: der Fels, aber auch die Göttin. Abkürzungen: Ada, Lale.

Halina: wohlklingender, individueller polnischer Name; ungewöhnlich, aber nicht übertrieben originell; inzwischen auch über Polen hinaus bekannt. Verwandt mit dem Namen → Helena. Koseform: Halinka. Abkürzungen: Halka, Hanna, Lia, Lina, Line, Linka.

Halla: einfacher, klarer schwedischer Name; passt nahezu überall. Bedeutung: Fels oder Klippe.

Hanna, Hanne: einfach die Schreibweise, angenehm der Klang; ein unkomplizierter Name, der zu jedem Familiennamen passt; sehr beliebt. Eine Kurzform von → Johanna. In Polen, Tschechien und auch England: Hana.

Hannah: biblischer Name; seltener als Hanna. Aus dem Hebräischen. Bedeutung: die Anmutige.

Hannelore: vor einem halben Jahrhundert sehr beliebt, seitdem stark rückläufig. Eigentlich ein Doppelname aus → Hanne und → Lore (Kurzform von Eleonore). Abkürzungen: Hannerl, Lola, Lorle, Nanna.

Harda: selten und originell; fern jeden Trends. Nordisch. Bedeutung: die Harfe. Abkürzung: Ada.

Harriet: zeitgemäßer, neuartiger englischer Name, der auch in Skandinavien gebräuchlich ist; inzwischen international. Dem Namen → Henriette / Henrietta verwandt. Abkürzungen: Hana, Hattie, Ria, Rita.

Hauke: friesisch, rau wie das Meer; besonders reizvoll für richtige Nordlichter; auch ein Jungenname. Abgeleitet von dem Wort »hug«. Bedeutung: Sinn und Verstand.

Hazel: modern; unkonventionell, aber nicht zu abgehoben. Aus dem Englischen. Bedeutung: Haselnuss; gilt auch als Kurzform von → Hedwig.

Heather: locker und lässig; unverbraucht; in vielen Ländern bekannt; mit den meisten Familiennamen kombinierbar. Aus dem Englischen. Bedeutung: das Heidekraut.

Hedda: klar, gerade, ohne Schnörkel. Norddeutsch. Ursprünglich Kurzform des schwedischen und norwegischen Namens Hedevig. Aus dem Althochdeutschen. Bedeutung: Streit und Kampf.

Hedwig, Hadwig: ein alter Name; früher durchaus üblich, heute eher selten. Aus dem Althochdeutschen. Bedeutung: Streit und Kampf. In Norwegen und Schweden: Hedevig, Hedvig; in Frankreich: Edwige; in Italien: Edvige; in England: Hazel; in den Niederlanden: Hadewig oder Hedwigs; in Polen: Jadwiga. Abkürzungen: Eve, Hede, Hedi, Hedy, Hedda, Hella, Vig, Viga, Wig, Wiga.

Heide: erinnert an die Heidelandschaft; gleich bleibend beliebt. Abgeleitet von → Adelheid; gilt auch als Abkürzung von → Heidrun. Die friesische Koseform: Heidje.

Heidi: lange Jahre ein richtiger Hit unter den Mädchennamen, heute weniger aktuell; die ungewöhnliche Schreibweise Heydi macht aus dem alten Namen einen schicken, neuen. Koseform zu → Adelheid.

Heidrun: vor einem halben Jahrhundert noch sehr gefragt, heute weniger »in«. Aus dem Althochdeutschen. Bedeutung: Gestalt und Geheimnis. Abkürzungen: Heide, Heidi.

Heika, Heike: klar und schnörkellos; typisch norddeutsch. Abgeleitet von dem alten niederdeutschen Namen Heinrike, der weiblichen Form von Heinrich. Bedeutung: Einfriedung und mächtig, reich.

Heinke, Heinkje: ungewöhnlich; sehr norddeutsch, lässt sich daher auch gut mit einem typisch norddeutschen Nachnamen kombinieren. Verwandt mit Heinrike/Heinrich. Bedeutung: Einfriedung und mächtig, reich.

Helena, Helene, Helen: klassisch; anspruchsvoll, aber nicht übertrieben originell; passt zu den meisten Familiennamen. Aus dem Griechischen. Bedeutung: die Glänzende. In Italien und Spanien: Elena; in Russland: Alencia, Alenka oder Jelena; in Rumänien: Ilana, Ileana; in England: Helen, Eileen, auch Aileen; in Frankreich: Héléne; in Norwegen:

PROMI-NAMEN

Die Erfahrung zeigt, dass Vornamen, die Promis ihren Kindern geben, die im Mittelpunkt des öffentlichen Interesses stehen, von Eltern zunächst einmal gemieden und, wenn überhaupt, erst nach einer gewissen Eingewöhnungszeit übernommen werden. Zwei Beispiele:

➤ Obwohl Steffi Graf sehr beliebt ist und der Name ihres Sohnes – Jaden Gil – große Aufmerksamkeit erregt hat, ist er noch kein Renner unter den Vornamen geworden.

➤ Obwohl der Name Harry Potter in aller Munde und die Figur mehr als beliebt ist, registrieren die Standesämter bisher keine Anzeichen dafür, dass der alte Name Harry neuen Glanz erhalten könnte.

Eilen; in Schweden und Dänemark: Elin; in den Niederlanden und Friesland: Lenke; in Finnland: Aila; in Griechenland: Eleni; in Ungarn: Eliane oder Ilona, Ilonka; in Polen: Halina; in Arabien: Ilene. Als Kosename: Heliane. Abkürzungen: Ena, Hella, Helvi, Lea, Lena, Lene, Lenka. Namenstag: 18. August.

Helga, Helge, auch **Hilga:** nordische Namen; früher Modenamen, heute kaum noch im Gespräch. Bedeutung: gesund und heil. Abkürzungen: Ela, Ele, Hella.

Helma: ein guter Zweiklang; norddeutsch, aber über die Grenzen Norddeutschlands hinaus bekannt. Ursprünglich eine Kurzform von Namen mit der Anfangssilbe »Hel«. Bedeutung: Helm, Schutz. Abkürzung: Hella.

Helmke: herb und schnörkellos; sehr norddeutsch. Bedeutung: Helm, Schutz.

Heloise: individuell; anspruchsvoll; kein Trendname; benötigt möglichst einen ebenso schmückenden Familiennamen. Aus dem Althochdeutschen. Bedeutung: gesund, groß. In Frankreich: Héloise. Abkürzungen: Hella, Isa, Lis, Loisa.

Hendrica, Hendrice, Hendrika, Hendrike, Henderika: typisch norddeutsche, zeitlose Namen; weibliche Formen von Hendrik/Heinrich. Verwandt mit den Namen → Henrika/Henrike. Kosenamen: Hendricje, Hendrikje. Abkürzungen: Henni, Hennie, Henny, Rice, Ricje, Rieka, Rieke, Rika, Rike, Rikje, Ricki.

Henrietta, Henriette: traditioneller französischer Name; liebenswert, heiter und unbeschwert; weibliche Form von Henri/Heinrich. Bedeutung: Einfriedung und mächtig, reich. In England: Harriet. Abkürzungen: Hatty, Hattie, Henja, Henni, Henny, Hetta, Jette, Nette, Ria, Rietta.

Henrika, Henrike, Henrieka, Henrieke, Henrica, Henrice: ungewöhnlicher norddeutscher Name; passt auch am besten zu einem typisch norddeutschen oder neutralen, schlichten Familiennamen; weibliche Variante von Henrik/Heinrich. Bedeutung: Einfriedung und mächtig, reich. Kosename: Henrikje. Abkürzungen: Henja, Henni, Hennie, Henny, Rica, Rice, Rika oder Rike.

Hera: schlicht und klar; angenehmer Klang; keine Probleme bei der Schreibweise; passt zu den meisten Familiennamen. Aus dem Griechischen. Erinnert an die Göttin Era.

Herdis: zarter und gleichzeitig frischer nordischer Name; außergewöhnlich; passt am besten zu einem neutralen, möglichst schlichten Familiennamen. Bedeutung: Heer und Schutzgöttin. Abkürzung: Eri.

Hermina, Hermine, auch **Hermia, Herminia:** alte Namen; gerade und schnörkellos; vor hundert Jahren sehr beliebt, heute fast vergessen; weibliche Form von Hermann. Bedeutung: Heer und Mann. In den Niederlanden: Urmina, Hermke, Hermtje; in Russland: Germina. Abkürzungen: Hera, Herma, Hetta, Ina, Mimi, Mine, Minja, Minna.

Herta, Hertha: ein alter Name, der zu fast jedem Familiennamen passt; früher sehr beliebt, heute eher selten. Bedeutung der Anfangssilbe »Her«: Heer.

Hester: → Esther.

Hetta: schlicht und einfach; lässt sich mit den meisten Familiennamen gut verbinden. Friesisch. Kurzform von Namen mit der Anfangssilbe »Hei«. Bedeutung: gesund.

Hilary: moderner englischer Name; unbeschwert und beschwingt; angelehnt an Hilaria. Aus dem Lateinischen. Bedeutung: die Heitere. In Italien: Ilaria. Abkürzungen: Hilja, Hill, Hilla, Hilli, Hilly, Lara.

Hilda, Hilde: galt lange als leicht verstaubt, wird aber langsam wieder beliebter, wie andere alte Namen auch. Norddeutsch. Kurzform von Namen wie Brunhilde oder Gerhilde. Bedeutung der Silbe »Hil«: Kampf.

Hilka, Hilke: zeitlos; typisch norddeutsch. Bedeutung: Kampf. Friesisch: Hilkea, Hilkina oder Hilleke. Abkürzungen: Hilja, Hilla, Hille.

Hille, Hilla: erinnert an einen frischen Sommerwind. Friesische Kurzform von alten Namen wie Hiltrud oder Hillegunde. Bedeutung der Silbe »Hil«: Kampf.

Hinderika, Hindrika, Hinrika, Hinrike: typisch norddeutsch. Verwandt mit den Jungennamen Hinrich/Heinrich. Bedeutung: Einfriedung und mächtig, reich. Ähnlich den Namen Henderika, Hendrika, Henrike. Abkürzungen: Dika, Hinni, Ika, Ina, Ini, Rika.

Hjördis: ein alter nordischer Name für Wikingerfans und Skandinavienfreunde. Bedeutung: das Schwert und die Göttin. Abkürzungen: Jördis, Öre.

Holle: ein fröhlicher, verspielter Name. Erinnert an Märchen. Aus dem Nordischen. Bedeutung: der weibliche Geist. Andere Formen: Holda, Hulda.

Holma: unbekannter und unkomplizierter nordischer Name; passt fast überall; weibliche Form von Holm. Bedeutung: die Inselbewohnerin.

Hortense, Hortensia: anspruchsvoll; passt am besten zu einem ebenfalls nicht ganz alltäglichen Familiennamen. Aus dem Lateinischen; Bedeutung: ein altrömischer Familienname (Hortensius). Abkürzungen: Hora, Tenne.

Hulda: → Holle.

Iba: neuartig; ein einfacher Name, der angenehm klingt; unkomplizierte Schreibweise. Friesisch. Hergeleitet von den männlichen Namen Ibo/Ivo. Bedeutung: die Eibe.

Ida, Idis: unverbraucht und klangvoll; nach langem Desinteresse heute wieder öfter gebraucht. Norddeutsch. Ohne sichere Deutung, eventuell Kurzform von Idalberga oder anderen Namen mit dem Anfangsbuchstaben I. Im Englischen: Ead; in Frankreich: Ide. Namenstag: 4. September.

Idita: ungewöhnlich; individuell, aber nicht zu abgehoben. Norddeutsch. Abgeleitet von → Jutta, einem nordischen Namen. Wird auch als Form von → Judith/Juditha verstanden. Abkürzungen: Ida, Ita, Itta, Dita.

Idje: ein friesischer Name, der schon fast zärtliche Gefühle bei Norddeutschen auslöst. Im Norden wird diese Kose- und Verkleinerungsform des Namens → Ida als eigenständiger Name geführt.

Iduna: selten und unverbraucht. Nordisch. Bedeutung: erinnert an die nordische Göttin der Jugend. Abkürzungen: Ida, Duna, Una.

Ika, Ike, Iken, Ikka: wie ein frischer Wind, deshalb besonders beliebt in der norddeutschen Tiefebene. Friesisch. Herkunft ungewiss; vielleicht abgeleitet von → Ida.

Ilana, Ileana: ein rumänischer und bulgarischer Name, aber über die Grenzen dieser beiden Länder hinaus bekannt. Verwandt dem Namen → Helena/Helene. Abkürzungen: Ila, Illa, Lana, Nana.

Ildico, Ildiko: ursprünglich ungarisch. Koseform zu Namen mit der Anfangssilbe »Hild«. Bedeutung: Kampf. Abkürzungen: Dikta, Ida, Illa, Ille.

Iliane: klangvoll und originell, aber nicht zu ausgefallen. Schwedisch/flämisch. Abgeleitet von → Julia/Juliane. Abkürzungen: Ana, Ila, Illa, Ille, Lia.

Ilina, Iljana: Namen, die stark von ihrem Klang leben und nahezu überall passen. Slawisch. Verwandt mit dem Namen → Helene. Als Kosename: Ilinka. Abkürzungen: Ila, Ilja, Illa, Ina, Lina, Linka.

Ilka: ursprünglich eine Kurzform von → Ilona/Ilonka; verwandt mit dem Namen → Helena/Helene. Abkürzungen: Ila, Illa, Ille.

Ilona, Ilonka: ungarisch, heute international. Mit dem Namen → Helena/Helene verwandt. Ein Kosename: Iluska. Abkürzungen: Ila, Illa, Ille, Lona, Loni, Lonny, Lonka.

Ilsa, Ilse: früher sehr beliebt, inzwischen jedoch fast vergessen; passt fast überall. Nordisch. Ursprünglich Kurzform zu → Elisabeth, wird heute aber als eigenständiger Name empfunden. Kosename: Ilske.

Ilsabe, Ilsabeth: zärtlich, verspielt und ungezwungen; ein alter Name, der vielleicht wieder zu Ehren kommt. Kurzform von → Elisabeth. Abkürzungen: Bette, Betty, Isa.

Ilske: ein friesischer Name; klingt zärtlich wie ein Streicheln. Ursprünglich eine Koseform von → Ilsa/Ilse.

Imka, Imke: über die Grenzen Norddeutschlands hinaus nur wenig bekannt. Friesisch. Abgeleitet von Namen wie Irmgard und Irmhild. Bedeutung: groß.

Imma, Imme, Immi: schlicht, von gutem Klang und trotzdem heute ziemlich unbekannt. Norddeutsch. Verwandt mit Namen wie Irmgard oder Irmhild. Bedeutung: groß; vielleicht auch eine andere Form von → Emma.

Imogen: mädchen- und märchenhaft; ein englischer Name, aber längst international; Herkunft ungewiss; vielleicht aus dem Lateinischen mit der Bedeutung »das Bild«. Abkürzungen: Ima, Imma, Imme, Gwen.

Ina: norddeutsch schlicht; angenehm im Klang. Kurzform von Namen, die auf »ina« enden, wie zum Beispiel Katharina. Eine niederländische Koseform: Ineken.

Ines, Inés: ein wohlklingender spanischer Name; über Spanien hinaus bekannt; verträgt sich gut mit den meisten Familiennamen. Verwandt mit → Agnes.

Inga, Inger: schwedisch. Verwandt den Namen, die mit der Silbe »Ing« beginnen, wie zum Beispiel Ingrid, Ingeborg oder I**n**gerid. Bedeutung: der Name bezieht sich auf den germanischen Gott Ingvio.

Ingalisa: neuartiger schwedischer Name; passt zu fast jedem Familiennamen. Zusammengesetzt aus den Namen → Inga und → Lisa.

Ingbrtt**, Ingebritt:** schwedischer Name. Zusammengesetzt aus → Inga und → Britta.

Inge: schon lange im deutschsprachigen Raum bekannt; früher sehr in Mode, inzwischen etwas seltener. Nordische Kurzform von → Ingeborg.

Ingeborg: vor Jahrzehnten auch im deutschsprachigen Raum beliebt, inzwischen jedoch selten geworden. Nordisch. Erinnert an den Gott Ingwio; bedeutet außerdem noch: Schutz. Abkürzungen: Inge, Inga, Inia, Inja.

Ingelis, Ingelise: ein nordischer Doppelname. Zusammengesetzt aus den Namen → Inge und → Lise.

Inger: locker, ungezwungen und modern; erinnert sofort an den Norden und passt auch am besten zu einem typisch norddeutschen Familiennamen. Kurzform von → Ingrid.

Ingrid, Ingerid: seit langem über Skandinavien hinaus bekannt und beliebt; passt nahezu überall. Nordisch. Bezieht sich auf den germanischen Stammesgott Ingvio; bedeutet außerdem: schön. Abkürzungen: Grit, Gritt, Inga, Inge, Inia, Inja. Namenstag: 2. September.

Inia, Inja: ein angenehmer, zeitloser nordischer Name; passt zu den unterschiedlichsten Familiennamen – auch zu süddeutschen. Ursprünglich ein Kosename von → Inge.

Inka, Inken: ähnlich wie der Name Inga vor allem im Norden bekannt. Verwandt den Mädchennamen mit der Anfangssilbe »Ing« wie zum Beispiel Ingrid. Bedeutung: bezieht sich auf den germanischen Gott Ingvio.

Innozentia, Innocentia: klassisch; anspruchsvoll, aber nicht überkandidelt; gilt als altmodisch, worin aber vielleicht auch ein besonderer Reiz liegt. Aus dem Lateinischen. Bedeutung: die Unschuldige. In Russland: Innokentia. Abkürzungen: Ina, Tissa, Zentia.

Iphigenia, Iphigenie: außergewöhnlich; anspruchsvoll; verlangt nach einem ebenso anspruchsvollen Familiennamen, um zu wirken. Aus dem Griechischen. Nach einer Göttin. Abkürzungen: Ena, Gena, Genia, Gina, Ina, Pia.

Ira: einfach in der Schreibweise, angenehm im Klang; passt vor allem zu längeren Familiennamen. Aus dem Hebräischen. Bedeutung: wachsam. Wird auch als Abkürzung von Namen mit dem Anfangsbuchstaben I verstanden.

Irena, **Irene:** traditionell; früher beliebt, heute eher selten. Aus dem Griechischen. Bedeutung: die Friedliche. Eine modernere Form: Ireen; in Frankreich: Irène; in Ungarn: Irén; in Polen und Tschechien: Irina; in Griechenland: Irini. Abkürzungen: Ina, Ira, Irka, Nena, Nina, Rena, Rina. Namenstag: 3. April.

Irina: → Irena/Irene.

Iris: zart, mädchenhaft; klassisch, unabhängig von jedem Trend; passt zu den meisten Familiennamen. Aus dem Griechischen. Bedeutung: erinnert an die Götterbotin.

Irmgard: ein alter deutscher Name, heute weniger aktuell. Aus dem Althochdeutschen. Bedeutung: Welt und Schutz. Abkürzung: Irmi.

Isa: einfache Schreibweise, guter Klang; passt zu nahezu jedem Familiennamen. Kurzform von Namen mit der Anfangssilbe »Is« wie zum Beispiel Isabel oder Isolde.

Isabel, **Isabella:** klassisch; beliebt; anspruchsvoll, aber nicht überspannt; passt zu den meisten Familiennamen. Portugiesisch/spanisch. Ursprünglich Kurzform von → Elisabeth; eine andere Vermutung: hergeleitet von Jesebel, Isebel. Aus dem Hebräischen. Bedeutung: nicht einheimisch. In Frankreich: Isabelle, Isabeau; im Englischen: Isobel; in Schottland: Iseabal. Abkürzungen: Bel, Belilla, Bella, Belle, Billa, Isa, Isabe. Namenstag: 22. Februar.

Isalie: liebenswert und zärtlich; eigentlich ein Kosename. Angelehnt an den Namen → Isa. Kurzform von Namen mit der Anfangssilbe »Is«.

Isidora, **Isidore**, auch **Isadora**, **Isadore:** ein besonderer Name, der am besten zu einem nicht ganz alltäglichen Familiennamen passt. Aus dem Griechischen. Bedeutung: Geschenk der Göttin Isis. Abkürzungen: Isa, Isi, Dodo, Dora, Doro.

Isis: mädchenhaft, geheimnisvoll. Aus dem Griechischen. Bedeutung: erinnert an die Göttin Isis.

Iska: ein friesischer Name, der vor allem von seinem Klang lebt: angenehm und klar; passt zu den meisten Familiennamen. Kurzform von Namen mit der Anfangssilbe »Is«. Bedeutung: das Eisen.

Isolde: zeitlos; passt nahezu überall; heute jedoch eher selten. Vielleicht ein keltischer/althochdeutscher Name mit der Bedeutung »Rüstung« und »walten«. In Italien: Isotta. Abkürzungen: Isa, Oda, Otta.

Itje: ein zärtlicher friesischer Name, der kleinen Mädchen besonders gut steht. Die Verkleinerung von Ita, einer Kurzform von → Jutta.

Ivara, Iwana, Ivanka, Iwanka: russisch; weibliche Form von Ivan/Iwan. Bedeutung: bezieht sich auf einen Heiligen. Abkürzungen: Ana, Iva, Ive, Iwa, Iwe, Vana, Wana.

Ivera: seltener nordischer Name; individuell; weibliche Form von Ivar. Hergeleitet von Ingvar. Bedeutung: bezieht sich auf den Gott Ingvio. Abkürzungen: Iva, Ive, Vera.

Ivonne, Yvonne: traditioneller französischer Name; bislang unberührt von jeglichen Trends; weibliche Form von Yvon. Bedeutung: die Eiche; andere sehen eine Verwandtschaft zu → Adelheid. Abkürzungen: Iva, Ivo, Nona, Nonna, Ona, Vonne, Vonny, Yva.

Jacinta, Jacintha: anspruchsvoll; passt am besten zu einem betont schlichten oder zu einem ebenso außergewöhnlichen Familiennamen. Angelehnt an den männlichen Namen Hyazinth. Aus dem Griechischen. Erinnert an eine Sage von einem Jüngling und einer Hyazinthe. Abkürzungen: Cindy, Cinta, Cinzia.

Jackie, Jacky: unkompliziert; international, vor allem in England und Nordamerika beliebt. Ursprünglich eine Kurzform von Namen wie → Jacqueline und Jacinta.

Jacquelin, Jacqueline, auch **Jacquetta:** individueller französischer Name; verspielt, heiter; weibliche Form von Jacques/Jakob. Aus dem Hebräischen. Bedeutung: der Überlister. Abkürzungen: Jacky, Janni, Jannie, Line, Lina.

Jade: international, modern; passt in alle Ländern und zu jedem Familiennamen, erinnert an einen Edelstein.

Jakoba, Jakobea, Jakobina, Jakobine: zärtlich und liebenswert. Aus dem Hebräischen. Bedeutung: der Überlister. In Frankreich: Jacquelin, Jacqueline; im Englischen: Jaimie. Abkürzungen: Bea, Bine, Bina, Jana.

Jamila: Schreibweise, Klang, Bedeutung – in jeder Beziehung ein angenehmer Name. Aus dem Arabischen. Bedeutung: die Schöne. Abkürzungen: Mila, Milli, Millie.

Jana, Jantina, Jantine: ein einfacher Name aus Osteuropa; besonders klangvoll und beliebt. Die Kurzform von Namen mit den Endsilben »jana« wie etwa Andrijana; auch Kurzform von → Johanna. In Bulgarien: Janika, Janka; in anderen osteuropäischen Ländern auch Janita.

Jane, Janet: international, unkompliziert, kurz und modern; passt zu fast jedem Familiennamen. Aus dem Englischen. Verwandt mit → Johanna/Johannes.

Janeke: ein niederländischer Name, der auch in Friesland üblich ist. Ursprünglich ein Kosename von → Johanna. Abkürzungen: Ana, Anna, Anne, Jana.

Janett, Janette, Jannetta: → Jeanne / Jeannette.

Janina, Janine, Jannina: russisch und polnisch, inzwischen aber in vielen Ländern bekannt. Verwandt mit → Johanna / Johannes. Gilt auch als italienische Form von Johanna. Abkürzungen: Ina, Jana, Nina, Ninni.

Janita: klingt angenehm und zärtlich; individuell, aber nicht zu ausgefallen; mit vielen Familiennamen zu koppeln. Aus Osteuropa. Ursprünglich eine Koseform von → Jana / Johanna. Abkürzungen: Jana, Nina, Ninni, Nita.

Janna, Janne, Janni: unkapriziöser, frischer schwedischer beziehungsweise dänischer Name; spricht sich gut; einfache Schreibweise; mit den meisten Familiennamen kombinierbar. Auch als Kurzform von → Johanna bekannt.

Janneta: friesisch. Verwandt mit → Johanna. Abkürzungen: Jo, Jana, Janna, Janne, Eta, Etta, Neta.

Jannick: aus der Schweiz. Abgeleitet von Jeannique, verwandt mit Jeanne, der französischen Form von → Johanna. Abkürzungen: Jana, Janna, Nicki, Nina, Ninni.

Jantje: friesisch; wieder die im Norden so beliebte Endsilbe »je« – eine Verkleinerungsform, die Zärtlichkeit ausdrückt; abgeleitet von dem Jungennamen Jan. Verwandt mit Johannes. Bedeutung: Gott ist gnädig.

Jara, Yara: ein brasilianischer Name, der mit seiner klaren Einfachheit und seinem guten Klang besticht; passt fast immer und überall. Bedeutung: wahrscheinlich bezieht sich der Name auf den Monat Januar.

Jarla: einfach in der Schreibweise, angenehm im Klang; trotzdem weitgehend unbekannt; weibliche Form von Jarl. Nordisch. Bedeutung: freier Edler.

Jarmila: ungewöhnlicher tschechischer Name; passt nicht zu jedem Familiennamen; weibliche Form von Jaromil. Aus dem Russischen. Bedeutung: ernst und Friede. Abkürzungen: Jana, Jane, Mila.

Jasmin, Jasmina, Jasmine, auch **Yasmin, Yasmina, Yasmine:** aus dem Lateinischen. Bedeutung: ein Pflanzenname. Im

ALTE MÄDCHENNAMEN NEU ENTDECKT

Die folgenden Mädchennamen stehen zwar nicht auf der Hitliste der beliebtesten Namen, sind aber auffallend häufiger im Gespräch als noch vor Jahren. Ein weiterer Hinweis darauf, dass der Trend zu alten Namen weiter anhält:

➤ Emily
➤ Emma
➤ Charlotte
➤ Klara/Clara
➤ Leonie
➤ Paula/Pauline

Englischen: Jessamine, Jessamyne. Abkürzungen: Ina, Jana, Jane, Jesse, Mina, Mine, Yana, Yane.

Jeanne, Jeannette, Jeannine: wohlklingende französische Namen; inzwischen in vielen Ländern bekannt. Verwandt mit dem Namen → Johanna. Abkürzungen: Anne, Jana, Janne, Nena, Netta.

Jelena, Jelenka: originell, aber nicht zu ausgefallen. Aus dem Russischen. Verwandt mit → Helene. Abkürzungen: Jella, Jelka, Lena, Lene, Lenka.

Jelka: ungewöhnlich, aber nicht zu extravagant; lässt sich problemlos mit den meisten Familiennamen kombinieren. Ungarisch. Kurzform von → Helene.

Jella, Jellina: frisch und unkapriziös; individuell, aber nicht überspannt; passt fast immer und überall. Ursprünglich Kose- und Kurzform von Namen mit den Endsilben »ella«, wie zum Beispiel Gabriella.

Jennifer: modern und unverbraucht. Aus dem Englischen, inzwischen international. Keltisch. Die Bedeutung ist unklar. Abkürzungen: Jenny, Ninni.

Jenny: ungezwungen und munter; einfach in der Schreibweise. Aus dem Englischen. Kurzform von → Johanna.

Jeronima: außergewöhnlich; passt nicht zu jedem Familiennamen; weibliche Form von Jeronimo. Verwandt mit Hieronymus. Aus dem Griechischen. Bedeutung: heilig und Name. Abkürzungen: Jerry, Mima, Nima.

Jessica, Jessika, Jyssica: aus dem Englischen, längst aber international; passt nahezu überall; sehr beliebt. Ursprünglich aus dem Hebräischen. Bedeutung: Gott blickt. Jessica ist auch die schwedische Form von → Johanna. In Dänemark: Jytte. Abkürzungen: Jessie, Jessy.

Jezabel: elegant, ungewöhnlich, selten; passt nicht zu jedem Familiennamen. Aus dem Hebräischen. Verwandt mit → Isabel. Abkürzungen: Bel, Bella, Jeza, Zaza.

Jitka: ein ungewöhnlicher tschechischer Name. Verwandt mit → Judita / Judith. Abkürzungen: Ika, Kara.

Jocelyn, Jocelyne, Joceline: mädchen- und märchenhaft; verspielt; der Name verlangt nach einem nicht ganz alltäglichen Familiennamen. Aus dem Englischen. Verwandt mit → Justina/Justus. Abkürzungen: Jo, Jocy, Joy, Lyn, Lynn.

Jody, Jodie: locker und ungezwungen. Aus dem Englischen, längst international. Kurzform von → Judith.

Joelle, Joel: außergewöhnlich und bisher eher selten. Aus dem Hebräischen. Bedeutung: Jahwe ist Gott.

Johanna, Johanne, Joanna: traditioneller biblischer Name; sehr beliebt; weibliche Form der Namen Johann und Johannes. Aus dem Hebräischen. Bedeutung: Gott ist gnädig. In Frankreich: Jeanne, Jeanette, Jeannique, Jensine, Jonna, in England: Jane, Janet, Janis, Joan oder Jonina; in Irland: Sinead; in Schweden: Jessica; in Dänemark: Jonna; in Italien: Giovanna, Giovannina oder Gianna, Giannina; in Griechenland: Ioanna; in Russland: Janina; in Tschechien: Johana; die slawische Form: Jovanka; in Portugal: Joana; in Spanien: Juana oder Juanita. Die meisten fremdsprachlichen Formen sind über die jeweiligen Landesgrenzen hinaus bekannt. Kosenamen: Jovita oder Jowita. Abkürzungen: Jana, Janna, Jenni, Jenny, Jo, Jodie, Jody, Johnny, Jonna, Hanna, Hannah, Hana, Hanka, Nanna. Namenstag: 30. Mai.

Jolanda, Jolande, Jolantha, Jolanthe, auch **Yolanda, Yolanthe:** verspielt, mädchen- und märchenhaft. Aus dem Griechischen. Bedeutung: das Veilchen. In Ungarn: Jólanká, Jólán; in Griechenland heute: Iolandi. Abkürzungen: Ana, Dana, Jo, Jola, Lana, Landa, Lanta, Yo, Yola.

Jordis, Jördis: herber und frischer nordischer Name; über die Grenzen Norddeutschlands hinaus wenig bekannt. Bedeutung: Schwert und Göttin. Abkürzung: Jo.

Jorid: hell und klar. Schwedisch. Bedeutung: das Pferd und schön. Abkürzung: Jo.

Jorinna, Jorina, Jorine, Jorinde: verspielt, heiter; ein friesischer Name, der gut klingt, auch in Verbindung mit süddeutschen Namen. Abgeleitet von Gregor. Aus dem Griechischen. Bedeutung: der Wachsame. Abkürzungen: Ina, Jo, Nana, Rina, Rinna.

Josefa, Josepha, auch **Josefina, Josefine, Josephina, Josephine:** traditionell; braucht einen entsprechenden Familiennamen als Rahmen, um zu wirken. Weibliche Variante von Joseph. Aus dem Hebräischen. Bedeutung: Gott möge hinzufügen. In Frankreich: Joséphine, Josée, Josette, Josiane, Josianne; in Spanien Josefita; in den Niederlanden: Josina, Jozina; in Italien: Giuseppa, Giuseppina; in Ungarn: Joscha. Friesische Kosenamen von Josephine: Fiene, Finnja, Finne. Abkürzungen: Efa, Effi, Fina, Fine, Fita, Ina, Jo, Joscha, Pepa, Pepita, Sine, Sina, Sita, Zina.

Jovita, Joyvita: originell; passt auch zu den meisten deutschen Familiennamen. Aus dem Englischen. Bedeutung: Freude am Leben. Abkürzungen: Joy, Vita.

Joy, Joyce: unbeschwert und fröhlich. Aus dem Englischen, inzwischen international. Kurzform von → Joyvita.

Judenta, Judintha: in unseren Breiten eher unbekannt; verwandt mit den Namen → Judith, Juditha. Abkürzungen: Ena, Dina, Ditha, Ina, Judie, Judy.

Judica, Judika: unverbraucht, bisher wenig bekannt. Aus dem Lateinischen. Bedeutung: richte. Abkürzungen: Dicta, Diha, Judy, Jula, Julca.

Judith, Juditha: klassisch; international; mit den meisten Familiennamen gut zu kombinieren; biblisch. Aus dem Hebräischen. Bedeutung: die Gepriesene. Eine moderne hebräische Form: Eudice. Abkürzungen: Judy, Dita, Ditha.

Julia, Julie, Juliana, Juliane, Julianna, Julianne: warm und freundlich; zeitlos; unkompliziert; bekannt und beliebt; Julia steht auf der Hitliste der beliebtesten zehn Namen.

Aus dem Lateinischen. Ursprünglich ein Familienname. In Schweden: Julla oder Iliane; Iliane ist auch die flämische Fassung; im Englischen: Gillian, Juliet, July; in Schottland: Sileas; in Frankreich: Julienne, Juliette; in Italien: Giulia, Giuliana oder Giulietta; in Russland: Julja; in Tschechien: Jitka; die slawische Fassung: Julianka; in Ungarn: Julischka, Julika. Abkürzungen: Ana, Gill, Itha, Ithka, Judy, Jule, July, Lia, Liane. Namenstag Juliana: 16. Februar.

Juliet, Julietta, Juliette: französisch, inzwischen auch außerhalb von Frankreich bekannt. Verwandt mit → Julia. Abkürzungen: Etta, Jule, Julie.

Julika: → Julia.

Junia: ungewöhnlich; passt aber zu den meisten Familiennamen. Aus dem Lateinischen. Ein Familienname. Bedeutung auch: im Juni geboren. Im Englischen: June; in Schweden: Juni. Abkürzungen: Jule, Nia, Una.

Jurica, Jurina, Jurena: klangvoll; neuartig, aber nicht übertrieben originell; weibliche Form von Juri, einem slawischen Namen. Verwandt mit dem Namen Georg. Bedeutung: der Bauer. Abkürzungen: Ica, Ina, Jule, Rica, Rina.

Justina, Justine: anspruchsvoll; passt am besten zu einem neutralen oder besonders klangvollen Familiennamen; weibliche Form von Justus. Bedeutung: gerecht. Abkürzungen: Ina, Jule, Justa, Stina, Tina.

Jutta, Juta: nordischer Name. Ursprünglich aus dem Hebräischen. Bedeutung: die Judäerin; gilt auch als Kurzform von → Judith. In Dänemark: Jytte. Abkürzungen: Ita oder Itta. Namenstag: 29. November.

J

Kaatje: eine gemütliche friesische Variante von → Katja.

Kaija, Chaya: ein besonderer Name; einfach und trotzdem ausgefallen, jedoch nicht zu überspannt; harmoniert gut mit vielen Familiennamen; weibliche Form von Chaim. Die Bedeutung ist ungewiss.

Kaja, Caja, Kajsa: attraktiv und einprägsam; unkompliziert, frisch, unverbraucht. Schwedisch / dänisch. Wahrscheinlich Koseformen von Karin, der nordischen Form von → Katharina. Abkürzungen: Kai, Kaj.

Kalila: wohlklingend; ausgefallen, aber nicht zu abgehoben; passt nicht zu jedem Familiennamen. Aus dem Arabischen. Bedeutung: die Geliebte. Abkürzungen: Kala, Kara, Lila, Lilli, Lilly, Lillie.

Kamilla, Kamille, Camilla, Camille: anspruchsvoll; braucht einen ebenso klangvollen oder möglichst neutralen, schlichten Familiennamen, um gut zu wirken. Aus dem Lateinischen. Bedeutung: frei geboren. In Lettland, Ungarn und Polen: Camila. Abkürzungen: Cara, Ille, Illa, Kara, Mila, Mile, Mille.

Kanya: neuartig; ein besonderer Name, der einen besonderen Familiennamen braucht, um gut zu wirken. Indisch / pakistanisch. Bedeutung: die Jungfrau.

Karen, Karena, Caren, Carena: gleich bleibend beliebt, vor allem im Norden; inzwischen in vielen Ländern bekannt. Dänisch / schwedisch. Angelehnt an → Katharina. Abkürzungen: Caia, Caja, Calla, Cary, Kaja, Kari, Rena.

Kari: individuell, selten; ein amerikanischer Name, der überall passt. Bedeutung: kleines Fräulein.

Karianne, Carianne: ungewohnt, mädchenhaft; passt zu vielen Familiennamen. Niederländisch. Eine Zusammensetzung von → Katharina und → Johanna. Abkürzungen: Ana, Anna, Kara, Kari, Nana.

Karin, Carin: frisch und klar wie ein Nordwind; vor Jahrzehnten ein Trendname, dann in der Beliebtheitsskala gesunken. Nordisch, aber seit langem über Skandinavien hinaus bekannt. Angelehnt an → Katharina. Abkürzungen: Caia, Caja, Calla, Cara, Cary, Ina, Kaja oder Kari.

Karla, Carla: jetzt wieder in der Hitliste der beliebten Namen; klingt gut, kein Buchstabieren, jeder kennt die Schreibweise. Angelehnt an Karl. Bedeutung: die Freie. Abkürzungen: Cara, Kara, Ina, Lale.

Karlina, Karline, Carlina, Carline: traditionell; beliebt bei vielen, die alte Namen schätzen. Angelehnt an → Karola / Karla. Abkürzungen: Cara, Kara, Lina, Line.

Karola, Carola: kein Trendname, aber auch nicht ungewöhnlich; angenehm im Klang; passt zu jedem Familiennamen. Abgeleitet von → Karla/Karl. Abkürzungen: Carrie, Carry, Kara, Lola, Lale, Ola.

Karstine, Carstine: weibliche Form von Karsten, der niederdeutschen Fassung von Christian. Aus dem Griechischen/Lateinischen. Bedeutung: der Gesalbte. Abkürzungen: Kara, Tina, Tine, Stina, Stine.

Kassandra: ein edler Name; passt weniger gut zu einem alltäglichen Familiennamen. Aus dem Griechischen. Bedeutung: erinnert an die Geschichte um Troja.

Katalin, Katalyn: verspielt und beschwingt; ungewöhnlich, aber passt nahezu überall und immer. Ungarisch. Kurzform von → Katharina. Abkürzungen: Kata, Kati, Katy, Katty, Linn, Lyn, Lynn.

Kate oder **Kathe:** einfach und unkompliziert; passt zu den meisten Familiennamen. Verwandt mit dem Namen → Käthe.

Kateline: individuell, aber nicht zu ausgefallen. Englisch. Verwandt mit dem Namen → Katharina.

Katharina, Katarina, Katerina, Katherina, Katharine, Katherine, auch **Catarina, Catharina, Caterina, Catherine:** klassisch; gleich bleibend beliebt. Aus dem Griechischen. Bedeutung: die Reine. In Portugal: Catarina; in Italien: Caterina; im Englischen: Catherine, Cathleen oder Kathleen, Kateline; in Irland: Kareen; in Frankreich: Cathérine;

K

in Spanien: Catalina; in Schweden: Cathrin, Catrine, Kathrine oder Kolina; in Dänemark: Karna; in Finnland: Kaarina; in Norwegen: Kari; in den Niederlanden: Katrijn; in Schottland: Catriona; in Bulgarien: Katrischa; in Ungarn und Slowenien: Katka; in Rumänien: Ecaterina; in Russland: Jekaterina, Kathinka, Katinka, Katjuschka; in Polen: Katarzyna, Kassia. Abkürzungen: Cara, Cata, Carey, Ina, Käthe, Kai, Kaj, Kaja, Kathi, Kathrin, Kathy, Kati, Katja, Katrin, Katy, Katty, Kay, Kaya, Kayla, Tinka. Namenstag: 29. April.

Käthe, auch **Kathe:** warmherzig, liebenswert; international; früher beliebt, heute nur noch selten zu hören. Kurzform von → Katharina. In Südeuropa: Catia, Cathia; im Englischen: Kate, Kathy.

Kathleen: → Katharina.

Kathrein, **Katrein:** verspielt und ungezwungen. Verwandt mit dem Namen → Katharina. Abkürzungen: Katy, Kathi, Kathy, Katja, Katya, Reni.

Kathrin, **Katrin**, **Cathrin**, **Catrin:** moderner als der traditionellere Ursprungsname → Katharina. Abkürzungen: Katy, Kathi, Kathy, Katja, Katya.

Katia, **Katja**, **Katya**, auch **Kadia**, **Katina:** ursprünglich ein slawischer oder ungarischer Name, inzwischen in vielen Ländern beliebt. Verwandt mit → Katharina.

Katinka, **Kathinka:** russische Koseform von → Katharina. Abkürzungen: Kati, Kathy, Katy, Tinka.

Katjana: zärtlich und liebevoll; ursprünglich ein russischer Name, heute international bekannt. Verwandt mit → Katharina. Eine Koseform: Katjuscha. Abkürzungen: Jana, Kati, Kathi, Katy.

Katka: ungewöhnlich; kraftvoll und heiter; passt nahezu überall. Slowenisch / ungarisch. Verwandt mit dem Namen → Katharina.

Kay: kurz und bündig; vor allem in englischsprachigen Ländern beliebt, manchmal auch in der Schreibweise Kai; da in Deutschland eher als männlicher Vorname bekannt, besser in Kombination mit einem zweiten, eindeutig weiblichen Namen. Bedeutung ungeklärt.

Kea: friesisch; einfach und angenehm im Klang; passt überall, nicht nur zu einem norddeutschen Familiennamen. Ursprünglich Kurzform von Namen mit der Endsilbe »ke« wie etwa Frauke oder Friederike.

Kelda: frischer und klarer nordischer Name. Bedeutung: die Quelle. Abkürzung: Ela.

Kenda: neuartig, macht neugierig; passt auch zu den meisten deutschen Familiennamen. Amerikanisch. Bedeutung: Tochter des reinen Wassers. Abkürzung: Ena.

Kendall: ungewöhnlich, originell; locker und lässig; passt am besten zu einem neutralen, schlichten oder außergewöhnlichen Familiennamen. Aus dem Altenglischen. Bedeutung: vom hellen Tal. Abkürzungen: Ena, Kena.

Kenya: modern und unkonventionell. Aus dem Amerikanischen. Nach dem afrikanischen Staat benannt. Abkürzungen: Ena, Enya.

Keren: norddeutsch. Eine besondere Form von Karen, einem schwedischen und dänischen Namen, abgeleitet von → Karin, → Katharina. Abkürzungen: Kea, Kerry.

Kerry: ein unkomplizierter, frischer amerikanischer Name ungeklärter Herkunft.

Kersta, Kerstin, auch **Kerstina, Kerstine:** schlichte und einfache Namen; vor allem in Norddeutschland beliebt. Aus dem Schwedischen. Angelehnt an den Namen → Kristin.

K

WAS TUN IM ZWEIFELSFALL?

Einerseits lassen die rechtlichen Bestimmungen bei der Namensgebung Eltern heute reichlich Spielraum, andererseits haben aber die Standesbeamten auch ein gewichtiges Wörtchen mitzureden. Das führt manchmal zu Unstimmigkeiten darüber, welcher Name noch akzeptabel ist und welcher nicht, und nicht selten muss darüber sogar das Gericht entscheiden.

Ob der ausgewählte Name in Deutschland auch tatsächlich eintragungsfähig ist, können Eltern gegen eine Gebühr bei der Personennamen-Beratungsstelle in Leipzig erfragen. Tel. 01 90/88 77 35, Montag bis Freitag 10 bis 15 Uhr.

Ketty: unkompliziert; passt zu den meisten Familiennamen. Aus dem Englischen. Ursprünglich eine Kurzform von → Katharina.

Kimberley: modern und ungezwungen; leicht und locker. Aus dem Altenglischen. Bedeutung: von der Weide des Königspalastes. Abkürzungen: Kim, Leyla, Kym.

Kira, Khira, Kyra, auch **Cyra:** ein klang- und anspruchsvoller Name; wirkt am besten zusammen mit einem nicht ganz alltäglichen oder betont schlichten Familiennamen. Aus dem Griechischen. Verwandt mit dem alten Namen Kyrana. Bedeutung: Frau aus Kyrenaika.

Kirby: lässig und neuartig. Ein nordischer Name, auch in England bekannt. Bedeutung: aus dem Kirchendorf.

Kirsten: dänisch und schwedisch; seit langem bekannt und beliebt, vor allem in Norddeutschland. Abgeleitet von dem Namen → Kristina. Weitere dänische Formen: Kjersten, Kjerstin, Kjerstine. Abkürzungen: Kira, Kirsti, Kirsty.

Kirstien, Kirstin, Kiestyn, Kirstina, Kirstine: dänische und schwedische Namen. Verwandt mit → Christina/Christian. Abkürzungen: Ina, Ira, Kira, Kirsti, Kirsty, Kis, Kris, Stine, Stina, Tina, Tine, Tyna.

Klasina, Klasine: individuell; abgeleitet von Klaas, Kurzform von Nikolaus. Aus dem Griechischen. Bedeutung: Sieg und Volk. Abkürzungen: Clara, Sina.

Klio, Clio: ungewöhnlich; passt am besten zu einem längeren ebenso ungewöhnlichen oder sehr schlichten Familiennamen. Griechisch. Bedeutung: die Rühmerin; auch bekannt als die Muse der Geschichtsschreibung.

Koba, Kooba: wohlklingend, trotzdem ungewöhnlich; weitgehend unbekannt. Friesisch. Ursprünglich wohl eine Kurzform von Namen wie Kornelia, Karoline.

Konne: selten, unkompliziert. Ein niederländischer Name, abgeleitet von Kunigunde. Aus dem Althochdeutschen. Bedeutung: Sippe und Kampf.

Konrade, Konradine, Conrade, Conradine: ein alter Name, fernab jeden Trends; weibliche Form von Konrad. Aus dem Althochdeutschen. Bedeutung: die kühne Ratgeberin. Abkürzungen: Conny, Dina, Nadine.

Konstanze, Konstantine, Konstantia, auch **Constanze, Constantina:** traditionell; passt nicht zu jedem Familiennamen. Aus dem Lateinischen. Bedeutung: Standhaftigkeit. In Italien: Constanca; in Frankreich und in englischsprachigen Ländern: Constance. Abkürzungen: Coko, Koko, Stanze, Tana, Tania, Tanne. Namenstag: 18. Februar.

Kora, Cora: ein schlichter, wohlklingender Name, der sich mit nahezu jedem Familiennamen gut kombinieren lässt. Aus dem Griechischen. Bedeutung: das Mädchen.

Kreszentia, Crescentia, Kreszenz: ein alter Name, der vor allem in Süddeutschland bekannt ist; nicht unkompliziert in Schreibweise und Aussprache, vielleicht deshalb seltener geworden. Aus dem Lateinischen. Bedeutung: wachsend. Abkürzungen: Centa, Centia, Zenta, Zenzia.

Krista: eine zunehmend beliebtere, weil moderner wirkende Fassung von → Christa.

Kristiana, Kristiane: wie → Christiana die weibliche Form von Christian. Abkürzungen: Kris, Kissi, Tiana, Tina, Tine.

Kristin, Kristina, Kristine: nordisch. Wie → Christina die weibliche Form von Christian. Dänische Varianten des Namens: Kjersten, Kjerstine, Kjerstin. Abkürzungen: Ina, Ira, Kis, Kris, Tina, Tine, Tyna.

Kyla, Kyle: außergewöhnlich; nicht unkompliziert; passt auch nicht zu jedem Familiennamen. Die jiddische Form von Kelila. Aus dem Hebräischen. Bedeutung: Krone, Sieg.

Kyna: individuell; ungewöhnlich, aber nicht zu exzentrisch. Irisch/gälisch. Bedeutung: Weisheit.

K

Lada: originell, aber nicht zu exotisch; lässt sich mit den meisten Familiennamen problemlos verbinden. Aus Osteuropa; angelehnt an den männlichen Namen Ladislaus. Bedeutung: Macht und Ruhm.

Ladina, Ladinka: slawisch. Hergeleitet von Ladislava, der weiblichen Form von Ladislaus/Wladislaw. Bedeutung: Macht und Ruhm. Abkürzungen: Lale, Lara, Lana, Dina, Dinka, Inka.

Lätitia, Lätizia, Letitia: anspruchsvoll, international; passt nicht zu jedem Familiennamen. Aus dem Lateinischen. Bedeutung: Freude. Im Englischen: Letice; in Italien: Letizia; in Frankreich: Léetice. Abkürzungen: Lara, Letty, Tassia, Tissa, Titia, Tizia, Zia, Zita.

Laila: ungewöhnlich, melodiös; angenehm im Klang. Finnisch. Verwandt mit → Helene. Im Englischen: Leila, Leilah. Abkürzungen: Aila, Lara.

Lale: unkompliziert, lässig; mit den meisten Familiennamen gut zu kombinieren. Aus dem Dänischen. Verwandt dem Namen → Laura; in unseren Breiten bekannter als Abkürzung von Name mit den Buchstaben »a« und »l« wie zum Beispiel Levana.

Lalita: ein charmanter indischer/pakistanischer Name, der zu seiner Bedeutung passt: die Bezaubernde. Abkürzungen: Lala, Lale, Lana, Litta, Ita, Itta.

Lamberta: ungewöhnlicher norddeutscher Name; traditionell, heute fast vergessen; weibliche Form von Lambert. Aus dem Althochdeutschen. Bedeutung: Land (besitzend), glänzend. Abkürzung: Berta.

Lana: einfach; kommt dem heutigen Bedürfnis nach kurzen, nicht zu abgehobenen und klangvollen Namen entgegen. Ursprünglich Kurzform von russischen Namen mit den Endsilben »ana« wie etwa Tatjana.

Lara: attraktiv, kurz und prägnant. Ursprünglich ein russischer Name, inzwischen aber längst international. Kurzform von → Laura, → Laurentia.

Larissa: attraktiv; individuell, aber nicht zu ausgefallen. Russisch. Verwandt mit dem Namen → Lara. In Italien: Larisa. Abkürzungen: Isa, Issie, Issy, Lara, Lora.

Larsina, Larsine: nordischer Name; weibliche Form von Lars/Laurentius. Aus dem Lateinischen. Hinweis auf einen Lorbeerkranz. Abkürzungen: Isa, Lara, Sine, Sina.

Laura: weit oben in der Hitliste der beliebtesten Namen; international beliebt; weibliche Variante von Laurentius. Aus dem Lateinischen. Bedeutung: Hinweis auf einen Lorbeerkranz. Im Englischen: Laurel, Lauri oder Laurie; in Italien und Frankreich: Lauretta und Laurette; in Frankreich auch: Laure; in Russland: Lavra. Kosenamen und Abkürzungen: Lara, Laurina, Laurine.

Laure: origineller als der sehr beliebte Name Laura. Französisch, angelehnt an → Laurentia.

Laurentia, Laurenzia: klassisch. Aus dem Lateinischen. Entweder ein Familienname oder in der Bedeutung »die mit Lorbeer Geschmückte«. Im Englischen: Laureen, Lauren, Laurena; in Frankreich: Laurence; in Norwegen: Laurense, Laurine; in den Niederlanden: Laureina. Kosenamen: Lauretta, Laurette. Abkürzungen: Lara, Laura, Lora, Rena, Renza, Rina, Tita, Titia, Tizia.

Lauretta, Laurette: → Laurentia.

Lavina, Lavinia: edel und elegant; nicht mit jedem Familiennamen gut vereinbar. Aus dem Lateinischen. Bedeutung: aus der Stadt Lavinium. Abkürzungen: Ina, Lana, Lara, Nina, Ninni, Vine, Vinny.

Lea: zählt mit zu den beliebtesten Namen; angenehm im Klang, einfach in der Schreibweise; passt zu fast jedem Familiennamen; ein biblischer Name. Aus dem Hebräischen. Bedeutung: Antilope; oder auch »die sich vergeblich müht«. Namenstag: 22. März.

Leandra: angenehm im Klang durch einmal e und zweimal ein a; originell, aber nicht zu abgehoben; passt gut zu den meisten Familiennamen; weibliche Form von Leander. Aus dem Griechischen. Bedeutung: Volk und Mann. Abkürzungen: Anna, Ena, Lea.

Leatrice: unbekannt und originell. Aus dem Englischen. Zusammengesetzt aus den Namen → Lea und → Beatrice. Abkürzungen: Iccie, Iccy, Lea, Triccie, Triccy, Trix, Trixie.

Leda: ein schlichter, eher seltener Name; besonders wohlklingend. Bedeutung: erinnert an die griechische Mythologie; Leda war eine Geliebte von Zeus.

Lelia: mädchenhaft, romantisch. Niederländisch. Ursprünglich aus dem Lateinischen. Bedeutung: die Lilie. Auch in Italien bekannt; gilt hier als Hinweis auf eine alte Familie. Abkürzungen: Lela, Lia.

Lena, Lene: einfach in der Schreibweise, gut im Klang; passt nahezu immer und überall, deshalb seit Jahren sehr beliebt. Verwandt mit → Helena; wird auch als Kurzform von → Magdalena / Magdalene oder → Magda verstanden. Ein verwandter Name: Alena. Kosename: Lenka.

Lenka: ein zärtlicher slawischer Name. Oft als Abkürzung von Namen mit den Endsilben »lene« benutzt.

Lentje: ein friesischer Name, der die Seele streichelt; Musik in den Ohren überzeugter Norddeutschland-Fans. Erinnert an → Lena/Lene.

Leocadia, Leokadia, Leokadie: ein klangvoller Name, dessen Ursprung im Dunkeln liegt. Wahrscheinlich eine Koseform von → Katharina; vielleicht aber auch von → Leona, Leonie. Abkürzungen: Ada, Cadja, Cadya, Cara, Kadja, Kadya, Kara, Leonie, Loni, Lonni.

Leona, Leoni, Leonie, Leonia: kraft- und klangvoll dank der Vokale a, e, i und o; zunehmend beliebt; passt gut zu den meisten Familiennamen. Aus dem Lateinischen. Bedeutung: die Löwin. Im Englischen: Leone; in Russland: Leonida. Abkürzungen: Lee, Nina, Nonna, Ona.

Leonharda: ein alter, traditioneller Name. Aus dem Lateinischen und Althochdeutschen. Bedeutung: Löwin und hart. Abkürzungen: Ada, Harda, Lee, Leonie, Ona.

Leonille: liebenswert und zärtlich; passt meistens. Ursprünglich ein französischer Name. Bedeutung: Löwe und Kampf. Abkürzungen: Ila, Ille, Illa, Leonie.

Leonore: ein alter Name. Kurzform von → Eleonore. Abkürzung: Ena, Lenore, Lora, Lore, Nora, Ona.

Leontina, Leontine: individuell und zeitlos; mit den meisten Familiennamen gut zu kombinieren. Aus dem Lateinischen. Bedeutung: die Löwengleiche; andere verstehen den Namen hingegen als alten Familiennamen. Im Englischen: Leontyne; in Frankreich: Léontine. Abkürzungen: Leoni, Leonie, Lola, Tina, Tine, Tyna, Tyne.

Leopolda, Leopolde, Leopoldina, Leopoldine: alte Namen, was gerade ihren Reiz ausmacht. Abgeleitet von Leopold. Bedeutung: Volk und kühn. Abkürzungen: Dira, Leoni, Leonie, Lola, Pollie, Polly.

Lesley, Leslie: modern, neuartig. Aus dem Englischen, aber auch in zahlreichen anderen Ländern bekannt. Bedeutung: ursprünglich ein Familienname. Auch ein Männername. Abkürzungen: Lee, Les, Lela.

Levana, Livana: ungewöhnlich, neuartig; individuell; nicht mit jedem, aber mit den meisten Familiennamen kombinierbar. Aus dem Hebräischen. Bedeutung: Mond oder weiß. Abkürzungen: Lea, Lana, Lara, Vana.

Liana, Liane: nicht alltäglich, passt aber gut zu den meisten Familiennamen. Ursprünglich Kurzform von → Julia; hat sich inzwischen längst verselbstständigt.

Liberty: originell; passt nicht zu jedem deutschen Familiennamen. Aus dem Englischen. Bedeutung: frei. In Italien: Liberia. Auch ein männlicher Name. Abkürzungen: Berta, Berte, Libby.

Libusa, Libussa: originell und ansprechend, aber nicht mit jedem Familiennamen gut zu kombinieren; in vielen Ländern bekannt. Aus dem Slawischen. Bedeutung: Liebling. Abkürzungen: Isa, Lida, Libby.

Lida: kurz, klangvoll und prägnant; einfache Schreibweise; passt in jedes Land und zu jedem Familiennamen. Verwandt mit dem biblischen Namen → Lydia; auch niederländisch, eine besondere Form des Namens → Adelheid.

Lidwina: ein alter, traditioneller Name. Aus dem Althochdeutschen. Bedeutung: Volk und Freund. In Frankreich: Lidwine. Abkürzungen: Ida, Ina, Lida.

Lif, Liff, Liv: kurz, knapp, frisch und neuartig; verträgt am besten einen längeren, typisch norddeutschen Familiennamen. Nordisch. Bedeutung: der Schutz; auch als Kurzform von → Olivia bekannt.

Lil, Lill: lässig, knapp und einprägsam; verträgt sich besonders gut mit einem längeren Familiennamen. Aus dem Schwedischen. Bedeutung: die Kleine.

Lilia, Lilja: ansprechend im Klang; passt zu den meisten Familiennamen. Schwedisch. Bedeutung: die Lilie. Im Englischen: Lillian. Abkürzungen: Li, Lia, Lilli, Lilly.

Lilian: → Liliana, → Lilia.

Liliana, Liliane: ungezwungen, zeitgemäß; ein weicher und zugleich frischer internationaler Name. Hergeleitet von den Namen → Lill, Lilli, Lilly. Im Englischen: Lilian. Abkürzungen: Lil, Lili, Lilli, Lilly.

Lilith: neuartig, individuell; verspielt und beschwingt. Aus dem Hebräischen. Bezieht sich auf die erste Frau Adams, die in der hebräischen beziehungsweise jüdischen Mythologie als Mutter der Dämonen gilt. Bedeutung: die Nächtliche. Abkürzungen: Lil, Lili, Lill, Lilli, Lilly.

Lilli, Lilly: international; ein Name, der in jedem Land gleich zärtlich klingt. Ursprünglich Kurzform von Namen mit der Silbe »li« wie etwa Karoline oder Cornelia.

Lina, Line oder **Linette:** vor hundert Jahren schwer in Mode, dann aber weitgehend in Vergessenheit geraten; wird langsam wieder entdeckt. Kurzformen von Namen, die auf »lina« enden, wie etwa Karolina.

Linda, Linde: früher war nur Linda üblich, heute ist der Name Linde ebenfalls gefragt. Kurzform von → Dietlinde; wird inzwischen auch als eigenständiger Name verstanden, als Loblied auf die Linde.

Lindsay, Lindsey: leicht und unbeschwert; individuell; passt nicht zu jedem deutschen Familiennamen. Aus dem Altenglischen. Bedeutung: schottischer Familien- und Ortsname mit der Bedeutung »Lindenbauminsel«. Abkürzungen: Line, Lina, Linda, Linde, Sasa.

Linette: ein zärtlich klingender Name; individuell, aber nicht zu ausgefallen; passt zu den meisten Familiennamen.

Französisch. Ursprünglich eine Koseform von → Lina. Abkürzungen: Lina, Line, Nette.

Lining: klingt wie Musik für norddeutsche Ohren; passt am besten an die Nordee- und Ostseeküste. Friesisch. Ursprünglich eine Kurzform von Namen, die auf »lina« endeten, wie etwa Karolina.

Lioba: ein außergewöhnlicher Name, der einen außergewöhnlichen Familiennamen braucht, um richtig gut zur Geltung zu kommen. Wahrscheinlich aus dem Althochdeutschen. Bedeutung: lieb und Kampf. Abkürzungen: Biba, Lilli, Lilly, Lio. Namenstag: 28. September.

Lisa, **Lise**, **Liesa**, **Liese**, früher auch **Liesel:** vor etlichen Jahrzehnten schon einmal »in«, jetzt erneut in der Hitliste beliebter Namen. Kurzform von → Elisabeth. Im Englischen: Lis; in Italien: Lisia; in Schweden: Liska. Abkürzungen: Lis, Liz. Namenstag: 19. Juni.

Lisanne, **Lizanne**, auch **Lisiane:** eine Neubildung aus dem Englischen. Zusammengesetzt aus → Lise und → Anne. Abkürzungen: Lis, Lissa, Lissie, Lissy, Sanne.

Liselotte: vor einigen Jahrzehnten sehr beliebt, heute weniger aktuell. Zusammengesetzt aus → Lise und → Lotte. Abkürzungen: Lilo, Lol, Lollo.

Lisenka: ein romantischer, zärtlicher Name. Slawisch. Kurzform von → Elisabeth. Abkürzungen: Li, Lili, Lilli, Lilly, Liska. Eine andere Form: Lisinka.

L

FREIE NAMENSWAHL – RUND UM DIE WELT

Wer regelmäßig die Geburtsanzeigen in den Tageszeitungen studiert, kann auch an den Vornamen gesellschaftliche Veränderungen ablesen. Ein Beispiel: Galten ausgefallene Namen gestern noch als übertrieben, sind sie heute gefragter denn je. Mit zunehmendem Individualismus tauchen auch immer häufiger ausgefallene Vornamen auf, die unter anderem signalisieren: Wir wollen nicht im Fahrwasser aller anderen mitschwimmen, sondern auch mit dem Namen unseres Kindes auf unseren Individualismus hinweisen.

Lisette: liebevoll und zärtlich; ursprünglich ein Kosename. Französische Kurzform von → Elisabeth. Abkürzungen: Etta, Lisa, Lise, Lissy, Lita, Jette, Nette.

Liska: frisch und munter, zugleich zärtlich. Schwedisch. Abgeleitet von → Elisabeth. Abkürzungen: Li, Lis, Lissy.

Lita: originell und dabei doch schlicht und einfach; passt nahezu überall und zu fast jedem Familiennamen. Niederländisch. Verwandt dem Namen Luitgard, einem alten deutschen Namen. Bedeutung: Volk und Schutz.

Livia: klassisch; wirkt am besten zusammen mit einem schlichten oder klangvollen Familiennamen; weibliches Pendant zu Livius. Aus dem Lateinischen. Ursprünglich ein Familienname. Abkürzungen: Ava, Iva, Liv.

Loana, **Luana:** modern, neuartig und unverbraucht. Aus dem Amerikanischen. Herkunft und Bedeutung unbekannt. Abkürzungen: Lola, Luna.

Lola: attraktiv, zeitlos und klangvoll. Kurzform von Namen mit der Silbe »Lo«, wie zum Beispiel Loretta oder Lorina; gilt auch als Koseform von → Karola und → Dolores.

Lolita: spanisch, aber in vielen Ländern bekannt. Eine Weiterentwicklung des Kurz- und Kosenamens → Lola. Abkürzungen: Ita, Lita, Lola.

Lona: individuell, aber nicht zu ausgefallen; passt fast immer. Schwedisch und dänisch. Kurzform von → Eleonora.

Lora, **Lore:** vor einigen Jahrzehnten besonders beliebt, heute eher selten. Kurzform von Namen mit der Silbe »lo«, wie etwa Dolores oder Heidelore.

Lorena, **Loreen:** modern, zeitgemäß; passt auch gut zu vielen deutschen Familiennamen. Aus dem Englischen. Verwandt mit → Laura/Laurentius. Abkürzungen: Lolo, Lollo, Lora, Lore, Lona, Norta, Rena.

Lorenza, **Lorenzina:** individuell, fröhlich. Italienisch, angelehnt an den Namen Laurentia. Aus dem Lateinischen. Bedeutung: ein Familienname. Abkürzungen: Lola, Lolo, Lollo, Lora, Lore, Loris, Rena, Renza, Sasa, Zaza, Zina.

Loretta, **Lorette**, **Loritta**, **Lorita**, **Lorina:** lautmalerisch und damit ansprechend; ausgefallen, aber nicht zu abgehoben; mit den meisten Familiennamen gut kombinierbar. Verwandt mit Lauretta, Laurette, französischen und italienischen Namen. Hergeleitet von → Laura/Laurentia. Abkürzungen: Eta, Etta, Lola, Lolo, Lollo, Lora, Lore, Loris.

Lorna: in unseren Breiten selten. Ein amerikanischer Name, dessen Herkunft und Bedeutung nicht bekannt sind.

Lorraine: vor allem im Englischen und Französischen bekannt. Verwandt mit den Namen → Laura/Laurentia. Abkürzungen: Ainy, Lola, Lolo, Lollo, Lora.

Lotta, Lotte: früher sehr gefragt, dann fast vergessen; mit der Renaissance alter Namen wird aber auch Lotta wieder zunehmend interessant; vor allem in Schweden beliebt. Kurzform von → Charlotte.

Louisa, Louise, auch **Luisa, Luise:** ein alter Name, der zunehmend wieder entdeckt wird; passt nahezu überall; weibliche Variante von Louis, der französischen Fassung von Ludwig. Bedeutung: berühmt und Kampf. In Italien und Spanien: Luisa, Luisella; in Schweden: Lova, Lowisa oder Lowise; in den Niederlanden: Lowisa; im Englischen: Loyce. Abkürzungen: Isa, Lou, Loulou, Lu, Lulu.

Lucia, Lucie, Lucy, Luzia, Luzie: internationale Namen. Aus dem Lateinischen. Bedeutung: die Leuchtende. In Frankreich und Italien: Lucilla, Lucille, Lucinde; in Italien auch: Lucetta, Lucette; im Englischen: Lucy. Abkürzungen: Cilla, Lou, Loulou, Lu, Luc, Luca, Luce, Lucie, Lulu, Luzy, Zia. Namenstag: 13. Dezember.

Luciana, Luciane: traditionell; anspruchsvoll; passt weniger gut zu einem alltäglichen Familiennamen; weibliche Form von Lucius. Aus dem Lateinischen. Bedeutung: bei Tagesanbruch geboren. Als Kosename: Lucinde. Abkürzungen: Cissy, Ina, Jana, Luc, Luca, Lucie, Lucy, Luzy.

Lucienne: ein wohlklingender französischer Name; weibliche Form von Lucien. Abgeleitet von Lucius. Aus dem Lateinischen. Bedeutung: bei Tagesanbruch geboren. Abkürzungen: Lu, Lucie, Lucy, Lulu.

Lucilla, Lucille: → Lucia.

Lucretia, Lukretia, Lukrezia: anspruchsvoll; verlangt nach einem ebenso anspruchsvollen Familiennamen. Aus dem Lateinischen. Bedeutung: weist auf eine bekannte Familie hin. In Frankreich: Lucréce. Abkürzungen: Eta, Lu, Luc, Luca, Lucie, Lucy, Lucky, Lulu, Tassia, Zia.

Ludmilla: ein seelenvoller russischer Name; traditionell. Bedeutung: die im Volk Beliebte. Abkürzungen: Lida, Lula, Lulu, Mila, Milla.

Ludovica, Ludovika, Ludvika, Ludwika: slawisch. Verwandt mit dem Namen Ludwiga, der weiblichen Form von Ludwig. Aus dem Althochdeutschen. Bedeutung: berühmt und Kampf. In Italien: Lodovica, Ludovica. Abkürzungen: Dodo, Lucky, Lula, Lulu, Vica, Vicky.

Lüta: ein friesischer Name, der in den Ohren Nicht-Norddeutscher zunächst einmal sehr befremdlich klingt. Friesen haben damit natürlich keine Probleme. Die Silbe »luit« bedeutet »Volk«.

Luitgard, Lutgard: ein alter Name. Aus dem Althochdeutschen. Bedeutung: Beschützerin des Volkes. Abkürzung: Lucky. Namenstag: 1. Juni.

Lya: interessant in Klang und Schriftbild; kurz und prägnant; passt besonders gut zu einem längeren, schlichten Familiennamen. Schwedisch. Bedeutung: Schutz.

Lydia: biblischer Name. Aus dem Griechischen. Bedeutung: aus Lydien stammend. In Italien: Lidia. Abkürzung: Liddy. Namenstag: 3. August.

Lykka, Lykke: originell und neuartig; beschwingt, frisch und unbeschwert. Schwedisch. Bedeutung: das Glück.

Lyn: individuell; modern, obwohl aus dem Altwalisischen; lässt sich mit den meisten Familiennamen gut kombinieren. Bedeutung: vom Wasserfall.

Lynn: verträgt sich besonders gut mit langen Nachnamen. Englisch/irisch. Wahrscheinlich abgeleitet von den Namen → Arlene oder Arlyne.

Lysandra: geheimnisvoll, märchenhaft; weibliche Form von Lysander. Aus dem Griechischen. Bedeutung: Rettung. In Frankreich: Lusiane, Lusianne. Abkürzungen: Lyn, Lynn, Sande, Sandra.

Mabel individuell, nicht alltäglich; passt nicht zu jedem Familiennamen. Die englische Kurzform von → Amabella; inzwischen aber auch als selbstständiger Name in vielen Ländern bekannt. In Irland: Maible.

Madalena, Maddalena: → Magdalena.

Madeleine, auch **Madeline:** klangvoller französischer Name inzwischen aber auch international bekannt. Verwandt mit dem Namen → Magdalena/Magdalene. Weitere Formen: Madlen, Madlene, Madelon. Abkürzungen: Ada, Lena, Lene, Lina, Line, Mada, Mady, Mae, Malin, Maudlin, May.

Madeline: → Magdalena.

Märta, Märit, auch **Merit, Merret, Merta:** neuartig und unkompliziert; passt zu den meisten Familiennamen, besonders gut aber zu einem typisch norddeutschen. Verwandt mit dem Namen → Margareta. Abkürzungen: Mary, Ritta.

Mag, Maggie, Maggy: lässig, locker und modern. Aus dem Englischen. Kurzform von → Margarete.

Magali: verspielt und leicht. Französische Kurzform von Magdlone/Magelonne; verwandt mit → Magdalena; wird leicht mit Magdali verwechselt, ebenfalls einer Kurzform von Magdalena. In Dänemark und Norwegen: Magdelone oder Magli; in Slowenien: Makalonca. Abkürzungen: Lil, Lilli, Lilly, Mae, May.

Magda: vor hundert Jahren beliebt, heute weniger aktuell; kommt vielleicht wie viele andere alte Namen auch wieder ins Gespräch. Kurzform von → Magdalena/Magdalene. Abkürzungen: Dana, Mae, May.

Magdalena, Magdalene: klassischer biblischer Name; international; ziemlich unabhängig von allen Trends. Aus dem Griechischen. Bedeutung: aus Magdala stammend. Im Englischen: Magdalen, Madeline; in Irland: Mailin; in

Norwegen und Dänemark: Magdelone; in Norwegen auch Madel; in Frankreich: Magelone, Magdalonne; in Italien: Madalena, Maddalena; in Russland: Magdalina; die slawische Form: Madlenka; in Ungarn: Magdolna. Verwandte Namen und Abkürzungen: Alena, Mada, Madina, Mady, Mag, Magda, Magdali, Magli, Lena, Lene, Lona, Loni.

Magna: selten; neuartig; nordisch; die weibliche Variante von Magnus. Aus dem Lateinischen. Bedeutung: groß an Ansehen; auch nordische Form von → Mathilde.

Magriet: traditionell; ein zeitloser Name, der vor allem in Norddeutschland sehr gerne gehört wird. Angelehnt an → Margarete. Abkürzungen: Griet, Grietje.

Mai: ein nordischer Name, der den Frühling benennt. Wird in Schweden auch als Kurzform von → Maria verstanden. Im Englischen: May.

Maia: angenehm in Schriftbild und Klang; ein schlichter, anpassungsfähiger Name, der zu den meisten Familiennamen passt. Aus dem Griechischen. Bedeutung: die Mutter. Andere sehen in dem Namen eine Kurzform von → Maria oder einen Hinweis auf den Monat Mai.

Mai-Britt oder **Maybritt:** ein schwedischer Name. Entstanden aus den Namen → Mai und → Britta.

Maida: ein kurzer Name mit drei Vokalen – angenehm im Klang; noch ziemlich unbekannt. Aus dem Altenglischen. Bedeutung: das Mädchen. Als Kosename: Madie.

Maika, Maike, Maiken, Meika, Meike: nie ein Modename, aber im Norden konstant beliebt; wirkt am besten zusammen mit einem typisch norddeutschen Familiennamen. Hergeleitet von → Maria. Die niederländische Variante: Maaike. Abkürzungen: Ika, Icka.

Mailin: ein poetischer Name; klingt ungewöhnlich; passt am besten zu einem neutralen oder einem besonders wohlklingenden Familiennamen. Irisch; verwandt mit → Magdalena. Abkürzungen: Linn, Lynn, Mai.

Maj oder **Majken:** nordisch. Ursprünglich Kurzform von → Maria oder → Margarethe.

Maja, Maya: schlicht; sehr ansprechend in Schriftbild und Klang. Aus dem Lateinischen. Bedeutung: bezieht sich auf eine Göttin. In Skandinavien wird der Name auch als Kurzform von → Maria verstanden.

Maleen, Malen, Malena, Malene oder **Malin:** nordisch. Abgeleitet von → Magdalena. Abkürzungen: Ena, Lena, Leena, Mara, Maja oder Maya.

Malina, Maline: angenehm im Klang durch die Vokale a, i und wieder a; einfache Schreibweise; passt zu fast jedem Familiennamen. Aus dem Englischen. Ursprünglich Kurz- und Kosenamen von → Magdalena. Abkürzungen: Line, Lina, Mala, Malin.

Malinde, Malinda, auch **Melinda:** friesisch; angenehm und mild; auch in England und Amerika bekannt. Vielleicht aus dem Griechischen. Bedeutung: die Zarte. Andere verstehen den Namen als Abkürzung von → Magdalena. Abkürzungen: Mala, Linda, Linde.

Malwina, Malwine, Malvina, Malvine oder **Malvida, Malwida:** norddeutsch; zählt zu den alten, vor vielen Jahrzehnten besonders beliebten Namen; wirkt heute ein wenig altmodisch, was aber gerade einen besonderen Reiz ausmachen kann. Aus dem Althochdeutschen. Bedeutung: Zusammenkunft, Gerichtsplatz und Freund. Abkürzungen: Mala, Mara, Malve, Malwe, Vin, Vinny, Vita, Winny.

Manda, Mandi: Kurzformen des Namens → Amanda. Im Englischen: Mandy.

Mania, Manja: vor allem in Schweden und in osteuropäischen Ländern bekannt. Gilt als Kurzform des Namens → Maria. Abkürzungen: Mia, Nana.

Manon: ein eleganter, französischer Name; in vielen Ländern bekannt; passt nicht zu jedem Familiennamen. Gilt als Kurzform von → Maria.

Manuela, Manuella oder **Manuelita:** spanisch; verwandt mit Emanuela/Emanuel. Aus dem Griechischen. Bedeutung: Gott mit uns. Abkürzungen: Ela, Ella, Manu, Nunu.

Mara: schlicht, klar; attraktiv; unkompliziert; passt deshalb zu nahezu jedem Familiennamen. Aus dem Hebräischen. Bedeutung: bitter. Wird auch als Kurzform von Maralda verstanden. Aus dem Althochdeutschen. Bedeutung: das Pferd und herrschen. Im Englischen: Marah.

M

WARUM DEN NAMENSTAG FEIERN?

Früher, als die Vornamen noch die Namen Heiliger waren, wurde in katholischen Gegenden wie Bayern vor allem der Namenstag gefeiert. Der Geburtstag war weniger wichtig. Der Grund: Die Kraft und die Frömmigkeit des Namenspatrons sollte auf das nach ihm benannte Kind übergehen. Der Name war also viel mehr als nur Schmuck oder Unterscheidungsmittel. Er war Programm – eine Richtschnur fürs Leben.

Marcella, Marcelle, Marcelina, Marceline, auch **Marzella, Marzellina, Marzelline:** weckt Sehnsüchte nach Süden und Sonne; passt am besten zu einem neutralen, schlichten oder zu einem klangvollen Familiennamen; französisch; die weibliche Form von Marcellus. Aus dem Lateinischen. Ein alter Familienname. Abkürzungen: Celina, Celine, Cella, Ella, lIna, Line, Maja, Mara, Maya, Selina, Seline, Zela.

Marcia: eleganter und klangvoller englischer Name; die weibliche Form zu Marcius. Ursprünglich aus dem Lateinischen. Bedeutung: ein alter Familienname. In Frankreich: Marcie. Abkürzungen: Cia, Mara.

Marei, Mareile: zärtliche, liebevolle Namen, die mit nahezu jedem Familiennamen gut harmonieren. Eigentlich ein Kosename für → Maria.

Mareka, Mareke, Mareike oder **Marike:** zeitloser, beliebter norddeutscher Name. Kurzform von → Maria. Abkürzungen: Mai, Maj, Manja, Mara, Marei, Reka, Rike.

Maren, Mareen: dänisch; besonders in Norddeutschland geschätzt. Eigentlich ein Kosename von → Marina. Abkürzungen: Mai, Maj, Mara, Reka.

Maret, Mareta, Marete: passt fast überall; lettisch, aber inzwischen weit über Lettland hinaus bekannt. Verwandt mit → Margarete.

Margareta, Margarete, Margarethe: traditionell; nie ganz aus der Mode gekommen; vor allem einige der fremdsprachlichen Formen sind nach wie vor gefragt. Aus dem Griechischen. Bedeutung: die Perle. Im Englischen: Madge, Marjorie, Margaret, Margret oder Megan; in Frankreich:

Marguérite; in Italien: Margherita; in den Niederlanden: Margaret, Margriet; in Schweden: Marit, Margit oder Margitta (auch in Ungarn), außerdem: Mereta oder Merita; in Dänemark: Merete; in Finnland: Marketta; in Spanien und Russland: Margarita, Margalita; in Spanien auch: Marita; in der Schweiz: Margaritta, Margitta. Abkürzungen: Daisy, Gitta, Geret, Greta, Grete, Griet, Grit, Gritt, Gritta, Maja, Mara, Maret, Marga, Margit, Margot, Marit, Maya, Meg, Meggy, Merrit, Mette, Reta, Rita. Namenstag: 20. Juli.

Margarita, Margaritta, Margitta: → Margareta.

Margherita: → Margareta.

Margit, Margita, auch **Marit:** traditioneller schwedischer beziehungsweise ungarischer Name; heute international bekannt; passt fast überall. Verwandt mit → Margareta. Abkürzungen: Mara, Gitt, Gitta.

Margot: früher sehr beliebt, dann fast in Vergessenheit geraten. Eine französische Kurzform von → Margarete.

Margret, Margreth oder **Margrit:** traditioneller norddeutscher Name. Kurzformen von → Margarete. Abkürzungen: Gret, Greta, Grete, Grit oder Marga.

Maria, Marie: ein traditioneller biblischer Name; weit oben in der Hitliste beliebter Namen; passt zu fast allen Familiennamen. Aus dem Griechischen. Wahrscheinlich abgeleitet von dem hebräischen Namen → Miriam. In Frankreich: Marion; in Italien: Marisa; in Spanien: Marieta oder Marica; in Ungarn auch Marika; in den Niederlanden: Marchen, Marieke, Marike, Marijke, Maris oder Maryse; in Dänemark: Marene; in Schweden und gleichzeitig in Ungarn: Marika und Marischka (ein Kosename); in Irland: Máire; in Schottland: Mairi; in Finnland: Meeri oder Mirja; in Russland: Marijke oder Maika, auch Mariam (wie in Bulgarien); in Osteuropa auch Marianka. Liebevolle Kosenamen: Mascha, Maschinka, Maruschka und Marusja; in Polen: Marya oder Maryla. Abkürzungen: Mag, Maggy, Mai, Maj, Maja, Manja, Mare, Marei, Mari, Mary, Maya, Mia, Rika. Namenstag: 6. Juli.

Marianna oder **Marianne:** traditionell; angenehm im Klang; früher beliebt, heute weniger aktuell. Ein alter französischer Doppelname, zusammengesetzt aus den Namen → Maria und → Anna. In Dänemark: Mariana. Abkürzungen: Ana, Anna, Anne, Ina, Mara, Ria.

Mariella: zärtlich und liebenswert; ungezwungen; passt am besten zu einem neutralen, schlichten oder zu einem besonders klangvollen Familiennamen. Ein italienischer Kosename von → Maria. In Frankreich: Marielle. Abkürzungen: Ela, Ella, Mari.

Marietta: klingt angenehm; italienisch; heute in vielen Ländern bekannt. Eigentlich eine Koseform von → Maria. In Frankreich: Mariette. Abkürzungen: Mara, Mari, Eta, Etta.

Marika, auch **Marica:** unkompliziert; passt überall. Schwedisch und ungarisch, angelehnt an den Namen → Maria. Abkürzungen: Ika, Maja, Mara, Marija, Rika.

Marilyn, **Maryline:** wirkt modern und neuartig; passt aber nicht zu jedem deutschen Familiennamen. Aus dem Englischen. Verwandt mit → Maria. Abkürzungen: Mary, Lynn.

Marina: vor etlichen Jahrzehnten ein echter Hit, inzwischen jedoch seltener geworden; angenehm im Klang, einfach in der Schreibweise; französisch, inzwischen aber international; die weibliche Form von Marin/Marinus. Aus dem Lateinischen. Bedeutung: zum Meer zählend. In Italien: Marinella. Als Kosename in Frankreich bekannt: Marinette. Abkürzungen: Ana, Ina, Maja, Mara, Maya, Rina.

Marinella, **Marinette:** klingt zärtlich und leicht wie ein Kosename. Aus dem Italienischen. Ursprünglich eine Verniedlichung von → Marina.

Marion: früher ganz oben in der Beliebtheitsskala, inzwischen weniger aktuell; französisch, jedoch längst in vielen Ländern bekannt. Verwandt mit dem Namen → Maria.

Marisa, **Marise**, auch **Maris:** liebenswert und heiter; vor allem in der Schweiz, in Italien und in den Niederlanden bekannt. Hergeleitet von → Maria. In Frankreich: Maryse. Abkürzungen: Isa, Mara, Sasa.

Marit: individueller schwedischer Name; verspielt und heiter; ungewöhnlich, aber nicht zu ausgefallen. Ursprünglich eine besondere Variante von → Margarete. Abkürzungen: Mara, Mari, Rita.

Marita: vor allem in südeuropäischen Ländern bekannt – auch in Form von Maritta oder Marieta. Verniedlichung von → Maria. Abkürzungen: Ita, Mara, Mari, Rita.

Marja: einfach, klar und prägnant; passt nahezu überall und zu fast jedem Familiennamen; schwedisch, aber auch in Osteuropa bekannt. Abgeleitet von → Maria.

Marjorie, Marjory: lässig; individuell, aber nicht zu abgehoben; mit vielen Familiennamen kombinierbar. Aus dem Englischen. Verwandt mit → Margaretha. In Schottland: Marcail. Abkürzung: Mara.

Marret: besonders, aber nicht abgehoben; weckt Neugierde. Friesisch, passt aber nicht nur in den Norden. Verwandt mit → Margaretha. Abkürzungen: Eta, Etta, Mara, Reta.

Marta, Martha, Marte, Marthe: zeitloser biblischer Name; wird langsam wieder entdeckt; traditionell. Aus dem Hebräischen/Griechischen. Bedeutung: die Herrin. Abkürzungen: Mara, Mari, Mat. Namenstag: 29. Juli.

Martina: beliebt; unkompliziert; passt zu fast allen Familiennamen; die weibliche Form von Martin. Aus dem Lateinischen. Bedeutung: die Tapferkeit, das Glück im Krieg. In Frankreich: Martine; in den Niederlanden: Martje. Abkürzungen: Ina, Mara, Tina. Namenstag: 30. Januar.

Martje: für Norddeutschland-Fans; liebevoll und sanft. Verwandt mit dem Namen → Marta.

Mary: unkompliziert, beschwingt und fröhlich; passt nahezu überall. Aus dem Englischen. Verwandt mit → Maria. In Irland: Maureen. Als Kosename: Marylin. Abkürzungen: Maura, May, Molly.

Marylou: international, passt jedoch nicht zu jedem Familiennamen. Ein englischer Name, zusammengesetzt aus → Mary und → Louise. Abkürzungen: Lou, Lulu, Mary.

Marzia: eleganter und klangvoller italienischer Name; passt am besten zu einem ebenso klangvollen Familiennamen; die weibliche Form von Marzio/Martianus. Aus dem Lateinischen. Bedeutung: Tapferkeit, Glück im Krieg. Abkürzungen: Mara, Zita.

Mathilda, Mathilde, auch **Matilde:** traditionell; in den vergangenen hundert Jahren wenig gefragt, davor jedoch recht beliebt; lässt sich mit gut mit den meisten Familiennamen verbinden. Aus dem Althochdeutschen. Bedeutung: Macht und Kampf. In Italien: Matilda; in Irland: Maitilde. Abkürzungen: Hilda, Hilde, Mata, Marta, Tilde. Namenstag: 14. März.

Maud, auch **Maudlin**, **Maudin:** außergewöhnlich, aber nicht übertrieben originell; romantisch. Aus dem Englischen, inzwischen aber in vielen Ländern bekannt. Angelehnt an Namen mit der Anfangssilbe »Ma«. Gilt vor allem als Kurzform von → Magdalena, Madeline, Mathilde. In Frankreich: Maude; in Irland: Mada.

Maureen: wirkt locker und leicht wie so viele englische Namen. Angelehnt an → Maria.

Maurizia: anspruchsvoll; wirkt am besten in Verbindung mit einem schlichten oder besonders klangvollen Familiennamen; weibliche Form von Mauritius. Aus dem Lateinischen. Bedeutung: aus Mauretanien stammend. In Italien: Marilia oder Maurina. Abkürzungen: Ina, Isa, Iza, Izzy, Ria, Rina, Zia.

Maximiliane oder **Maxilie:** traditionell; vor allem im Süden beliebt. Aus dem Lateinischen. Bedeutung: die Größte. In Frankreich: Maximilienne. Abkürzungen: Lia, Liane, Maxi, Maxie, Millie, Milly.

Mechthild, Mechthilde: ein alter Name. Aus dem Althochdeutschen. Bedeutung: Stärke, Macht und Kampf. Abkürzungen: Metta, Mette, Hilde. Namenstag: 31. Mai.

Medea: anspruchsvoll und ungewöhnlich; macht sich am besten mit einem ebenso anspruchsvollen Familiennamen. Aus dem Griechischen. Bedeutung: herrschen. In England: Medora. Abkürzungen: Dea, Mae, May, Meda, Mea.

Meena, Mena, Menna: seltener friesischer Name; ungewöhnlich und vielleicht gerade deshalb interessant. Der Name erinnert an → Mina/Minna.

Melanie: weich und mädchenhaft; traditionell; passt zu den meisten Familiennamen, besonders gut zu kürzeren. Aus dem Griechischen. Bedeutung: die Dunkle. In Osteuropa: Malanka, Malenka, Malha, Melana, Melanka; in Italien und Spanien: Melania. Abkürzungen: Mela, Melia.

Melina: lautmalerisch; ausgefallen, aber nicht übertrieben originell; passt zu vielen Familiennamen. Aus dem Lateinischen. Bedeutung: von der Insel Melos stammend. Abkürzungen: Ina, Li, Line, Lina, Mela, Mella.

Melinda: märchen- und mädchenhaft. Aus dem Lateinischen. Bedeutung: der Honigtrank. Abkürzungen: Ina, Lina, Linda, Mela, Mella.

Melisande: märchenhaft, romantisch; ein alter Name; verträgt sich gut mit einem kürzeren, nicht ganz alltäglichen Familiennamen. Nach einer Sage um eine Meerjungfrau. In Frankreich: Mélisande. Abkürzungen: Isa, Lina, Line, Mela, Mella, Melli, Melse, Sanda, Sandie, Sandy.

Melitta, auch **Melissa:** selten, aber nicht unbekannt. Aus dem Griechischen. Bedeutung: bienenfleißig. Abkürzungen: Lia, Litta, Lissa, Lissi, Lissy, Mela, Mella.

Melusine: märchenhaft, geheimnisvoll; wird selten gewählt. Verwandt dem Namen → Melisande. Nordisch: Melsine. Abkürzungen: Lisa, Mela, Sina, Sine.

Mercedes: ein anspruchsvoller spanischer Name; auch über Spanien hinaus bekannt; wirkt am besten in Verbindung mit einem ebenso anspruchsvollen Familiennamen. Bedeutung: bezieht sich auf das Fest der Maria de Mercede. Abkürzungen: Cilla, Cilly, Mela, Mella.

Meret: zeitgemäß; individuell; außergewöhnlich, aber nicht übertrieben originell. Aus der Schweiz. Bezieht sich auf den Namen Emerentia. Aus dem Lateinischen. Bedeutung: die Würdige. Abkürzungen: Mela, Mella, Rea.

Merle: liebenswert, beschwingt und fröhlich; ein französischer und amerikanischer Name, der inzwischen aber auch in anderen Ländern bekannt ist. Ursprünglich aus dem Lateinischen. Bedeutung: die Amsel. In England: Meryl. Abkürzungen: Ela, Lea.

Meta, Metta, Mette: nordisch; klar, frisch und unkompliziert; einfach in der Schreibweise und doch ungewöhnlich. Verwandt mit → Mechthild.

Mia oder **Mie:** ein kurzer, unkomplizierter Name, der zu fast jedem Familiennamen passt; dänisch/schwedisch; heute jedoch international. Wahrscheinlich eine Koseform von Maria, Michaela und anderen Namen mit der Anfangssilbe »Ma« oder »Mi«.

Michaela: traditionell; zeitlos; immer beliebt. Hergeleitet von Michael. Aus dem Hebräischen. Bedeutung: Wer ist Gott? In Italien: Micaela, Michala, Michela; in Spanien: Miguela; in Frankreich: Michèle, Micheline; in Osteuropa: Michalina oder Mihala; in Ungarn: Mihaéla; die nordische Form: Mikaela; die dänische: Mikala. Abkürzungen: Ela, Ella, Lea, Mia, Micha, Michi, Mila, Mimi.

Michelle: einer der beliebtesten Namen; passt überall; französisch. Verwandt mit → Michaela. Abkürzungen: Chelly, Ela, Ella, Micha, Michi, Michie.

Mieke: klingt wie ein zärtlicher Kosename; am wirkungsvollsten in Verbindung mit einem typisch norddeutschen Familiennamen. Hergeleitet von → Maria.

Mignon, **Mignet:** verspielt und beschwingt. Aus dem Altfranzösischen. Bedeutung: die Zierliche, die Zarte. Abkürzungen: Mia, Mimi, Mimmy.

Mila, **Milana:** Kurzform von Namen mit der Endsilbe »lia« wie Emilia. Oder slawisch; hergeleitet von männlichen Namen wie Milan, Miloslaw, Miroslaw mit ganz unterschiedlichen Bedeutungen. Abkürzungen: Mi, Lana.

Mildred: ein englischer Name. Verwandt dem alten deutschen Namen Miltraud. Bedeutung: freundlich und Kraft. Abkürzungen: Mia, Millie, Milly.

Milva, **Milvia:** klare, einfache Schreibweise, ansprechender Klang; passt nahezu überall und zu den meisten Familiennamen. Aus dem Lateinischen. Bedeutung: der Taubenfalke. Abkürzungen: Iva, Lia, Mila.

Mina, **Mine**, auch **Minna:** vor hundert Jahren im Trend, seitdem weniger gefragt; passt zu fast allen Familiennamen; einfach in der Schreibweise. Gilt als Kurzform von Hermine, Wilhelmine und ähnlichen Namen mit den Endsilben »mine«. Kosenamen: Minka, Mineke. Abkürzungen: Mi, Mimi, Mimmy.

Mineke: ein niederländischer Name, abgeleitet von Namen, die mit den Silben »mine« enden wie zum Beispiel Wilhelmine. Abkürzungen: Mine, Minchen, Mimmi.

Minette: niedlich, verspielt; Aus dem Französischen/Englischen. Verwandt mit → Wilhelmine/Wilhelm. Abkürzungen: Eta, Etta, Minni, Mine.

Mira: ein internationaler Name; angenehmer Klang mit der Vokalfolge i und a; einfache Schreibweise; passt zu den meisten Familiennamen. Kurzform von Namen mit der Silbe »Mi« wie zum Beispiel Mirabella.

Mirabella, **Mirabelle**, auch **Mirabell**, **Mirella:** anspruchsvoller italienischer Name; passt am besten zu einem sehr schlichten oder klangvollen Familiennamen. Bedeutung: die Wunderbare. Abkürzungen: Mira, Belle, Bella.

Miranda: international, aber vor allem in England bekannt; romantisch; verträgt am besten einen klangvollen, nicht zu langen Familiennamen. Aus dem Lateinischen. Bedeutung: die Bewundernswerte. In Frankreich: Mirande; in Italien: Mirandola. Abkürzungen: Ana, Anna, Dana, Mia, Mira, Randi, Randy.

Mireille: niedlicher, verspielter französischer Name. Ursprünglich aus dem Lateinischen. Bedeutung: sich wundern. In Italien: Mirella. Abkürzungen: Ella, Mia, Mira.

Miriam, **Mirjam:** klassischer biblischer Name; nach wie vor beliebt. Aus dem Hebräischen. Bedeutung: die Betrübte oder die Widerspenstige. Abkürzungen: Mara, Mira, Miri. Eine weitere Form: Myriam.

Mirja: neuartig, attraktiv und kraftvoll; lässt sich mit fast jedem Familiennamen kombinieren. Ein finnischer Name, angelehnt an den Namen → Maria. Mögliche Bedeutung auch: Stern des Meeres.

M

NAMEN, DIE EINE SCHÖNE ERINNERUNG SIND

Immer mehr Mütter und Väter wollen mit dem Namen, den sie ihrem Kind geben, an gemeinsame Erinnerungen anknüpfen. Deshalb sind die Namen aus fernen Urlaubsgebieten heute bei vielen besonders gefragt. Ist der Name jedoch zu exotisch, kann das unangenehme Folgen haben: Man wird angestaunt und muss Erklärungen abgeben. Das kann auf die Dauer auf die Nerven gehen.

Moira oder **Moire:** geheimnisvoll, mädchenhaft; wirkt nur zusammen mit einem ähnlich anspruchsvollen oder sehr schlichten Familiennamen. Aus dem Griechischen. Bedeutung: das Glück. Auch in Irland bekannt. Aus dem Gälischen. Bedeutung dann: die Große.

Mona: einfache Schreibweise, guter Klang; passt in jede Zeit, zu jedem Familiennamen. Aus dem Irischen. Bedeutung: die Edle. Wird aber auch als Abkürzung von Namen mit der Silbe »Mon« benutzt wie etwa Monika.

Monika: vor einigen Jahrzehnten im Trend, heute weniger in, aber immer noch beliebt. Aus dem Griechischen. Bedeutung: die Einzige. Die englische und niederländische Schreibweise: Monica; in Irland: Monca; in Frankreich: Monique. Abkürzungen: Mo, Mona, Moni, Monja, Momo, Nike, Ninni. Namenstag: 27. August.

Muriel: märchenhaft und geheimnisvoll; passt nicht zu jedem Familiennamen. Eigentlich ein englischer Name, aber längst international. Keltisch. Bedeutung: die glänzende See. Als Kosename: Munja, Mura.

Myrna, auch **Moyna**, **Morna:** geheimnisvoll; passt auch zu vielen deutschen Familiennamen. Englisch/keltisch. Bedeutung: sanft. Und so klingen die Namen auch.

Myrta, **Myrtha**, **Myrthe:** fein; außergewöhnlich; passt am besten zu einem ebenso ungewöhnlichen Familiennamen. Aus dem Griechischen/Lateinischen. Nach einer Pflanze, die als Brautschmuck gilt. Abkürzung: Myra.

Nadia, **Nadja:** interessant, attraktiv; originell, aber nicht zu anspruchsvoll; in vielen Ländern bekannt und beliebt. Eine besondere Form des russischen Namens Nadjeschda. Bedeutung: Hoffnung. Abkürzungen: Naja, Nanda, Nanja.

Nadina, **Nadine:** klang- und ausdrucksvoll; vor allem in Ungarn sehr beliebt, aber auch in den Niederlanden, England und Frankreich häufig anzutreffen; passt zu den meisten Familiennamen. Ebenfalls eine besondere Form des russischen Namens Nadjeschda. Bedeutung: Hoffnung. Als Kosename: Nadinka. Abkürzungen: Dina, Dinka, Ina, Nada, Naja, Nan, Nana, Nanja.

Naja: ein seltener, einprägsamer Name aus Grönland. Bedeutung: kleine Schwester.

Nancy: locker und unbeschwert wie so viele Namen aus dem Englischen; passt zu vielen deutschen Familiennamen. Kurz- und Koseform von → Anna.

Nanda: einfach, klangvoll und originell. Friesisch, passt aber zu fast jedem Familiennamen. Ursprünglich eine Kurzform von Namen mit der Silbe »na« oder »an« wie etwa Andrea; auch Koseform von Ferdinanda.

Nanja: ungewöhnlich, aber nicht überspannt. Kurzform von → Anastasia/Anastasija.

Nanna: ein friesischer Name, jedoch auch außerhalb Norddeutschlands als Kurzform von Namen mit der Buchstabenkombination »na« bekannt, wie zum Beispiel Marianna oder Christiana.

Nannette, **Nanette:** niedlich, verspielt; ein französischer Name, der vor allem von seinem Klang lebt. Verkleinerte Form von Nana gleich → Anna.

Nantje: ein zärtlicher, liebevoller Name; friesisch/nordisch. Erinnert an nordische Götter. Wird auch als Verkleinerungsform von Namen mit der Anfangssilbe »Na« wie beispielsweise Nanda verstanden.

Naomi, auch **Noeme**, **Noemi:** edel, anspruchsvoll, am wirkungsvollsten mit einem ebenso anspruchsvollen Familiennamen; international, aber vor allem in England, Amerika und Schweden beliebt. Biblisch, aus dem Hebräischen. Bedeutung: die Liebliche.

Nastasja, auch **Nastjenka:** ein attraktiver, origineller russischer Name, der einen ebenso attraktiven oder zurückhaltenden Familiennamen braucht, um gut zu wirken. Kurzform von → Anastasia/Anastasija. Abkürzungen: Asta, Nana, Nanja, Nasja, Nasya, Tassja.

Nastja, **Nastjenka:** interessanter russischer Name; weckt Neugier; wirkungsvoll – vor allem in Kombination mit einem passenden Familiennamen. Kurzform von → Anastasia. Abkürzungen: Aja, Asta, Nadia, Nadja.

Natalie, **Natalia**, auch **Nataly**, **Natalija:** attraktiv, warm und angenehm; ein Name, der einen ähnlich attraktiven Familiennamen braucht, um gut zu wirken; vor allem in Russland beliebt, inzwischen aber in vielen Ländern bekannt. Aus dem Lateinischen. Bedeutung: an Weihnachten geboren. In Frankreich: Nathalie. Abkürzungen: Nana, Nane, Nanja, Nanna, Tasja, Tascha, Tasha.

Natascha: ein fröhlicher russischer Name, heute international; passt nicht zu jedem deutschen Familiennamen. Koseform von → Natalie. Abkürzungen: Nana, Nane, Nanna, Tara, Tascha, Tasha, Tasja.

Neela, **Neele:** ein friesischer Name, der von seinem angenehmen Klang lebt; auch außerhalb Norddeutschlands als Kurzform von → Cornelia bekannt.

Neta, **Nete**, **Netta** oder **Nette:** schwedische und dänische Kurzformen von Namen, die mit der Endsilbe »nette« enden wie Annette, Antoinette oder Jeanette.

Nicola: angenehm im Klang; passt zu fast allen Familiennamen; italienisch, heute in vielen Ländern bekannt und beliebt; weibliche Form von Nikolaus. Aus dem Griechischen. Bedeutung: Sieg und Volk. Als Kosename: Nicoletta. Besonders beliebt sind die französischen Formen: Nicole,

Nicolle, Nikole oder Nicolette. Kosenamen: Nikoline, Nicoline. Abkürzungen: Nice, Nico, Nike.

Nicole: → Nicola.

Nike: ein seltener, klassischer Name. Aus dem Griechischen. Bedeutung: bezieht sich auf die Siegesgöttin Athene.

Nina, Nine: beliebt; unkompliziert; in vielen Ländern bekannt; passt zu fast jedem Familiennamen. Kurzform zu Namen, die mit den Silben »nina« oder »nine« enden wie Malwine, Hermina. In Spanien und Portugal: Ninja; in Frankreich: Ninon. Vor allem in Frankreich und Italien gebräuchliche Kosenamen: Ninette, Ninetta.

Ninina: ein liebenswerter spanischer Name; eigentlich eine Abkürzung zu Marcellina, der weiblichen Form von Marcel, Marzellus. Aus dem Lateinischen. Bedeutung: ein Familienname. Abkürzungen: Ina, Ninni.

Nita: attraktiv, prägnant, schlicht und einfach; ausgefallen, aber nicht exzentrisch. Aus dem Schwedischen/Dänischen. Kurzform von Namen mit den Endsilben »ita« wie Anita.

Nona: schwedischer Name, auch in England üblich; einfach in der Schreibweise, angenehm im Klang; passt zu nahezu jedem Familiennamen. Aus dem Lateinischen. Bedeutung: die Neunte. Als Kosename: Nonie.

Nonna: ein unkomplizierter schwedischer Name; ungewöhnlich, aber nicht zu exzentrisch. Abkürzung von Namen mit den Endsilben »onne« oder »nora« wie etwa Yvonne oder Eleonora.

Nora: durch die Vokale o und a angenehm im Klang; in vielen Ländern bekannt und beliebt. Kurzform von Namen mit den Endsilben »nore« wie Leonore, Eleonore. Ein irischer Kosename: Noreen; ein italienischer: Norina.

Norma: schlicht, nüchtern; englisch, aber über England hinaus bekannt. Aus dem Lateinischen. Bedeutung: die Richtschnur, der Maßstab.

Nuala: ein reizvoller irischer Name, fast exotisch. Aus dem Gälischen. Bedeutung: die mit den weißen Schultern. Abkürzungen: Ana, Nunu.

N

Ocka, **Ocke**, **Okka**, **Okke:** klingt in Süddeutschland eher fremd. Friesisch. Hergeleitet von Namen, die mit der Silbe »Ot« beginnen wie etwa Ottilie. Bedeutung: Besitz.

Octavia, **Oktavia:** ein anspruchsvoller, eleganter Name, der nicht zu jedem Familiennamen passt; weibliche Variante von Octavius. Aus dem Lateinischen. Bedeutung: achtes Kind oder aus dem Geschlecht der Octavier. In Frankreich: Octavie. Abkürzungen: Ava, Ota, Tara, Tavie.

Oda: angenehm im Klang, schlicht in der Schreibweise; passt zu fast jedem Familiennamen, trotzdem aber individuell. Kurzform von Namen, die mit der Silbe »Ot«, »Od« beginnen wie Ottilie, Odina. In Frankreich: Odette.

Odette: → Oda.

Odila, **Odilia**, **Odilie**, **Otila:** alte Namen, verwandt mit dem Namen Ottilie. Aus dem Althochdeutschen. Bedeutung: Besitz. Abkürzungen: Lia, Oda, Ota, Tila, Tilly.

Odina, **Odine:** individuell, selten. Der alte deutsche Name weist auf den germanischen Gott Odin hin. Abkürzungen: Dina, Ina, Oda.

Olga: russisch, inzwischen aber international. Verwandt mit dem nordischen Namen → Helga. Als Kosename: Olguscha. Namenstag: 11. Juli.

Olivia: ein weicher, warmer Name, der Sehnsucht nach Süden und Sonne verkörpert; vor allem in England bekannt. Aus dem Lateinischen. Bedeutung: Ölbaum. In Frankreich: Olive; in Italien: Oliva. Abkürzungen: Lif, Liv, Liva, Ola, Vina, Vinny.

Ona: international; einfach in der Schreibweise, mit einem guten Klang; ausgefallen, aber nicht verkrampft originell. Aus dem Lateinischen. Bedeutung: die Einheit. Auch ein baskischer Name. Bedeutung dann: die Gute.

Onna: friesisch; passt auch am besten zu einem typisch norddeutschen Familiennamen; die weibliche Form von Onno. Kurzform von Namen mit der Anfangssilbe »Od«, »Ot«. Bedeutung: Besitz.

Oona: ungewöhnlich; originell, aber nicht zu abgehoben; passt am besten zu einem neutralen oder ebenso individuellen Familiennamen. Aus dem Englischen. Die Bedeutung ist unbekannt.

O

Ophelia: ein anspruchsvoller, romantischer Name; passt am besten zu einem kurzen, ebenso anspruchsvollen Familiennamen. Aus dem Griechischen. Bedeutung: Hilfe oder Schlange. Im Englischen: Ofilia, Ofelia; in Frankreich: Ophélie. Abkürzungen: Feli, Fely, Filia, Filiz, Filly.

Orania: verwandt mit Urania. Aus dem Griechischen. Bedeutung: die Himmlische. In Frankreich: Orane; in England: Oralie oder Oriana; in Italien: Ornella. Abkürzungen: Ona, Rana, Rania, Ria.

Orella: attraktiv, passt aber nicht zu jedem deutschen Familiennamen. Baskisch. Verwandt mit dem Namen → Aurelia. Abkürzungen: Ela, Ella, Ola.

Ornella: melodiös; weckt Sehnsucht nach Sommer und Sonne; passt nicht zu einem ganz alltäglichen, typisch deutschen Familiennamen. Italienisch. Weist auf die Blütenesche hin. Abkürzungen: Nele, Nell, Nella, Nelle, Ora.

Osane: ungewöhnlich, aber angenehm im Klang; wirkt am besten im Gespann mit möglichst neutralen Familiennamen. Aus dem Baskischen. Bedeutung: die Heilende. Abkürzungen: Ona, Sanne.

Ota: friesisch; so einfach und klangvoll wie Oda. Ebenfalls eine Kurzform von Namen mit der Silbe »Ot«, »Od« wie Ottilie, Odina. Bedeutung: Besitz.

Ova: seltener dänischer/friesischer Name; weibliche Form von Ove gleich Uwe. Kurzform von Namen mit der Anfangssilbe »Od«, »Ot«. Bedeutung: Besitz.

Palmira: anspruchsvoll; macht sich gut zusammen mit einem ebenso anspruchsvollen, nicht zu langen Familiennamen. Italienisch. Erinnert an den Palmsonntag. Abkürzungen: Ira, Mia, Mimmie, Mira, Pam.

Paloma, Palomina: erinnert an Süden und Sonne; passt nicht zu jedem deutschen Familiennamen. Spanisch. Bedeutung: die Taube. Abkürzungen: Lola, Paola, Pola.

Pamela: modern, lässig; gute Ausstrahlung; individuell, aber nicht zu ausgefallen. Aus dem Griechischen. Bedeutung: dunkel, schwarz. Abkürzungen: Mela, Mella, Pam.

Pamina: ein romantischer Name, der am besten zu einem besonders schlichten oder ebenso romantischen Familiennamen passt. Aus dem Griechischen. Bedeutung: Vollmondnacht; bezieht sich auch auf Mozarts Oper »Die Zauberflöte«. Abkürzungen: Ina, Mina, Mine, Pam, Pamie.

Pandora: edel und anspruchsvoll; braucht einen ebenso anspruchsvollen Familiennamen, um gut zu wirken. Aus dem Griechischen. Bedeutung: das Geschenk. Bekannt: die Büchse der Pandora, die ein zauberhaftes Geheimnis enthält. Abkürzungen: Dora, Dotty.

Panja: liebenswerter, unkomplizierter russischer Name. Kurzform von Namen mit der Silbe »nja« wie Dunja.

Paola: → Paula.

Pascale: ungewöhnlicher Name aus Frankreich; weibliche Variante von Pascal. Aus dem Lateinischen. Bedeutung: die Österliche. Abkürzungen: Calla, Pat, Patty.

Pat, Patty, Patsy: kurz und bündig; passen in alle Länder und zu allen Familiennamen. Aus dem Englischen. Ursprünglich Kurzformen von → Patricia oder → Pelagia.

Patricia, Patrizia: international; edel; passt am besten zu einem schlichten oder ebenso klangvollen Familiennamen.

Aus dem Lateinischen. Bedeutung: die Patrizierin. Im Englischen und Französischen: Patrice. Abkürzungen: Cissy, Pat, Patsy, Patty, Trix, Zia.

Patsy, Patty: in vielen Ländern bekannt; fröhlich, ungezwungen. Kurzform von → Patricia.

Paula oder zärtlicher **Paulina, Pauline:** vor hundert Jahren schon einmal beliebt, dann fast vergessen; heute wieder zunehmend »in«; ein unkomplizierter Name, der gut klingt; mit fast jedem Familiennamen kombinierbar. Aus dem Lateinischen. Bedeutung: die Kleine. In Frankreich: Paule, Paulette oder Pauletta; in Italien: Paola, Paolina; in Osteuropa: Pavla oder Pola. Namenstag: 13. März.

Pauletta, Paulette: → Paula.

Pazia: ungewöhnlich, ausgefallen; wirkt am besten in Kombination mit einem ebenso ausgefallenen oder einem ganz schlichten Familiennamen. Aus dem Hebräischen. Bedeutung: golden. Abkürzungen: Pat, Zissy, Zia.

Pea: individuell und attraktiv; angenehm im Klang, einfach in der Schreibweise. Kurzform von → Pelagia.

Peggy: locker und unkompliziert wie viele angloamerikanische Namen; passt nahezu überall. Ursprünglich eine Kurzform von → Margret, → Margareta.

Pelagia: außergewöhnlich und anspruchsvoll; braucht den passenden Familiennamen, um gut zu wirken. Aus dem Griechischen. Bedeutung: die offene See, Meer. Abkürzungen: Gina, Lara, Pat, Pea.

Penelope: klassisch; anspruchsvoll; wirkt am besten in Verbindung mit einem ebenso klangvollen oder einem betont schlichten Familiennamen. Aus dem Griechischen. Bedeutung: weist auf die Gemahlin von Odysseus hin. Abkürzungen: Ena, Lola, Pen, Penny.

Penny: locker, fröhlich und modern; passt fast immer; Kurzform von → Penelope.

Pepita, Perpeta: liebevoll und zärtlich; passt am ehesten zu einem neutralen Familiennamen; spanisch. Verwandt mit → Josefa/Josef. Abkürzungen: Pen, Pia, Pita.

Peppina: ein Name, der gut zu einem lebhaften, fröhlichen Mädchen passt; klingt leicht und unbeschwert, passt aber nicht zu jedem Familiennamen. Aus dem Spanischen. Verwandt mit → Pepa/Josefa. Abkürzungen: Ina, Pia, Pille.

Perdita: außergewöhnlich, romantisch; wirkt am besten in Verbindung mit einem schlichten, aber nicht alltäglichen Familiennamen. Ursprünglich aus dem Lateinischen. Bedeutung: verloren. Abkürzungen: Dita, Ditta, Pia.

Pernilla, Pernille: → Petronia.

Peta: ungewöhnlich, aber reizvoll. Friesisch, passt jedoch nicht nur nach Norddeutschland. Verwandt mit anderen Namen mit der Anfangssilbe »Pe« wie zum Beispiel Petra.

Petje, Peetje, Petke: ein friesischer Name, der sich gut in Norddeutschland macht. Abgeleitet von → Petra.

Petra: nie der ganz große Hit unter den Namen, aber durch die Jahre stets gleich bleibend beliebt; die weibliche Form von Petrus. Aus dem Griechischen. Bedeutung: Fels, Stein. In Frankreich: Perette, Pierrine oder Pierette. Abkürzungen: Eri, Tara, Petzi.

Petrina, Petrine, Petrissa, Perisse: ungewöhnlich und eher selten; die weibliche Form von Petrus. Aus dem Griechischen. Bedeutung: Stein, Fels. Abkürzungen: Ina, Isa, Issa, Pat, Perry, Peta, Petra, Tina, Tine, Trine.

Petronella, Petronelle, Petronilla, Petronille: → Petronia.

Petronia: anspruchsvoll; originell; wirkt am besten in Verbindung mit einem schlichten, kürzeren Familiennamen; weibliche Form von Petrus. Aus dem Griechischen. Bedeutung: Fels, Stein. In Italien: Petronella, Petronilla; in Frankreich: Petronelle, Petronille; in Dänemark und Schweden: Pernelle, Pernilla, Pernille. Abkürzungen: Ela, Ella, Illa, Ille, Ila, Pat, Perry, Peta, Petra.

Petula: modern in der Ausstrahlung, auch wenn der Name eigentlich schon alt ist; heute vor allem in England bekannt. Aus dem Lateinischen. Bedeutung: mutwillig, ausgelassen. Abkürzungen: Peta, Ula.

Phila: kurz und einfach; originell, aber auch nicht abgehoben; passt zu den meisten Familiennamen. Ursprünglich eine Kurzform von → Philomena.

Philine: liebenswert, zärtlich; ungewöhnlich; passt am besten zu einem ausgefalleneren Familiennamen. Aus dem

**WENN VERWANDTE UND FREUNDE
MITREDEN WOLLEN**
Klingt der Name schön? Passt er zum Nachnamen? Ist er ein
Modename? Schwierig genug, zu zweit zu einem klaren Er-
gebnis zu kommen. Reden dann auch noch Freunde und Verwandte mit, ufert die Diskussion leicht aus. Schnell wird
deutlich, dass jeder seine eigenen Vorstellungen über den
schönsten, passendsten Namen für den neuen Erdenbürger
hat. Es spricht daher einiges dafür, den Namen erst einmal
nur zwischen den werdenden Eltern zu diskutieren.

Griechischen. Bedeutung: liebreich, liebkosen. Abkürzungen: Fili, Fila, Line, Lina, Phila, Philla, Pippa.

Philippa, auch **Philippine:** lange fast vergessen, jetzt, wie
andere alte Namen auch, langsam wieder entdeckt; weibliche Form von Philipp. Aus dem Griechischen. Bedeutung:
Pferdefreund. In Spanien: Felipa; in Italien: Filippa; in Osteuropa: Filipa; in England: Philippe, auch ein männlicher
Name. Abkürzungen: Fila, Fili, Filli, Lia, Phila, Philli, Pippa.

Philomela, **Philomele:** ungewöhnlich; passt am besten zu
einem kürzeren, klangvollen Familiennamen. Aus dem
Griechischen. Bedeutung: Freundin und Gesang. Abkürzungen: Phila, Mela, Mella.

Philomena, **Philomene**, auch **Filomena**, **Filomene:** ein anspruchsvoller Name, der am besten zu einem kürzeren,
klangvollen Familiennamen passt. Aus dem Griechischen.
Bedeutung: die Geliebte. In Italien: Filomena. Abkürzungen: Fida, Fila, Filo, Phila, Pia, Pippa.

Phoebe oder **Phöbe:** ein alter Name; heute eher selten;
märchenhaft, verspielt; wirkt am besten in Verbindung mit
einem betont schlichten oder ähnlich klangvollen Familiennamen. Aus dem Griechischen. Bedeutung: die Strah-
lende. In England: Phebe.

Phyllis, **Phillis:** ausdrucksvoll; international; verträgt am
besten einen ebenso anspruchsvollen Familiennamen. Aus
dem Griechischen. Bedeutung: erinnert an einen Mandel-
baum. Abkürzungen: Ila, Ille, Pia, Pita.

Pia, auch **Piata:** ein einfacher, klangvoller Name; kurz und prägnant; passt zu fast allen Familiennamen. Aus dem Lateinischen. Bedeutung: die Tugendhafte.

Piera: kurz und ungezwungen; außergewöhnlich, aber nicht übertrieben originell. Aus dem Italienischen, angelehnt an die männlichen Namen Piero/Peter. Aus dem Griechischen. Bedeutung: der Fels.

Pilar: edel und selten; passt am besten zu einem ebenso klangvollen oder betont schlichten Familiennamen. Spanisch. Bedeutung: Säule. Auch ein männlicher Name. Abkürzungen: Ila, Ille, Lara, Pia, Pita.

Pina: gute Ausstrahlung; modern, schlicht und einfach in der Schreibweise. Kurzform von Namen mit den Endsilben »ina« wie etwa Josefina.

Piroschka: → Prisca.

Placida: selten; anspruchsvoll, passt deshalb am besten zu einem ebenso anspruchsvollen Familiennamen; weibliche Form von Placidus. Aus dem Lateinischen. Bedeutung: sanft. In Italien: Placidia. Abkürzungen: Cida, Cissy, Zida.

Pola: unkompliziert; voll und angenehm im Klang; ausgefallen, aber nicht verkrampft originell; passt zu fast jedem Familiennamen. Kurzform von → Apollonia; gilt in Osteuropa als Variante von → Paula.

Polly: fröhlich, munter; passt nahezu immer und überall. Ebenfalls eine Kurzform von → Apollonia.

Prisca, **Priska:** zeitlos und klassisch; passt am besten zu einem schlichten, nicht ganz alltäglichen Familiennamen; biblisch; in vielen Ländern bekannt. Aus dem Lateinischen. Bedeutung: die Altehrwürdige. In Ungarn: Piroschka, Pirsoska. Als Kosename: Priscilla. Abkürzungen: Cissy, Pris, Six. Namenstag: 18. Januar.

Priscilla: → Prisca.

Prudentia: klassisch und anspruchsvoll; passt nicht zu jedem deutschen Familiennamen. Aus dem Lateinischen. Bedeutung: klug. In England und Frankreich: Prudence. Abkürzungen: Denja, Pru, Tissa, Tissia.

Queena: selten; passt nur zu wenigen deutschen Familiennamen. Aus dem Altenglischen. Bedeutung: Königin. Als Kosename: Queenie.

Querida: ungewöhlich, anspruchsvoll. Ein spanischer Name. Bedeutung: die Geliebte. Abkürzung: Ida.

Quiana: ein klangvoller indianischer Name; außergewöhnlich, aber nicht zu extravagant; passt nicht zu jedem Familiennamen. Bedeutung: die Anmutige.

Quirina: sehr ausgefallen; passt am besten zu einem schlichten, nicht ganz alltäglichen oder ebenso ausgefallenen Familiennamen; die weibliche Variante zu Quirin. Aus dem Lateinischen. Bedeutung: bezieht sich auf einen römischen Kriegsgott. Abkürzungen: Ina, Rina.

Rabea: originell, aber nicht zu ausgefallen; angenehm im Klang; passt zu den meisten Familiennamen. Wahrscheinlich aus dem Hebräischen. Bedeutung: das Mädchen. Abkürzungen: Bea, Bette, Betty, Rada.

Rachel: → Rahel.

Rada: selten, interessant; passt fast immer und überall. Angelehnt an Namen mit den Anfangssilben »Rade« wie etwa Radegunde. Aus dem Althochdeutschen. Bedeutung: der Rat und der Kampf.

Ragna: schnörkelloser nordischer Name, neuartig; verwandt mit Ragnhild/Reinhild. Aus dem Althochdeutschen. Bedeutung: Rat, Beschluss und Kampf. Abkürzung: Ana.

Rahel: ein alter biblischer Name. Aus dem Hebräischen. Bedeutung: das Schaf. In England und Frankreich: Rachel (auch in Deutschland bekannt); in Russland: Rachil, Raja, außerdem Chilia, Chilja; in Italien: Rachele, Rachelle.

Raja: kurz und kraftvoll; attraktiv; außergewöhnlich, aber nicht zu abgehoben. Russische Kurzform von Raissa. Bedeutung: das Paradies. In Bulgarien: Raika.

Ramona: romantischer spanischer Name; zeitweise sehr beliebt; die weibliche Form von Ramon/Raimund. Aus dem Althochdeutschen. Bedeutung: Rat und Schutz. Abkürzungen: Amy, Mona, Ona.

Rana: türkischer Name; guter Klang, einfache Schreibweise; passt zu jedem deutschen Familiennamen. Aus dem Arabischen. Bedeutung: die Liebliche.

Ranita: ungewöhnlich, aber nicht zu ausgefallen. Aus dem Hebräischen. Bedeutung: Lied oder Glück. Abkürzungen: Nita, Rana, Rani.

Ranka: einfach, klar und originell; passt problemlos zu den meisten Familiennamen. Aus dem Slowenischen. Bedeutung: früh morgens.

Ranva: angenehm im Klang; individuell, aber nicht zu extravagant. Nordisch. Bedeutung: schöner Rabe.

Raphaela, Rafaela, Raffaela: zeitlos, klassisch, beliebt; die weibliche Form von Raphael. Aus dem Hebräischen. Bedeutung: Gott heilt. In Italien: Raffaella; in Spanien: Raquel. Abkürzungen: Ela, Ella, Ranja, Rana.

Raya: ein schlichter klangvoller Name; attraktiv, originell; passt fast überall und auch zu den meisten Familiennamen; Kurzform von Raymonde/Raimunde. Aus dem Althochdeutschen. Bedeutung: Rat, Beschluss und Schutz.

Rea, auch Rhea: neuartig; gute Ausstrahlung; außergewöhnlich, aber nicht ausgeflippt. Aus dem Lateinischen. Bedeutung: weist auf Rom beziehungsweise auf die Mutter von Romulus und Remus hin.

Rebekka: zeitlos, klassisch; fernab jeden Trends; biblisch. Aus dem Hebräischen. Bedeutung: die Betörende. In England: Rebecca. Abkürzungen: Becky, Reca, Reka.

Reena, Rena: norddeutsch; ein einfacher Name, der gut klingt und nicht nur in den Norden passt; lässt sich mit fast jedem Familiennamen kombinieren. Verwandt mit den Namen mit der Anfangssilbe »Re« wie zum Beispiel Renata, Rebekka.

Regina, Regine: vor einem halben Jahrhundert »in«, heute ein echter Klassiker; passt zu jedem Familiennamen. Aus dem Lateinischen. Bedeutung: die Königin. In Frankreich: Régine; in Russland: Renja. Abkürzungen: Gina, Reja, Reka, Rena, Renja, Reya. Namenstag: 22. August.

Regula: ein alter, kaum bekannter Name. Aus dem Lateinischen. Bedeutung: Regel, Maßstab. Abkürzungen: Regel, Reja, Rena, Reya, Ula.

Reina, Reine: friesisch; verwandt allen Namen mit der Anfangssilbe »Rein« wie zum Beispiel Reinhild. Reine ist auch ein französischer Name und bedeutet dann »Königin«.

Reinka, Reinke: norddeutsch; passt auch am besten zu einem typisch norddeutschen Familiennamen; verwandt mit allen Namen, die mit der Anfangssilbe »Rein« beginnen, zum Beispiel Reinharda. Aus dem Althochdeutschen. Bedeutung: der Rat, der Beschluss.

R

Reja: attraktiver russischer Name; schlicht und klangvoll; einfach in der Schreibweise; passt nahezu zu jedem Familiennamen. Kurzform zu Awreja. Aus dem Lateinischen. Bedeutung: die Goldene.

Reka: kurz und wohlklingend; einfache Schreibweise, gute Ausstrahlung; passt zu fast jedem Familiennamen. Aus dem Hebräischen. Bedeutung: zart, weich.

Renata, Renate: traditionell; vor einem halben Jahrhundert sehr gefragt, seitdem weniger häufig. Aus dem Lateinischen. Bedeutung: die Wiedergeborene. In Frankreich: Renée, Renette. Abkürzungen: Naty, Reena, Rena.

Renée: → Renata.

Renja: → Regina.

Reta: schlichter und moderner Name; besonders beliebt in der Schweiz; individuell, aber nicht zu extravagant; passt zu den meisten Familiennamen. Hergeleitet von dem männlichen Namen Reto/Retus. Aus dem Lateinischen. Ursprünglich eine Herkunftsbezeichnung.

Ricarda, Riccarda: → Richarda

Richarda: findet man heute nur noch selten; die entsprechenden fremdsprachigen Formen sind inzwischen beliebter. Aus dem Althochdeutschen. Bedeutung: kühn und mächtig. In Spanien: Ricarda; in Italien: Riccarda. Abkürzungen: Kicki, Rica, Rice, Rika, Rike.

Ricka, Rickea, Rieka, Rieke oder **Rika:** norddeutsch; verwandt den Namen mit der Anfangssilbe »Rich« wie Richhild. Bedeutung: reich. Die Namen gelten auch als Kurzformen von Namen wie → Friederike, → Henrike.

Rina: unkompliziert; angenehm im Klang; passt zu fast jedem Familiennamen. Kurzform von Namen mit den Endsilben »rina« oder »rinna« wie Corinna.

Rita: schlicht und einfach; passt überall; vor etlichen Jahrzehnten sehr beliebt, heute weniger aktuell. Ursprünglich ein italienischer Name, eine Kurzform von → Margaretha. In Finnland: Riita. Namenstag: 22. Mai.

Rixa: norddeutsch; frisch und beschwingt; originell, aber nicht abgehoben; einfache Schreibweise, angenehmer Klang; weitgehend unbekannt; Kurzform von Namen mit der Anfangssilbe »Rich« wie Richhild. Aus dem Althochdeutschen. Bedeutung: reich. Eine weitere Form: Rixta.

Roberta, Roberte: zeitloser norddeutscher Name, aber auch im Süden bekannt; passt zu fast allen Familiennamen; war nie ein Modename; die weibliche Form von Robert. Aus dem Althochdeutschen. Bedeutung: die rühmlich Glänzende. Eine weitere Form: Robertine. Abkürzungen: Berta, Berte, Bo, Bobby, Ota, Otti, Otty, Ro.

Robina, Robine: außergewöhnlich; passt nicht zu jedem Familiennamen; die weibliche Form von Robin, verwandt mit Robert. Bedeutung: die rühmlich Glänzende. Abkürzungen: Bina, Bine, Ro.

Roda, Rhoda: attraktiv und unkompliziert; individuell, aber nicht zu ausgefallen. Aus dem Englischen/Griechischen. Bedeutung: die Rose.

Romaine: → Romana.

Romana: ein italienischer Name, der nach Süden und Sonne klingt; über Italien hinaus bekannt. Aus dem Lateinischen. Bedeutung: die Römerin. In Frankreich: Romaine; in Ungarn: Romika. Abkürzungen: Ana, Romy.

Romea: ungewöhnlich, aber nicht zu ausgefallen; weibliche Variante zu Romeo. Aus dem Italienischen. Bedeutung: die Pilgerin. Abkürzungen: Me, Mea, Romy.

Rosa, Rose: ein alter, einfacher Name, der an duftende Rosen erinnert und auch genau dies bedeutet; passt zu jedem Familiennamen, in jedes Land. Aus dem Lateinischen. In Irland: Rois, Roise; in Spanien: Rosita, Roselita; in Italien: Rosalia, Rosalie, Rosella, Rosellina; in Frankreich: Rosetta, Rosette; in Ungarn: Rosika. Namenstag: 23. August.

Rosalia, Rosalie und **Rosella:** → Rosa.

Rosanna: ein italienischer Doppelname, der weich und warm klingt, zusammengesetzt aus → Rosa und → Anna. Abkürzungen: Ana, Anna, Ro, Rosa, Sanne, Sanna.

Roseline, Roselyne: fröhlich und ungezwungen. Aus dem Englischen. Hergeleitet von Rosalind, Rosalinda, Rosalinde. Bedeutung: Rose und Linde. Abkürzungen: Lina, Line, Rosa, Rosi.

Rosella, Rosellina: → Rosa.

Rosetta, Rosette: → Rosa.

Rosina, Rosine: besonders liebenswert, zärtlich und weich; zeitlos, unabhängig von jedem Trend; passt am besten zu einem schlichten oder nicht zu langen, klangvollen Familiennamen. Aus dem Lateinischen. Bedeutung: die Rosenfarbene. Abkürzungen: Ro, Rosa, Rosi, Sina, Sine, Sini, Ziena. Namenstag: 11. März.

Rosita: → Rosa.

Roxana, Roxane, Roxanne: lässig, modern; ein amerikanischer Name, aber weit über Amerika hinaus bekannt. Ursprünglich aus Persien. Bedeutung: die Morgenröte, die Glänzende. In Italien: Rossana. Abkürzungen: Ana, Nana, Nanna, Ona, Ro, Rona, Roxi.

Rufina: selten; außergewöhnlich, aber nicht zu ausgefallen; passt am besten zu einem schlichten, nicht zu alltäglichen Familiennamen; die weibliche Form von Rufus. Aus dem Lateinischen. Bedeutung: rot. Abkürzungen: Fina, Fine, Rufi, Ruty. Namenstag: 19. Juli.

Ruperta: ein alter Name; unabhängig von jedem Modetrend; weibliche Form von Rupert/Robert. Bedeutung: die rühmlich Glänzende. Abkürzungen: Berta, Berte, Ruty.

Ruth: schlichter biblischer Name; klassisch, international. Aus dem Hebräischen. Bedeutung: Freundin, Freundschaft. Oder auch: Labsal. In Spanien und in Norwegen: Rut; baskisch: Urte. Namenstag: 1. September.

Sabina, Sabine: traditionell, unkompliziert; lässt sich mit nahezu jedem Familiennamen kombinieren. Aus dem Lateinischen. Bedeutung: aus dem Stamme der Sabiner. Abkürzungen: Bi, Bina, Bine. Namenstag: 29. August.

Sabrina: international, neuartig; passt gut zu den meisten Familiennamen. Aus dem Englischen. Nach einer Flussnymphe. Abkürzungen: Bi, Bina, Bine, Rina.

Sadie: ein unkomplizierter amerikanischer Name. Kurzform von → Sarah. Abkürzung: Sad.

Sally, auch **Sallie:** ungezwungen, modern; passt überall und immer. Aus dem Englischen. Kurzform von → Sarah.

Salome: klassisch; anspruchsvoll; braucht jedoch einen ähnlich anspruchsvollen oder schlichten Familiennamen, um gut zu wirken. Aus dem Hebräischen. Bedeutung: die Friedliche. Abkürzungen: Sala, Sammi, Sasa.

Salvina: außergewöhnlich; individuell, aber nicht übertrieben originell; wirkt am besten mit einem schlichten, nicht zu alltäglichen Familiennamen. Aus dem Lateinischen. Bedeutung: gesund, unversehrt. Abkürzungen: Sala, Salla.

Salwa: einfach in der Schreibweise, gut im Klang; mit vielen Familiennamen wirkungsvoll zu kombinieren. Eine Kurzform von Salwija, einem slawischen Namen. Aus dem Lateinischen. Bedeutung: gesund.

Samantha: ein klangvoller, ausdrucksstarker amerikanischer Name; verträgt sich gut mit einem kürzeren, schlichten oder einem ebenso klangvollen Familiennamen. Aus dem Hebräischen. Bedeutung: die Hörende. Abkürzungen: Amie, Amy, Ana, Sala, Salla, Sam, Sammy, Sasa.

Samira: romantisch, märchenhaft; braucht aber einen entsprechend märchenhaften Familiennamen, um gut zu wir-

WAS TUN, WENN EIN KIND SEINEN NAMEN ABLEHNT?

Wenn der eigene Name nur schwer erträglich ist, macht mancher die Kurzform zum Ersatznamen und nimmt das als kleineres Übel hin. Gibt es diese Alternative nicht und kommt eine amtliche Änderung beim Standesamt nicht infrage, kann sich der Betroffene mit einem Pseudonym behelfen.

ken. Aus dem Arabischen. Bedeutung: die Unterhalterin, Gesang. Abkürzungen: Mira, Salla, Sammi, Sasa.

Sandra, Sandria: italienisch; seit langem bekannt und beliebt. Kurzform von Alessandra. In England auch Sondra. Abkürzung: Sandy.

Sanja: klangvoll, attraktiv und doch schlicht; modern, international; passt zu fast jedem Familiennamen. Russisch. Eigentlich eine Kurzform von → Alexandra/Aleksandra.

Sanna: norddeutsch; unkompliziert; gute Ausstrahlung, guter Klang. Ursprünglich Kurzform von → Susanne.

Saphira: edel und anspruchsvoll; braucht einen neutralen oder ebenso wohlklingenden Familiennamen, um gut zu wirken. Abkürzungen: Ira, Pia, Pira, Sara.

Sara, Sarah, Zara, Zarah, auch **Sarina, Zarina:** biblisch; einfach in der Schreibweise, angenehm im Klang; mit nahezu jedem Familiennamen kombinierbar; seit Jahren unter den zehn beliebtesten Namen. Aus dem Hebräischen. Bedeutung: Fürstin, Herrin.

Saskia: zeitlos; individuell, aber nicht zu übertrieben originell; passt am besten zu einem schlichten, nicht ganz alltäglichen Familiennamen. Niederländisch. Bedeutung: die Sächsin. Abkürzungen: Sasa, Kia.

Scarlet, Scarlett: ein amerikanischer Name; anspruchsvoll und romantisch; weibliche Form von Charles/Karl. Wird häufig in der Bedeutung von »scharlachrot« gesehen. Abkürzungen: Letta, Scadie, Scady.

Sebastiana, Sebastiane: selten; traditionell; weibliche Variante zu Sebastian. Aus dem Griechischen. Bedeutung:

die Verehrungswürdige. In Frankreich: Sébastienne. Abkürzungen: Asta, Basti, Seba, Tina, Tine.

Selene: romantisch, mädchenhaft. Aus dem Griechischen. Bedeutung: erinnert an die Mondgöttin.

Selima: selten; ein melodiöser, romantischer Name, der einen schlichten, nicht ganz alltäglichen Familiennamen als Rahmen braucht. Aus dem Hebräischen. Bedeutung: die Friedliche. Abkürzungen: Lia, Seli, Semi.

Selma: passt zu fast jedem Familiennamen; wirkt moderner in der Schreibweise »Zelma«. Kurzform von Anselma/Anselm. Aus dem Germanischen/Althochdeutschen. Bedeutung: Gott und Friede. Wird auch als alte englische Ortsbeschreibung verstanden.

Senta, auch **Senda** oder **Centa:** ein unkomplizierter Name; einfach in der Schreibweise. Ursprünglich Kurzform von Namen mit den Endsilben »cent« beziehungsweise »centia« wie Vincenta oder Crescentia.

Seraphina, Seraphine, auch **Seraphia, Serafia:** ein alter Name, der an Märchen erinnert; anspruchsvoll. Aus dem Hebräischen. Bedeutung: die Feurige. In Italien: Serafina, Serafine; in Osteuropa: Soroka, auch Sorcha (Kurzform). Abkürzungen: Fina, Fine.

Serena: italienisch, aber über Italien hinaus bekannt; passt zu den meisten Familiennamen. Aus dem Lateinischen. Bedeutung: heiter, glücklich. Abkürzungen: Ena, Rena.

Severa: selten; angelehnt an den männlichen Namen Severus/Severin. Aus dem Lateinischen. Bedeutung: streng. Abkürzungen: Ena, Vera.

Sharon: ungezwungen und lässig; ein internationaler Name. Aus dem Englischen. Bedeutung: nach einer biblischen Ortschaft benannt. Abkürzung: Sherry.

Shawn: englisch; die weibliche Fassung von Sean, der irischen Variante von John/Johannes. Aus dem Hebräischen. Bedeutung: Der Herr ist gnädig.

Sheela, Sheila, Sheyla: ein internationaler Name. Aus dem Englischen. Verwandt mit dem Namen → Cäcilia.

Shirley: international, modern. Aus dem Englischen. Bedeutung: ein Familienname.

Sibille, Sibilla, Sibylle, Sibylla, Sybilla, Sybille, auch **Sybil:** ein Klassiker, aber nie ein Modename; schmückt jeden Familiennamen. Aus dem Griechischen. Bedeutung: die Seherin, Gottesraterin. In England: Sibyl; in Irland: Sibeal. Abkürzungen: Bilke, Billa, Bille, Bylla, Bylle, Isebill, Sib, Sibba. Namenstag: 9. Oktober.

Sidonia, Sidonie: zeitlos; nicht ganz alltäglich, aber auch nicht zu ausgefallen. Aus dem Lateinischen. Bedeutung: Frau aus Sidon. In Frankreich: Sidoine; in England: Sidney (klingt leichter, unbeschwerter als Sidonia). Abkürzungen: Dona, Donna, Donia, Ida, Ina, Sida, Sita, Sitta, Toni.

Siebeltje: ein liebenswerter, zärtlicher Name aus Friesland. Erinnert an → Sibille/Sybille.

Sif, Siff, Siv oder **Siw:** kurz und fröhlich; schnörkellos; wirkt gut, wenn mit einem längeren Familiennamen verbunden. Nordisch. Bedeutung: die Braut. Gilt auch als Kurzform von → Elisabeth.

Sigbrit, Sigbrith oder **Sigbritt:** niederländisch. Bedeutung: strahlender Sieg. Abkürzungen: Britt, Britta, Sina, Sira, Siri, Sita, Sitta.

Signe, Signi, Signy: heiterer und verspielter nordischer Name; passt nicht nur zu einem typisch norddeutschen Familiennamen. Bedeutung: Sieg und jung. Abkürzungen: Gita, Gitta, Sina, Sira, Siri, Sisi, Sita.

Sigrid, Siegrid: heute weniger aktuell als noch vor ein paar Jahrzehnten. Aus dem Althochdeutschen. Bedeutung: Sieg und schön. In Schweden: Siri oder Sirid; in Finnland: Siiri oder Sirin. Abkürzungen: Sig, Sigga, Siggi, Sike, Sira, Siri.

Sigrun, Siegrun, auch **Sirun:** ein alter, traditioneller Name. Aus dem Althochdeutschen. Bedeutung: Sieg und Geheimnis. Abkürzungen: Sig, Sigga, Sike, Siri.

Silja: ein frischer, fröhlicher und unkomplizierter Name; kraftvoll und attraktiv; passt zu fast jedem Familiennamen. Finnisch/schwedisch. Kurz- und Koseform von → Cäcilia/Cäcilie. In Friesland: Silje.

Silka, Silke oder **Sylke:** ein norddeutscher und schwedischer Name. Verwandt mit → Cäcilie.

Silva, Silve: attraktiv, neuartig und modern; einfache Schreibweise, angenehmer Klang; nicht ganz alltäglich, aber auch nicht zu abgehoben. Ursprünglich eine Kurzform von → Silvia.

Silvana, Sylvana: italienisch; klingt nach Wärme und Sonne; zeitlos; individuell; weibliche Variante zu Silvan/Silvio. Aus dem Lateinischen. Bedeutung: Bewohnerin des Waldes. In Frankreich: Sylvaine. Abkürzungen: Lana, Silly, Silva, Silve, Silvi, Sira, Siri, Sylva, Sylvi.

Silvia, Sylvia, auch **Sylvie, Silvelie:** frisch, mädchenhaft; ein Klassiker, der in vielen Ländern bekannt ist. Aus dem Lateinischen. Bedeutung: die aus dem Wald Kommende. Weitere Formen: Silvina, Sylvina, Sylviane, Sylvianne. In Schweden: Silva, Sylvi; in Frankreich: Silvie, Silvette, auch Sylvie, Sylvette; in Italien: Silvetta; in England: Zilvia. Abkürzungen: Lia, Silve, Sina, Siv, Vivi, Vivy.

Simona, Simone, Simonetta, Simonette: italienisch, heute in vielen Ländern bekannt; ein beliebter Klassiker; ausdrucksvoll; die weibliche Variante von Simon. Ursprünglich aus dem Hebräischen. Bedeutung: (Geschenk der) Erhörung. In Frankreich: Simone, Simonette. Abkürzungen: Mona, Ona, Sisi, Sima, Sina.

Sina: unkompliziert; nordisch; verwandt dem Namen Signe. Bedeutung: Sieg und jung. Wird auch als Kurzform von Namen mit den Endsilben »sine« oder »sina« verstanden, wie zum Beispiel Rosina. Im Englischen: Sinah.

Sinja, Sinje: schlicht, kraftvoll, originell und attraktiv; passt zu nahezu jedem Familiennamen. Verwandt mit Gesine/Gesina; hergeleitet von → Gertrud.

Sirka oder **Sirkka:** finnisch, aber auch im englischen Sprachraum bekannt; die weibliche Form von Sirk. Bedeutung: das Keimblatt. Abkürzungen: Ira, Irka, Sisi.

Sisan: seltener schwedischer Name; unkompliziert. Abgeleitet von → Cäcilia/Cäcilie.

Siska: unverbraucht, frisch und beschwingt. Schwedisch. Ursprünglich eine Kurzform von → Franziska.

Sita, Sitta: ein moderner, unkomplizierter Name mit einer kraftvollen Ausstrahlung. Kurzform von Namen mit der

Silbe »Si« wie Sidonie; wird aber auch als Name arabischen Ursprungs verstanden. Bedeutung: die Herrin.

Sixta, Sixtina: ein zeitloser, kraftvoller Name mit guter Ausstrahlung, der gut in unsere Zeit passt. Aus dem Griechischen. Bedeutung: die Feine. In Schweden: Sista. Abkürzungen: Sixt, Sira, Siri, Tina, Xia.

Soley: verträumt und romantisch; ein isländischer Blumenname, der am besten in Verbindung mit einem schlichten Familiennamen wirkt. Abkürzungen: Ola, Sol.

Solvei, Solveig, Solveij, Solvejg oder **Solvig:** norwegische Namen, die sofort an Skandinavien erinnern. Bedeutung: Haus und Kraft. Abkürzungen: Sol, Veja.

Sonja, Sonia: zeitlos; angenehm im Klang; russisch, heute international bekannt. Verwandt mit dem Namen → Sophia. Abkürzungen: Ninni, Ona.

Sophia, Sophie, auch **Sofia, Sofie:** klassisch; sehr gefragt, der Name Sophie steht weit oben auf der Hitliste der beliebtesten Namen; biblisch. Aus dem Griechischen. Bedeutung: Weisheit. Im Englischen: Sophy; in Polen: Zofia; in Russland: Sonja, Sonia. Abkürzungen: Fee, Fi, Fia, Phia, Pia. Namenstag: 15. Mai.

Stella: ein schnörkelloser, interessanter Name, der neugierig macht; passt überall; Kurzform von Estella, einem italienischen Namen. Aus dem Lateinischen. Bedeutung: der Stern. In Frankreich: Estelle; in Spanien: Estella oder Estrella. Abkürzungen: Ella, Esta.

Stephania, Stephanie, Stefania: ein beliebter Name, zeitweise ein Modename; passt fast zu jedem Familiennamen. Aus dem Griechischen. Bedeutung: die Bekränzte. In Frankreich: Stéphine, Etiennette; in Russland: Stefanida. Abkürzungen: Fan, Fanni, Fanny, Steffi.

Sulamith: ein biblischer Name. Aus dem Hebräischen. Bedeutung: Mädchen aus Sunem oder die Friedliche. Abkürzungen: Mila, Su, Sumi, Susu.

Sunny: ein heiterer, moderner Name aus dem Englischen; auch in anderen Ländern bekannt. Bedeutung: fröhlich.

Susanna, Susanne: durch die Jahrzehnte beliebt; traditionell, biblisch; passt überall. Aus dem Hebräischen. Bedeutung: die Lilie. Im Englischen: Susan; in Irland: Sosanna; in Schweden: Susen; in Schottland: Siusan; in Osteuropa: Susanka; in Frankreich: Suzanne, Susette, Suzette; in Ungarn: Zsuzi; in der Türkei: Suzan. Abkürzungen: Anna, Anne, Nanna, Nane, Su, Sue, Sunna, Susa, Suse, Susu, Susse, Sussi, Sussu, Suzie, Suzu, Suzy.

Svea: fröhlich und lässig. Schwedisch. Bedeutung: bezieht sich auf den Landesnamen.

Svenia, **Svenja:** vor allem in Norddeutschland beliebt; passt auch am besten zu einem typisch norddeutschen Familiennamen. Die weibliche Form von Sven. Nordisch. Bedeutung: der Jüngling.

Swaantje, **Swana** oder **Swantje**, **Zwantje:** friesisch; bezieht sich auf den Namen Swanhild. Aus dem Althochdeutschen. Bedeutung: der Schwan. Abkürzungen: Svane, Swana.

Swetlana, **Svetlana:** außerhalb Russlands wenig bekannt. Bedeutung: hell. Abkürzungen: Eta, Etta, Lana, Sweet.

Synke: friesisch; abgeleitet von Sünke. Die Silbe »Sun« bedeutet »das Urteil«, »die Sühne«.

Syrina: nordischer Name, der vom Klang lebt. Wahrscheinlich verwandt mit dem Namen → Sigrid. Abkürzungen: Ina, Syra, Syri.

S

Tabea: ausdrucksvoll und außergewöhnlich; wirkt am besten in Verbindung mit einem ebenso ausdrucksvollen oder besonders schlichten, nicht ganz alltäglichen Familiennamen. Eine andere Form: Tabitha. Aus dem Hebräischen. Bedeutung: die Gazelle. Abkürzungen: Bea, Tabbi, Tabbie, Tabby, Tara.

Tadine: friesisch; passt nahezu überall; hat eine gute Ausstrahlung; modern und individuell. Verwandt mit Namen mit der Anfangssilbe »Diet«. Bedeutung: das Volk. Abkürzungen: Dina, Dine, Tara, Tine.

Taika, Teika: friesisch; erinnert an romantische russische Vornamen; wird oft in Zusammenhang mit → Theodora gesehen, der weiblichen Form von Theo. Abkürzungen: Aika, Aike, Tara.

Talea, Taleja oder **Taletta:** niederländische Namen, die durch ihren besonderen und angenehmen Klang bestechen. Abgeleitet von → Adelheid. Abkürzungen: Lea, Leja, Letta, Tallie, Tally, Tara.

Talesia: anspruchsvoll und edel; macht sich am besten zusammen mit einem neutralen oder besonders wohlklingenden Familiennamen. Baskisch. Angelehnt an die Namen → Alice/Alicia beziehungsweise → Adelheid. Abkürzungen: Lea, Lesia, Lia, Sissy, Sita, Tara, Tata.

Talida, Talika, Talina oder **Talka:** außergewöhnliche, romantische niederländische Namen; gefallen durch ihren angenehmen Klang. Abgeleitet von → Adelheid. Abkürzungen: Alke, Lida, Lika, Lina, Tallie, Tally, Tara, Tisa.

Talitha: ein klangvoller, aramäischer Name, der auch in Mitteleuropa gefällt; wirkt überzeugend in Verbindung mit einem besonders schlichten oder ähnlich klangvollen

Familiennamen. Bedeutung: das Mädchen. Abkürzungen: Lia, Lida, Lilli, Lita, Litha, Tallie, Tally, Tara, Tisa.

Tamara: klangvoller, romantischer russischer Name; international; nimmt Bezug auf den biblischen Namen Tamar. Aus dem Hebräischen. Bedeutung: die Dattelpalme. Abkürzungen: Ama, Tamie, Tammy, Tara, Tasja, Toma.

Tanja, Tania: kraftvoll, attraktiv, international. Ursprünglich russisch. Verwandt mit dem Namen → Tatjana. In Finnland: Taina; in Amerika: Taunya. Abkürzungen: Anja, Anya, Jana, Tallie, Tally, Tata, Tati.

Tasja, Tassja: ein attraktiver, moderner Name; schnörkellos und kraftvoll; wirkt am besten in Kombination mit einem schlichten Familiennamen. Aus dem Russischen. Kurzform von → Anastasia.

Tatjana, Tatiana: sehr beliebt; zeitlos und klassisch; romantisch wie viele alte russische Namen; heute international. Aus dem Lateinischen. Bedeutung: bezieht sich auf einen Sabinerkönig. Abkürzungen: Jana, Jane, Tammy, Tammie, Tanja, Tanya, Tara, Tasja, Tata. Eine weitere Form: Taziana. Namenstag: 12. Januar.

Tatje: friesisch; klingt wie ein zärtlicher Kosename. Eigentlich eine Kurzform von Namen mit der Anfangssilbe »Ta« wie etwa Tasja oder Tanja.

Teda, Tede, Tetta, Tete, Theda, Thede: schlichte, einfache friesische Namen; passen nahezu überall. Ursprünglich Kurzformen von → Theodora, der weiblichen Form von Theo. Abkürzungen: Tea, Thea.

Teida: ungewöhnlicher, sympathischer friesischer Name; passt nicht nur gut nach Norddeutschland. Verwandt mit dem Namen → Adelheid. Abkürzung: Ida.

Terzia: ausgefallen, aber nicht abgehoben; zeitlos. Aus dem Lateinischen. Bedeutung: die Dritte. Abkürzungen: Tata, Tess, Zita. Kosename: Terzi.

Tessa: kurz und einprägsam; passt immer und überall; vor allem in England bekannt. Ursprünglich eine Kurzform von → Theresa, aber auch von → Felicitas.

Thaddäa: ein anspruchsvoller Name, fern jeden Trends; wirkt am besten in Verbindung mit einem nicht zu langen,

NAMEN, DIE ABGELEHNT WURDEN

Was sind das eigentlich für Namen, die im Standesamt keine Gnade finden und von deutschen Gerichten abgelehnt werden? Zum Beispiel Judas, Doornkaat, Grammophon, Pepsi, Cola, Rumpelstilzchen oder Verleihnix. Pumuckel wird dagegen heute erlaubt. Viele Standesbeamte können ein Lied von den seltsamen Vorstellungen mancher Eltern singen und wissen, wie schwer sich viele von ihren Vorstellungen abbringen lassen.

schlichten oder einem ähnlich ausdrucksvollen Familiennamen; weibliche Variante von Thaddäus. Aus dem Hebräischen. Bedeutung: Lobpreisung. In Frankreich: Thadée. Abkürzungen: Tammie, Tammy, Tara.

Thekla: zeitlos, nie ein Modename; passt zu fast allen Familiennamen. Aus dem Griechischen. Bedeutung: Gott und Ehre. Im Englischen: Telca, Telka. Abkürzungen: Ela, Tea, Tela, Thea. Namenstag: 23. September.

Theodora: zeitlos; traditionell; beliebter ist jedoch die Kurzform Thea; weibliche Form von Theodor. Aus dem Griechischen. Bedeutung: Gottes Gabe. In Italien: Teodora; in Russland: Feodora; eine andere Form: Theoda. Abkürzungen: Dodo, Dora, Dotti, Ona, Tea, Tela, Thea.

Theresa, Therese, Theres, Theresia, Theresina: zeitlos, über die Jahrhunderte beliebt; im Süden bekannter als im Norden. Aus dem Griechischen. Erinnert an die Insel Thera und ihre Bewohner. In Italien, Spanien und England: Teresa; in Frankreich: Térèse, Thérès; in Tschechien: Terezie; in Ungarn: Terka; in Irland: Toireasa. Abkürzungen: Terry, Tess, Tessa, Tessie, Tracie, Tracy.

Thilda, Thilde, auch **Tilda, Tilde:** vor hundert Jahren beliebt, danach fast vergessen. Kurzform von Namen mit den Endsilben »ilde« wie Mathilde, Klothilde.

Thora, Tora: weckt Neugierde; klingt angenehm mit den beiden Vokalen a und o; nordisch; lässt sich gut mit typisch norddeutschen Familiennamen kombinieren. Bedeutung: bezieht sich auf den Donnergott Thor (Wotan).

Thordis, Tordis: frisch und beschwingt. Nordisch. Bedeutung: bezieht sich auf den Donnergott Thor (Wotan).

Thuri, Turi: außergewöhnlich, aber nicht zu ausgefallen; macht neugierig. Nordisch. Bedeutung: bezieht sich auf den Donnergott Thor (Wotan).

Thyra, Tyra, Tyre: attraktiver schwedischer Name; wirkt am besten in Verbindung mit einem schlichten, nicht ganz alltäglichen Familiennamen. Abgeleitet von dem männlichen Namen Thor. Bedeutung: kühn. Abkürzung: Yra.

Tiba, Tibeta, Tibetha: friesisch; besonders attraktiv in Kombination mit einem typisch norddeutschen Familiennamen; eine besondere Form des alten Namens Dietberga. Die Silbe »Diet« bedeutet »das Volk«.

Tiberia: ein anspruchsvoller, ungewöhnlicher Name, der am besten zu einem ganz schlichten oder ebenso klangvollen, nicht zu langen Familiennamen passt. Aus dem Lateinischen. Bedeutung: vom Fluss Tiber. Abkürzungen: Ria, Tisa.

Tibeta, Tibetha: friesische Namen, auch wenn sie im ersten Moment nicht danach klingen. Angelehnt an Namen mit der Anfangssilbe »Diet«. Aus dem Althochdeutschen. Bedeutung: das Volk. Abkürzungen: Bea, Etta, Tina.

Tida: klar und einfach; originell, aber nicht überspannt. Friesisch; passt in seiner Schlichtheit aber fast überall. Kurzform von → Adelheid.

Tiffany: beschwingt und raffiniert; ein amerikanischer, seit Jahrzehnten internationaler Name. Ursprünglich aus dem Griechischen. Bedeutung: Erscheinung Gottes. Abkürzungen: Any, Fanni, Fannie, Fanny, Tiff, Tiffi.

Tilla, Tilly: ein einfacher, attraktiver Name; modern, ohne Schnörkel; passt fast immer. Ursprünglich Kurzform von Namen mit der Silbe »il« wie etwa Emilie.

Tina: kurz und bündig; international; passt zu jedem Familiennamen und in jedes Land. Kurzform von Namen mit den Endsilben »tina« oder »tine« wie Christina, Florentine. In Frankreich: Tinette.

Tirza: schlicht, aber originell und attraktiv; ein besonderer Name, der am besten zusammen mit einem betont schlichten oder einem ebenso »besonderen« Familiennamen wirkt. Aus dem Hebräischen. Bedeutung: der Liebreiz. Abkürzungen: Tira, Tissi.

Tiziana: elegant und anspruchsvoll; klassisch, fern jeder Mode; wirkt am besten in Verbindung mit einem ganz schlichten oder einem besonders klangvollen Familiennamen; italienisch; weibliche Form von Titianus. Aus dem Lateinischen. Bedeutung: Hinweis auf eine alte Familie. Abkürzungen: Issy, Tita, Titia, Tizia, Zissy.

Tordis: nordischer Name, der sich am besten in Verbindung mit einem typisch norddeutschen Familiennamen macht. Bedeutung: dem Gott Thor (Wotan) und einer Göttin gewidmet. Abkürzungen: Tora, Tori.

Torid, Thorid: selten; passt gut in den Norden. Aus Skandinavien. Bedeutung: dem Gott Thor (Wotan) gewidmet; bedeutet zusätzlich »Friede«.

Tosca, Toska: selten, elegant und anspruchsvoll; passt am besten zu einem ganz schlichten oder einem besonders ausgefallenen Familiennamen. Italienisch. Bedeutung: aus der Toskana. Als Kosename: Tosja.

Tullia: seltener irischer/gälischer Name; einfach zu schreiben, angenehm im Klang; passt nahezu überall. Bedeutung: die Friedliche, die Stille.

Turid: ein nordischer Name, verwandt mit dem Namen Torid oder Thorid. Bedeutung: dem Gott Thor (Wotan) gewidmet; bedeutet zusätzlich »Friede«.

U

Uba, Ubba, Ubbe oder **Ubbina**: vor allem an der Nordseeküste bekannte friesische Namen. Abgeleitet von Ubbo/Ubald. Aus dem Althochdeutschen. Bedeutung: der Verstand.

Uda: einfach und ungewöhnlich. Erinnert im ersten Moment an Uta, ist aber angelehnt an die alten Namen → Oda, → Odila.

Udele: selten. Eine alte Nebenform zu dem bekannteren Namen → Adele. Abkürzungen: Ella, Uda.

Ulita: ausgefallener russischer Name; passt am besten zu einem ebenso ausgefallenen Familiennamen. Verwandt mit dem Namen Julitta/Julia. Ursprünglich aus dem Lateinischen. Bedeutung: ein alter Familienname. Abkürzungen: Itta, Ulli, Ulla.

Ulla, Ula: vor Jahrzehnten sehr gefragt, heute weniger begehrt. Kurzform von → Ursula und → Ulrike. In Schweden gilt Ulla als Kurzform von Hulda. Aus dem Althochdeutschen. Bedeutung: weiblicher Geist.

Ulrika, Ulrike: vor vierzig, fünfzig Jahren sehr beliebt, heute weitaus weniger gefragt; ursprünglich vor allem in Dänemark und Schweden bekannt; die weibliche Form von Ulrich. Aus dem Althochdeutschen. Bedeutung: Heimat und mächtig. Weitere nordische Formen: Ulricca, Ulricha, Ulrikka oder Ulrikke. Abkürzungen: Ulla, Rika, Rike, Riken.

Umma, Umme: sehr norddeutsch; passt sicherlich am besten an die Nordsee- und Ostseeküste und verträgt sich gut mit einem typisch norddeutschen Familiennamen. Angelehnt an den männlichen Namen Ummo; verwandt den Namen mit der Anfangssilbe »Od«. Aus dem Althochdeutschen. Bedeutung: die Erbschaft.

Una: englischer Name. Ursprünglich aus dem Lateinischen. Bedeutung: die Einheit. In Irland: Oona; → Ona.

Undine: märchenhaft, geheimnisvoll; wirkt am besten in Verbindung mit einem schlichten oder ähnlich romantischen Familiennamen. Aus dem Lateinischen. Bedeutung: Welle, Nixe. Abkürzungen: Una, Dina.

Ursa: schlicht und einfach; selten; passt zu fast jedem Familiennamen. Angelehnt an den Namen → Ursula.

Ursina, Ursine, auch **Ursetta:** verwandt mit dem Namen → Ursula. Abkürzungen: Ula, Ulla, Uschi, Sina.

Ursula, Ursel, Ursulina, Ursuline: früher ein Hit, heute weniger aktuell. Aus dem Lateinischen. Bedeutung: der (kleine) Bär. In Italien: Orsola oder Orseline, Orsina; in Spanien: Ursola; in Frankreich: Ursule; in England: Ursly, Usle; in Ungarn: Orsolya. Abkürzungen: Ula, Ulla, Urschel, Uschi. Namenstag: 21. Oktober.

Urte, Urthe: ungewöhnlich, aber nicht zu übertrieben originell. Aus dem Baltikum. Herkunft und Bedeutung ungewiss, vielleicht eine Kurzform von → Dorothea.

Uta, Ute oder **Utta:** ein alter deutscher Name, vor Jahrzehnten sehr beliebt, heute weniger gefragt; schlicht und einfach; passt zu fast jedem Familiennamen; schon im Nibelungenlied zu finden. Aus dem Hochdeutschen. Nebenform zu → Oda.

V

Valenta, Valentia: wohlklingend, romantisch; in Kombination mit einem ebenso romantischen Familiennamen sicherlich am wirkungsvollsten. Angelehnt an den italienischen männlichen Namen Valente. Aus dem Lateinischen. Bedeutung: gesund. In Spanien: Valencia. Abkürzungen: Ena, Eni, Lenia, Lenja, Tara.

Valentina, Valentine: liebenswert; ungewöhnlich, aber nicht übertrieben originell; die weibliche Variante von Valentin. Aus dem Lateinischen. Bedeutung: kraftvoll, gesund. In Spanien: Valencia. Abkürzungen: Ela, Ella, Ena, Eni, Tina, Tine, Vally.

Valeria, Valerie oder **Valeriane:** unbeschwert und fröhlich; in vielen Ländern beliebt; weibliche Form von Valerian. Aus dem Lateinischen. Bedeutung: ein Familienname. Baskisch: Balene; in Polen: Valeska; in Frankreich: Valérie; in Russland: Valerija. Abkürzungen: Eri, Vally, Vana.

Valeska: → Valeria.

Vanessa: elegant und zeitlos; wirkt am besten in Verbindung mit einem ganz schlichten oder ebenso eleganten Familiennamen. Aus dem Englischen, aber längst international. Bedeutung: nach einem Schmetterling benannt. Abkürzungen: Vana, Vania,Vanja.

Varena: ein seltener Name; angenehmer Klang durch die Vokalfolge a, e, a; dazu eine einfache Schreibweise. Rätoromanisch. Verwandt mit dem Namen → Verena. Abkürzungen: Ana, Ena, Vera.

Velvet, Velvina: selten, romantisch. Aus dem Englischen. Bedeutung: die Samtene. Abkürzungen: Ela, Vera, Vevy.

Vera, auch Wera: zeitlos, lautmalerisch; gleich bleibend beliebt, aber kein Modename. Ursprünglich aus dem Russischen, seit langem aber international. Bedeutung: Glaube, Religion. Als Kosename: Veruschka.

Verena: ein sehr beliebter und gefragter internationaler Name; mit jedem Familiennamen gut zu kombinieren. Aus dem Lateinischen. Bedeutung: die Scheue. In Frankreich: Vérène. Abkürzungen: Ena, Eni, Nena, Vera.

Verna: selten und ungewöhnlich; besonders in Schweden bekannt; die weibliche Variante von Werner. Aus dem Althochdeutschen. Bedeutung: abwehren.

Veronika, Veronica, auch **Verona, Veronia:** traditionell; wirkt am besten in Verbindung mit einem schlichten, nicht zu langen oder besonders klangvollen Familiennamen. Aus dem Griechischen. Bedeutung: Sieg bringend. In Frankreich: Véronique. Abkürzungen: Ina, Inka, Ona, Vera, Verona, Verone, Vonny, Vreni, Vrona, Vroni.

Vesta: einfach und trotzdem außergewöhnlich; angenehm im Klang. Aus dem Griechischen. Bedeutung: die Verweilende. Abkürzung: Esta.

Vibeke: ein dänischer Name, verwandt mit Wibke. Die Silbe »Wig« bedeutet »Kampf«. In Schweden: Vivica. Abkürzungen: Becky, Vif, Viv, Vivi.

Vicki, Vicky: unkompliziert, unbeschwert und munter; passt zu nahezu jedem Familiennamen. Kurzform von → Victoria/Viktoria.

Victoria, Viktoria oder **Vikorina, Viktorine:** traditionell; international; ein Klassiker unter den Namen; weibliche Form von Viktor. Aus dem Lateinischen. Bedeutung: siegen. In Frankreich: Victorine; in Italien: Vittoria. Abkürzungen: Kicki, Kieke, Vicki, Vicky, Vif, Vita, Viv.

VORNAMEN: LÄNGST INTERNATIONALISIERT

Der Nachname bleibt einer Familie. Die Vornamen dagegen werden immer seltener von einer Generation an die nächste weitergegeben, sie wechseln laufend. Eltern wählen heute weltweit aus einer Vielfalt von Namen aus: Die Afrikaner bedienen sich bei den Mexikanern, die Schweden bei den Italienern, die Chilenen bei den Indern. Dieser Trend deutet darauf hin, dass neue, unbekannte Namen inzwischen überall ein gutes Prestige zu haben scheinen.

Vilia, Vilja: attraktiv, dynamisch und einprägsam; in unseren Breiten noch weitestgehend unbekannt. Nordisch. Bedeutung: Wille oder Güte.

Viola: ein klassischer, liebenswerter Name; zeitlos; in vielen Ländern bekannt; verträgt sich problemlos mit den meisten Familiennamen. Aus dem Lateinischen. Bedeutung: das Veilchen. In England: Violet, Violett; in Frankreich: Violette; in Italien: Violetta, Violette. Abkürzungen: Letta, Ola, Ota, Vita, Viv.

V

Virginia, Virgenie: elegant und anspruchsvoll; wirkt am besten in Kombination mit einem sehr schlichten oder ebenso anspruchsvollen Familiennamen. Aus dem Lateinischen. Bedeutung: geht auf einen Familiennamen zurück. Abkürzungen: Genia, Gina, Vita.

Vita: ein einfacher, sehr lebendiger Name; ungewöhnlich; passt am besten zu einem schlichten oder besonders klangvollen Familiennamen. Kurzform von → Viktoria.

Viveka, Vivica: schwedisch; hergeleitet von Vibeke/Wibke. Die Silbe »Wig« bedeutet »Kampf«. Abkürzungen: Vif, Vita, Viv, Vivy.

Viviana, Viviane, Vivian: ein internationaler Name. Aus dem Lateinischen. Bedeutung: die Lebhafte. In England und Frankreich: Vivien, Vivienne, Bibiane; in Spanien: Bibiana. Abkürzungen: Ana, Ina, Vif, Viv, Vivy, Vita.

Vivien und **Vivienne:** → Viviana.

Volma: ein friesischer Name; erinnert an den Jungennamen Vollmar. Aus dem Althochdeutschen. Bedeutung: das Volk und berühmt.

Waltraud, Waltraut: ein alter deutscher Name; passt zu fast jedem Familiennamen. Aus dem Althochdeutschen. Bedeutung: herrschen und Kraft. Abkürzungen: Traude, Traudel, Trude, Wally, Wanda, Wandi. Namenstag: 9. April.

Wanda, Vanda: ein voller, angenehmer Klang durch zweimal a; kurz und schlicht; passt nahezu überall. Slawisch. Bedeutung: aus dem Wendland. In Italien und Schweden: Vanda. Abkürzungen: Wandi, Wendy.

Wanja, Vanja, Vania: unkompliziert; passt zu fast allen Familiennamen. Slawisch. Herkunft und Bedeutung nicht bekannt; vielleicht eine Form des männlichen Namens Ivan.

Warja: individuell, attraktiv; Kurzform von Warwara, einem russischen Namen. Verwandt mit → Barbara.

Wencke, Wenke: aus Norwegen; im Niederdeutschen: Weneke oder Wenecke; weibliche Form zu Winemar. Aus dem Althochdeutschen. Bedeutung: Freund und berühmt. Abkürzungen: Ena, Enecke.

Whitney: lässig und leicht wie so viele angloamerikanische Namen; passt am besten zu einem nicht ganz alltäglichen Familiennamen. Aus dem Englischen. Bedeutung: von der weißen Insel. Abkürzung: Nelly.

Wiebke, Wibeke, Wibke, Wiepke, Wipke oder **Wipka:** ein friesischer Name; im Norden bekannt und auch beliebt. Verwandt den Namen mit der Anfangssilbe »Wig« wie zum Beispiel Wigberta. Bedeutung: Kampf. In Dänemark: Vibeke. Abkürzungen: Wika, Wivie, Wivy.

Wieta, Witta, Witte: friesisch. Verwandt den Namen mit der Silbe »Wig«. Bedeutung: Kampf.

Wika: klangvoll, schlicht und einfach; verträgt sich gut mit den meisten Familiennamen. Vielleicht angelehnt an Namen mit der Anfangssilbe »Wig«. Bedeutung: der Kampf.

Wilhelma, Wilhemina, Wilhelmine: ein alter, traditioneller Name; die weibliche Form von Wilhelm. Aus dem Althochdeutschen. Bedeutung: Wille und Helm. In Friesland und im Rheinland: Wellemina; in Spanien: Guillerma; in Frankreich und England: Minette; in England: Wilma; in Ungarn: Vilma. Abkürzungen: Mina, Minja, Minka, Minna, Wemke, Willa, Wilma, Winda.

Wilja: ungewöhnlich, aber nicht abgehoben; liebenswert und kraftvoll; passt zu fast jedem Familiennamen. Ähnlich wie Vilja, ein nordischer Name, bedeutet Wilja »Wille«, »Reichtum« oder »Güte«.

Wilka: friesisch, über Norddeutschland hinaus kaum bekannt; die weibliche Form von Wilko/Wilhelm. Aus dem Althochdeutschen. Bedeutung: Wille und Helm, Schutz. Abkürzungen: Ilka, Winnie.

Wilma, Vilma: englische Kurzform von → Wilhelmina; seit langem verselbstständigt und auch auf dem Kontinent bekannt. Abkürzungen: Ima, Viv.

Wina: einfacher und klarer friesischer Name; verträgt sich gut mit den meisten Familiennamen. Herkunft unbekannt. Wahrscheinlich ursprünglich eine Kurzform von Namen wie Winfrieda / Wiltrud.

Winona, auch Wenona, Wyomia: lässig, international; passt am besten zu einem schlichten, kurzen Familiennamen. Ein amerikanischer, eigentlich indianischer Name. Bedeutung bei den Sioux: erstgeborene Tochter. Abkürzungen: Ina, Mona, Ona, Wen, Wika, Winn, Winny.

Wira: selten, kurz und klar; modern in der Ausstrahlung, einfach in der Schreibweise; guter Klang; mit nahezu jedem Familiennamen problemlos zu koppeln. Aus dem Keltischen. Bedeutung: die Freundliche.

Witta: unkompliziert, selten. Friesisch. Die Anfangssilbe »Wit« bedeutet im Althochdeutschen: der Wald.

Wynne: unverbraucht, beschwingt und heiter; passt besonders gut zu einem norddeutschen Familiennamen. Aus dem Altwalisischen. Bedeutung: blond, hell.

Xaveria: ungewöhnlich; eher selten; die weibliche Variante von Xaver. Ursprünglich ein spanischer Name. Bedeutung: Hinweis auf einen Familiennamen. Im Englischen: Xaviera. Abkürzungen: Ava, Vera, Veria.

Xenia: zeitlos, fern jeden Trends; braucht einen besonders schlichten oder ebenso klangvollen Familiennamen, um gut zu wirken. Aus dem Griechischen. Bedeutung: die Gastfreundliche. Ursprünglich abgeleitet von dem Namen Polyxenia. In der Ukraine: Oxana. Abkürzungen: Nena, Nenia, Xinja.

Xenja: attraktiv und kraftvoll. Russisch. Kurzform von Axinja; verwandt mit → Xenia.

Yaara: ein Name, der von seinem angenehmen Klang und seiner besonderen Ausstrahlung lebt. Herkunft und Bedeutung sind unbekannt.

Yanina: → Janina.

Yara, **Jara:** ein brasilianischer Name, der von seiner klaren Einfachheit und seinem guten Klang lebt. Bezieht sich wahrscheinlich auf den Monat Januar.

Yasmin, **Yasmina**, **Yasmine**, auch **Jasmin**, **Jasmina**, **Jasmine:** sehr dekorativ. Aus dem Lateinischen. Bedeutung: ein Pflanzenname. Im englischsprachigen Raum: Jessamine oder Jessamyne; in Indien: Yasiman. Abkürzungen: Ina, Jesse, Jana, Jane, Mina, Mine, Yana, Yane.

Yedda, **Yetta:** ein unkomplizierter Name, der sich überall anpasst; trotzdem außergewöhnlich und attraktiv. Aus dem Altenglischen. Bedeutung: die Sängerin.

Yella, **Jella:** ein attraktiver, kurzer Name, der sich an jeden Familiennamen anpasst. Ursprünglich Kurzform von Namen mit den Endsilben »iele« wie zum Beispiel Gabriele.

Yelva: nordisch, originell und edel; verträgt sich besonders gut mit einem ebenso schlichten oder ungewöhnlichen Familiennamen. Bedeutung: die einzige Erbin.

Yenna, **Yenny:** Fantasienamen; manchmal werden die Namen als Alternativen zu Jenny oder Jenna verstanden. Aus dem englischen Sprachraum. Ursprünglich eine Kurzform von → Johanna.

Yva: lautmalerisch, poetisch; dabei einfach, schlicht und sehr attraktiv; passt zu den meisten Familiennamen. Ein Fantasiename; wird aber auch als Kurzform von Namen mit der Anfangssilbe »Yv« verstanden.

Yvett, **Yvette**, **Yvetta**, auch **Ivetta**, **Ivette:** französische Namen; die weibliche Form von Yves. Bedeutung: die Eiche.

Im englischen Sprachraum: Yevette. Abkürzungen: Etta, Eta, Iva, Jette, Nette, Yva.

Yvonne oder **Ivonne:** ebenfalls ein französischer Name; weibliche Form von Yvon. Bedeutung: die Eiche; andere Namensforscher sehen eine Verwandtschaft zu dem Namen → Adelheid. Abkürzungen: Iva, Nona, Nonna, Ona, Vonne, Vonny, Yva.

Zahra: märchenhaft, verspielt. Arabisch. Bedeutung: die Blüte. Nicht zu verwechseln mit Sarah oder Zarah.

Zaide, auch **Saide:** ungewöhnlich, poetisch, ausdrucksvoll. Arabisch. Bedeutung: die Glückliche.

Zala, auch **Zalona:** selten; einfach und prägnant; individuell. Bulgarisch. Bedeutung: die Gesunde.

Zarina: wohlklingend; ausgefallen. Ein bulgarischer Name. Bedeutung: der Herrscher.

Zelda: ursprünglich aus England. Kurzform von Griselda. Aus dem Althochdeutschen. Bedeutung: grau und Held.

Zelia: originell, unkompliziert; eine ansprechende Lautmalerei durch die Vokale e, i und a. Erweiterung des männlichen Namens Zelos. Aus dem Griechischen. Bedeutung: bezieht sich wahrscheinlich auf den Gott Zelios.

Zena: ein englischer Name, der überall und immer passt. Kurzform von → Zenobia.

Zenia selten, unkompliziert, sehr attraktiv; verträgt sich problemlos mit den meisten Familiennamen. Verwandt mit dem Namen → Xenia/Xenja. Abkürzung: Zenz.

Zenobia: ungewöhnlich, märchenhaft; braucht einen sehr schlichten oder ähnlich anspruchsvollen Familiennamen, um gut zu wirken; in vielen Ländern bekannt. Aus dem Griechischen. Erinnert an eine Königin. Im Englischen: Zenab, Zenaida; in Frankreich: Zenobie, Zenaide; in Russland: Zenovia. Abkürzungen: Nona, Ona, Zena, Zenz.

Zenta: im Süden deutlich beliebter als im Norden. Kurzform von Namen mit den Endsilben »zenta«, wie zum Beispiel Vinzenta oder Kreszentia.

Zenz kurz und knapp. Ursprünglich eine Kurzform von → Kreszenz. Als Kosename: Zenzi.

Ziena, Zina: friesisch. Kurzform von Namen mit den Endsilben »cina« oder »sina« wie Rosina. Koseform: Zientje.

Zilia, Zilja: attraktiv und kraftvoll. Kurzform von Namen mit der Endsilbe »lia«, wie Cäcilia oder Äcilia. Abkürzungen: Lia, Sissy, Zissy.

Zilla: frech und frisch; passt fast überall und immer. Ursprünglich eine Kurzform von → Cäcilie/Zäzilie.

Zillah: ungewöhnlich, aber nicht abgehoben; zeitlos; mit vielen Familiennamen wirkungsvoll zu kombinieren. Aus dem Hebräischen. Bedeutung: Schutz oder Gesang.

Zina: einfach und klar; passt nahezu immer und überall. Friesisch. Ursprünglich eine Kurzform von Namen mit den Endsilben »sine« wie etwa Gesine.

Zinnia: ein liebenswerter englischer Name; außergewöhnlich, aber nicht zu ausgefallen. Bedeutung: ein Blumenname. Abkürzungen: Nina, Zizzy.

Ziska: fröhlich und frech; mit den meisten Familiennamen gut zu kombinieren. Kurzform von → Franziska.

Zita, Zitta oder **Cita, Citta, Sita:** Kurzform von → Felicitas; oder aus dem Italienischen. Bedeutung: junges Mädchen.

Zoe, Zoé: ungewöhnlich; ein anspruchsvoller, romantischer Name; passt jedoch nicht zu jedem Familiennamen. Aus dem Griechischen. Bedeutung: das Leben. In Spanien: Zoa; im Englischen: Zoë.

Zölestine, Cölestine: ausgefallen; passt nicht zu jedem Familiennamen. Die weibliche Form von Zölestin/Cölestin. Aus dem Lateinischen. Bedeutung: himmlisch. Abkürzungen: Lea, Stine, Tine, Zoe.

Zora: klingt wie Musik; dynamisch, lässt aufhorchen. Kurzform von → Aurora.

Aaron, Aron: ein zeitloser Name, fern jeden Modetrends; heute international. Aus dem Hebräischen. Bedeutung: der Erleuchtete. Abkürzungen: Al, Arri, Arrie.

Abel: schlichter, prägnanter biblischer Name. Aus dem Hebräischen. Bedeutung: die Vergänglichkeit. Abkürzung: Al.

Abraham: ein alter biblischer Name; in den meisten westlichen Ländern bekannt, aber selten benutzt. Aus dem Hebräischen. Bedeutung: Vater der Menge. In Italien: Abramo, Abrahamo; in Spanien: Abrahán; im Arabischen: Ibrahim. Abkürzungen: Abe, Abel, Abi, Bram.

Achaz: ein edler, biblischer Name, der sich am besten mit einem ganz schlichten oder einem ebenso anspruchsvollen Familiennamen kombinieren lässt. Aus dem Hebräischen. Bedeutung: der Herr besitzt. Im Finnischen: Aimo.

Achill, Achilles: ein anspruchsvoller, eleganter Name, der allerdings nicht zu jedem Familiennamen passt. Aus dem Griechischen; Achill war der Held von Troja. In Frankreich: Achille; im Griechenland von heute: Achilleas. Abkürzungen: Ilia, Ilja.

Achim: in vielen Ländern bekannter Name. Abgeleitet vom alten deutschen Namen Joachim. Aus dem Hebräischen. Bedeutung: Jehova richtet auf. In Russland: Akim. Abkürzungen: Aki, Kim.

Adalbert, Adelbert oder **Adelbrecht:** ein zeitloser, klassischer Name, der im Augenblick ein wenig in Vergessenheit geraten ist. Aus dem Althochdeutschen. Bedeutung: edel, vornehm, glänzend. In Italien: Adalberto; in Frankreich: Aubert; in Ungarn: Béla. Abkürzungen: Abel, Abbo, Adi, Al, Bela, Bert. Namenstag: 23. April.

Adam: ein biblischer Name; heute international. Aus dem Hebräischen. Bedeutung: Mensch aus Erde. In Italien: Adamo; in Spanien: Adan; in Portugal: Adao; in Tschechien: Damek. Abkürzung: Odi (in der Schweiz).

Ado: friesisch; klingt weich und warm. Ursprünglich wohl eine Kurzform von Namen mit der Anfangssilbe »Ad« wie zum Beispiel Adelmar.

Adrian, **Adrianus**, **Adriaen:** ein Klassiker; zeitlos, nie ein Modename; von vielen als sympathisch empfunden. Aus dem Lateinischen. Bedeutung: eine Ortsbestimmung. In den Niederlanden: Adriaan, Arian (auch in Ungarn); in Frankreich: Adrien; in Italien und Spanien: Adriano, Adrián. Abkürzungen: Adi, Adri, Ari, Ary.

Adriel: a, e, und i – drei verschiedene Vokale, ein Klang wie Musik; eher selten. Aus dem Hebräischen. Bedeutung: Gottes Erhabenheit. Abkürzungen: Adi, Ady.

Ägid, **Ägidius**, auch **Egid**, **Egidius:** aus dem Griechischen. Bedeutung: der Beschützende. In Frankreich: Gilles; im englischen Sprachraum: Giles; in Italien und Spanien: Egidio; in Spanien auch: Gil; in Schweden: Ilian; in Dänemark: Gilg, Gils oder Jillis; in der Schweiz: Gillian. Abkürzungen: Gil, Gill, Gilles, Ilg, Jil, Jill, Tilg (in den Niederlanden). Namenstag: 1. September.

DER ERSTE EINDRUCK

Wissenschaftler haben herausgefunden, dass Menschen ganz genaue Vorstellungen mit bestimmten Vornamen verbinden. So wird eine Frau mit dem inzwischen fast in Vergessenheit geratenen Namen Elfriede heute beim ersten Kennenlernen eher mit negativen Vorurteilen zu kämpfen haben, während ihre Altersgenossin mit dem Namen Sarah erst einmal Pluspunkte sammelt, weil ihr Name moderner, zeitgemäßer wirkt. Insbesondere Ältere bewerten die Personen auf den ersten Blick positiv, die Namen tragen, die zu ihrer Jugendzeit üblich waren. Jüngere dagegen nehmen dieselben Menschen aufgrund ihres »altmodischen« Namens als weniger ansprechend und kompetent wahr.

Aemilius, Ämilius: Aus dem Lateinischen. Bedeutung: nacheifernd, nachahmend. Kurzformen: Emil, Linus, Lino.

Agilo: angenehm im Klang dank der Vokale a, i und o; zeitlos, fern jeden Trends; braucht einen entsprechend klangvollen Familiennamen, um gut zu wirken. Aus dem Althochdeutschen, abgeleitet von → Agilof. Bedeutung: die Schwertspitze und Wolf. Abkürzung: Gill.

Agilof, Egilof: alte Namen, die heute nicht mehr viel Aufmerksamkeit erfahren. Bedeutung: die Speerspitze und der Wolf. Abkürzungen: Agi, Aggi, Lov.

Aimo, Aino: besonders klangvolle und ungewöhnliche friesische Namen, aber nicht übertrieben originell; passen sogar zu vielen süddeutschen Familiennamen. Finnische Form von → Achaz oder Kurzform von → Heino.

Alart, Alard, Alhard, Adalhard: ungewöhnliche Namen, die vor allem in Norddeutschland bekannt sind. Eine andere Form des Namens Alert. Aus dem Althochdeutschen. Bedeutung: edel, vornehm, stark. In Friesland: Edlard. Abkürzungen: Al, Hardy, Hartl.

Alban: interessanter Name, der fast überall passt. Aus dem Lateinischen. Bedeutung: Mann aus Alba.

Albert: längst ein klassischer Name, der inzwischen wieder häufiger gefragt ist, jedoch kein Modename. Eine Kurzform von Alberich. Aus dem Althochdeutschen. Bedeutung: der Elf. In Italien: Alberto. Abkürzungen: Bert, Abel, Al. Namenstag: 15. November.

Albin: kurzer, prägnanter Name, der fast immer passt. Aus dem Lateinischen. Bedeutung: der Weiße. In Frankreich: Aubin. Namenstag: 1. März.

Albrecht: ein zeitloser, klassischer Name, der immer gefragt ist, aber nicht in Gefahr ist, ein Modename zu werden. Kurzform von → Adalbert/Adalbrecht. Abkürzungen: Abel, Al, Brecht.

Alessandro: → Alexander.

Alessio: ursprünglich eine Kurzform von → Alexander Abkürzungen: Alex, Cio.

Alexander: ein klassischer Name, der in vielen Ländern bekannt und beliebt ist; auf der Hitliste der beliebtesten

A

Jungennamen ganz oben. Aus dem Griechischen. Bedeutung: Beschützer, Verteidiger und der wehrhafte Mann. In Italien: Alessandro; in Schottland: Alsandair, Alister, Alasdair; in Frankreich: Alexandre; in Kroatien: Aleksandar; in Russland: Alekseij, Alexej, Alexandr oder Alexei; im Griechenland von heute: Alexandros; ein Kosename: Aljoscha (aus Russland). Abkürzungen: Alec, Alessio, Alex, Alic, Alik, Alja, Lex, Sander, Sandor, Sandro.

Alexandros, Alexei: → Alexander.

Alexis, Alexius: klassisch; allerdings weniger gefragt als Alexander. Aus dem Griechischen. Bedeutung: beschützen. Wird aber auch als Kurzform von Alexander verstanden. Namenstag: 17. Juli.

Alf, Aalf: früher beliebt, heute weniger gefragt. Nordisch. Eigentlich eine Kurzform von Namen wie → Alfons, Adolf oder → Alfred. Kosename: Alfi.

Alfons: ein alter Name, der heute kaum noch aktuell ist. Aus dem Althochdeutschen. Bedeutung: der Kampf und bereit. In Italien: Alfonso; in Spanien: Alonso; in Portugal: Affonso; in Frankreich: Alphonse. Abkürzungen: Al, Ald, Fons, Fonz. Namenstag: 1. August.

Alfred: ein zeitloser Name, der immer seine Liebhaber findet; seit langem in vielen Ländern bekannt. Ursprünglich aus dem Englischen. Bedeutung: der Elf und der Ratgeber. In Schottland: Ailfrid. Abkürzungen: Al, Fred, Freddie, Freddy. Namenstag: 28. Oktober.

Alister: ein eleganter schottischer Name. Verwandt mit dem Namen → Alexander. Abkürzungen: Al, Alix.

Allen, Alan: klingt locker und lässig; häufig im englischen Sprachraum zu finden, inzwischen jedoch international; passt zu den meisten Familiennamen. Keltisch. Die Bedeutung ist ungewiss. In Frankreich: Alain.

Almar, Almer: selten; passt am besten zu einem schlichten, aber nicht unbedingt alltäglichen Familiennamen. Nordisch. Bedeutung: edel und berühmt.

Almeric: ungewöhnlich, aber nicht übertrieben originell. Aus dem Englischen. Bedeutung: bezieht sich auf den Namen eines alten gotischen Königshauses. Abkürzungen: Al, Eric.

Alois, Aloys, Aloisius: vor allem in Süddeutschland bekannt; wirkt auch am besten in Verbindung mit einem süddeutschen Familiennamen. Aus dem Althochdeutschen. Bedeutung: weise, klug. In Italien: Loisio oder Luigi; in Ungarn: Alajos; in Frankreich: Aloyse. Abkürzung: Lois. Namenstag: 21. Juni.

Alrik: niederdeutsch; passt am besten zu einem typisch norddeutschen Familiennamen. Abgeleitet von Adalrich. Bedeutung: vornehm, edel.

Alvar, Alver: ein herber, schlichter Name; sehr männlich; wirkt am besten mit einem schlichten Familiennamen. Nordisch. Bedeutung: der Elf und der Krieger. Abkürzung: Al, Varus.

Alwir: Ende des 19. Jahrhunderts sehr gefragt; wirkt heute eher altmodisch, was aber manchmal gerade den besonderen Reiz ausmacht. Abgeleitet von Adalwin, einem Namen aus dem Althochdeutschen. Bedeutung: der edle Freund. Im englischen Sprachraum: Alwyn, Elvin, Elwin; in Frankreich: Aloin; in Spanien: Aluino. Abkürzungen: Al, Win.

Amadeus: ein liebenswerter, fröhlicher Name; lange vergessen, jetzt aber wieder sehr im Gespräch; braucht einen ebenso liebenswerten, weichen Familiennamen. Aus dem Lateinischen. Bedeutung: der liebe Gott. In Italien: Amadeo; in Frankreich: Amédé.

Amadeo, Amédé: → Amadeus.

Amalrik: ein interessanter russischer Name, der aufhorchen lässt; selten. Hergeleitet von Amalrich. Aus dem Althochdeutschen. Bedeutung: Erinnerung an ein altes gotisches Königshaus; bedeutet auch: »mächtig« und »reich«. In Frankreich: Amaury; in Italien: Amerigo. Abkürzungen: Amal, Rick, Ricky, Rik.

Amandus, Amand: ein besonders romantischer Name. Aus dem Lateinischen. Bedeutung: liebenswert. Abkürzungen: Mando, Mandus. Namenstag: 26. Oktober.

Amatus: elegant und anspruchsvoll; passt am besten zu einem ebenso anspruchsvollen oder ganz schlichten Familiennamen. Aus dem Lateinischen. Bedeutung: der Geliebte. In Frankreich: Aimé. Abkürzungen: Mani, Matus.

Ambros: ein interessanter, attraktiver Name; wirkt am besten in Verbindung mit einem schlichten oder besonders klangvollen Familiennamen. Aus dem Griechischen. Bedeutung: göttlich. In Italien: Ambrogio oder Ambrosio; in Frankreich: Ambroise; im Englischen: Ambrose. Abkürzungen: Brod, Brogio, Bros. Namenstag: 4. April.

Ambrosius: ein altmodischer Name, unabhängig von jedem Zeitgeist; passt am besten zu einem ganz schlichten, nicht zu langen oder einem besonders klangvollen Familiennamen. Aus dem Griechischen. Bedeutung: der Unsterbliche, der Göttliche. In Italien: Ambrogio, Ambrosio; in Frankreich: Ambroise; im Englischen: Ambrose. Abkürzungen: Ambros, Brosl, Sixt. Namenstag: 7. Dezember.

Amos: schlicht und klar; ein zeitloser biblischer Name. Aus dem Hebräischen. Bedeutung: der Lastträger.

Anastas: ein anspruchsvoller, eleganter Name, der gut zu einem schlichten oder ebenso anspruchsvollen Familiennamen passt. Aus dem Griechischen. Bedeutung: der Auferstandene. Abkürzungen: Anast, Stas, Stanz.

Anatol: ein zeitloser internationaler Name, der nach Süden klingt. Aus dem Griechischen. Bedeutung: aus Anatolien stammend. In Frankreich: Anatole; in Russland: Anatolij. Abkürzungen: Arno, Nolik.

Anders, Andrew: → Andreas.

Andreas: heute ein internationaler Name; sehr beliebt, biblisch. Aus dem Griechischen. Bedeutung: der Tapfere. Im Englischen: Andrew; in Frankreich: André; in Italien: Andrea; in Schottland und Irland: Aindreas; in Skandinavien: Anders; in den Niederlanden: Andrees, Andres, Andries oder Andris; in Russland: Renja; in Polen: Andrzej; in Ungarn: András oder Andor; in Osteuropa: Andrei, Andrej oder Ondra; im Niederdeutschen: Enders oder Endres; in Friesland: Ainers. Einige der hier genannten ausländischen Namen haben sich längst eingebürgert. Abkürzungen: Anders, Andi, Andro, Andy, Anno, Drees, Drewes, Dres, Drew, Dries, Enders. Namenstag: 30. November.

Angelus: poetisch, romantisch; ein alter, fast vergessener Name. Aus dem Griechischen. Bedeutung: der Engel. In

Italien: Angelino, Angelo; in Bulgarien: Anjo. Abkürzungen: Anno, Arlo, Golo, Jojo, Luis.

Anker: ein sehr männlicher, nordischer Name; vor allem in Dänemark sehr beliebt. Bedeutung: Adler und Mann.

Anno: friesisch; eine norddeutsche Variante von Hanno. Kurzform von → Hannibal; wird auch als Kurzform von → Johannes verstanden.

Anselm, Anshelm: ein alter, nie modischer Name; lässt sich mit den meisten Familiennamen gut kombinieren. Aus dem Althochdeutschen. Bedeutung: Gott und der Helm. In Italien: Anselmo. Abkürzungen: Anno, Selmo.

Anthony und **Antoine:** → Anton.

Anton, auch **Antonius:** aus dem Lateinischen. Bedeutung: Name eines römischen Geschlechts. Im Englischen: Anthony; in Frankreich und Amerika: Antoine; in Italien: Antonio, Antonello, Tonio; in Osteuropa: Ante oder Antek; in Tschechien: Antonín; in Ungarn: Antal. Abkürzungen: Toni, Tony, Tünnes. Namenstag: 17. Januar.

Antonio: → Anton.

Archibald: ein traditioneller englischer Name; passt am besten zu einem schlichten, neutralen oder zu einem ähnlich eleganten Familiennamen. Verwandt mit dem Namen Erkenbald. Aus dem Althochdeutschen. Bedeutung: kühn, mutig. Abkürzungen: Archi, Baldo.

Are: ein nordischer, besonders männlicher Name. Das zeigt nicht nur sein herber Klang, sondern auch seine Bedeutung: der Adler.

Arik: kerniger russischer Name; sehr klar und männlich. Eigentlich eine Kurzform verschiedener männlicher A-Namen, zum Beispiel von Alberik.

Arist, Aristid, Aristide: ein eleganter französischer Name; passt am besten zu einem ebenso eleganten Familiennamen. Ursprünglich aus dem Griechischen. Bedeutung: der Vornehmste und die Gestalt. Abkürzungen: Ari, Arri.

Armand: → Hermann.

Armas: leicht und beschwingt; passt gut zu einem schlichten, weniger gut zu einem ganz alltäglichen Familiennamen. Finnisch. Bedeutung: anmutig, lieblich.

Armin, Arminius: ein alter Name; passt zu den meisten Familiennamen. Aus dem Lateinischen. Bedeutung: latinisierte Form eines Vornamens, der mit »Irmin« zusammengesetzt ist; bekannt auch durch den Cheruskerfürsten Arminius; wird fälschlicherweise oft mit dem Namen Hermann übersetzt.

Arn, Arne: nordisch, aber auch außerhalb Skandinaviens inzwischen eingebürgert. Bedeutung: der Adler.

Arnd, Arndt, Arnt, Arend: unterschiedliche Formen eines Namens; passt problemlos zu den meisten Familiennamen. Nordisch. Ursprünglich eine Kurzform von Arnold. Bedeutung: die Vorsilbe »Arn« deutet auf einen Adler hin.

Arno: ursprünglich eine Kurzform von Namen, die mit der Anfangssilbe »Arn« beginnen, inzwischen aber eigenständig. Bedeutung: der Adler. In Frankreich und England: Arnett (Kosename: der kleine Adler).

Arnold, Arnolt: zeitlos, nie im Trend. Aus dem Althochdeutschen. Die Vorsilbe »Arn« deutet auf einen Adler hin. In Friesland: Nolte; in Frankreich: Arnaud; in Italien: Arnaldo oder Arnoldo; in Spanien (Baskenland): Arnot; in Ungarn: Arniko; in Dänemark: Arild. Abkürzungen: Anno, Arne, Arno, Nolde, Nolte, Onno. Namenstag: 18. Juli.

Arnulf: ein alter deutscher Name; bekannt, aber nicht mehr »in«. Aus dem Althochdeutschen. Bedeutung: der Adler und der Wolf. In Frankreich: Arnoul.

Artur, Arthur: ein zeitloser konservativer Name; auch außerhalb Englands bekannt. Aus dem Keltischen. Die Bedeutung ist ungewiss: vielleicht »der Stein«, vielleicht »vornehm« oder »der Bär«. In Italien: Arturo; in Schottland: Artair. Abkürzungen: Art, Turo.

Arv: kurz, knapp und sehr prägnant; verträgt sich gut mit längeren norddeutschen Familiennamen. Nordisch. Die Anfangssilbe »Arn« bedeutet »Adler«.

Arved, Arvid, Arwed: ein klangvoller nordischer Name; passt aber nicht nur zu norddeutschen, sondern auch zu schlichten oder klangvollen süddeutschen Familiennamen; weniger geeignet in Kombination mit ganz alltäglichen Namen. Bedeutung: Adler und weit oder Wald.

Asbjörn: ein schwedischer Name, der gut nach Norddeutschland passt. Die Bedeutung: Gott und Bär. Abkürzungen: Aso, Assa, Björn.

Asgar, **Asger**, **Asker**, **Askil**, **Askild:** nordische, sehr männlich klingende Namen, die »Gott« und auch »Speer« bedeuten. Abkürzungen: Asg, Ask, Assa, Asso.

Ashley: ein anspruchsvoller Name; in Deutschland bisher eher selten. Aus dem Altenglischen. Bedeutung: in der Eschenweide wohnend. Abkürzung: Ash.

Asmund: ein nordischer Name, der sich gut mit kürzeren norddeutschen Familiennamen verträgt. Bedeutung: Gott und Schutz. Abkürzungen: Assa, Asso.

Asthor: ausdrucksvoll und individuell; passt am besten zu einem möglichst neutralen, nicht alltäglichen Familiennamen. Nordisch. Bedeutung der Anfangssilbe »As«: Gott.

Athanasius: ein ungewöhnlicher, ausdrucksstarker Name; verträgt sich am besten mit einen kurzen, ebenso anspruchsvollen Familiennamen. Aus dem Griechischen. Bedeutung: der Unsterbliche. Abkürzungen: Azo, Azzo.

Attila: anspruchsvoll; braucht einen ebenso anspruchsvollen Familiennamen. Ein alter gotischer Name, der sich auf

NORMAL ODER AUSSERGEWÖHNLICH?

Sollen Eltern lieber einen außergewöhnlichen Namen aussuchen, der verspricht, dass ihr Sohn später in der Schule garantiert der einzige Francesco in der Klasse sein wird, dafür aber dauernd gefragt wird: »Wie heißt du? Wie schreibt man das?« Oder sollen sie sich, um allen Komplikationen aus dem Weg zu gehen, lieber gleich für einen Spitzenreiter aus der Liste der beliebtesten Namen entscheiden? Dann besteht jedoch die Gefahr, dass ihre Tochter später eine von vielen Leas sein wird, die nicht erkennt, ob sie gemeint ist, wenn nach ihr gerufen wird.

Um diese Schwierigkeiten zu vermeiden, können sich Eltern für einen Evergreen wie Claudia, Christiane oder Christoph entscheiden. Je praktikabler der Name, desto geringer die Vorurteile und Missverständnisse.

den Hunnenkönig Attila bezieht. Bedeutung: Väterchen. In Italien: Attilo oder Attilio; in Skandinavien: Atle oder Atli. Abkürzungen: Azzo, Till, Tilo, Tillo.

Aubert: → Adalbert.

August, Augustin, Augustus: stand früher hoch im Kurs, jetzt fast verschwunden. Aus dem Lateinischen. Bedeutung: der Erhabene. Im englischen Sprachraum: Austin; in Spanien: Agostin; in Italien: Agostino; in Frankreich: Auguste. Kosenamen und Abkürzungen: Augo, Justus, Stinnes. Namenstag: 27. Mai.

Aurel, Aurelian, Aurelius: klassisch und elegant; wirkt am besten in Verbindung mit einem ebenso anspruchsvollen und eleganten Familiennamen. Aus dem Lateinischen. Bedeutung: der Goldene. In Frankreich: Aurèle; in Italien: Aurelio; in der Schweiz: Orell.

Austen: lässig, locker und modern; ein niederdeutscher Name; edel im Schriftbild und im Klang; passt nicht so gut zu einem ganz alltäglichen Familiennamen. Eine Variante von → August/Augustin.

Austin: → August.

Avery: ungewöhnlich, leicht, neuartig; verwandt mit dem deutschen Namen Alberich. Aus dem Altenglischen. Bedeutung: der Elf und mächtig. Abkürzungen: Avi, Avy.

Axel: seit langem gebräuchlich; ursprünglich aber vor allem in Dänemark und Schweden bekannt. Abgeleitet von dem biblischen Namen Absalom. Aus dem Hebräischen. Bedeutung: Vater ist Friede. In Schweden: Acke; in Dänemark: Aksel. Namenstag: 21. März.

Balder, Baldur: ein alter Name, in den vergangenen Jahrzehnten fast in Vergessenheit geraten. Nordisch. Bedeutung: nach dem Gott des Lichts. Abkürzung: Basko.

Baldewin, Baltwin: aus dem Althochdeutschen. Bedeutung: kühn und der Freund. In den Niederlanden: Balduin oder Boudewijn; im Englischen: Baldwin; in Italien: Baldovino; in Frankreich: Baudouin. Abkürzungen: Balin, Basko, Dino.

Baldo: angenehm im Klang, kurz und einfach in der Schreibweise; ein seltener Name, ausgefallen, aber nicht verkrampft originell; passt problemlos zu den meisten Familiennamen. Friesisch. Bedeutung: angelehnt an Baldur, den nordischen Gott des Lichts; wird auch als Kurzform von Ubald verstanden. Aus dem Althochdeutschen. Bedeutung dann: der Verstand und kühn.

Balduin: → Baldewin.

Baldus: zeitlos; passt gut zu den meisten Familiennamen. Ursprünglich eine Kurzform von männlichen Namen mit der Endsilbe »bald«, wie zum Beispiel Siegbald.

Balthasar: ein klassischer männlicher Name; besonders klangvoll durch ein dreimaliges a; macht sich am besten mit einem ganz schlichten oder ähnlich anspruchsvollen Familiennamen. Aus dem Hebräischen. Bedeutung: Gott (Baal) beschütze sein Leben; auch bekannt durch die Heiligen Drei Könige. In den Niederlanden: Baldus, Balte; in Polen: Balcer. Abkürzungen: Baldus, Balte, Basko. Namenstag: 6. Januar.

Baptist: zeitlos; ein besonderer Name, der allerdings nicht zu jedem Familiennamen passt; biblisch; beliebt auch in Kombination mit dem Namen Johannes. Aus dem Griechischen. Bedeutung: der Täufer. In Frankreich: Baptiste oder Batiste; in Italien: Battista.

Barnabas: ein internationaler Name; anspruchsvoll, braucht deshalb einen ebenso anspruchsvollen Familiennamen. Aus dem Hebräischen. Bedeutung: Sohn des Trostes. Im Englischen: Barnabe, Barnaby oder Barnet (Kurzform); in Frankreich: Barnabé; in Spanien: Barnebás. Abkürzungen: Balte, Barnes, Barnie, Barny, Basko.

Barnd: originell; lässt aufhorchen und macht neugierig. Aus dem Niederdeutschen. Abgeleitet von Bernd, einer Kurzform von → Bernhard.

Barnet: originell; passt problemlos zu den meisten Familiennamen. Aus dem Englischen. Verwandt mit dem Namen → Bernhard. Abkürzung: Barnt.

Bartelt: ein friesischer Name, der herb und männlich klingt. Kurzform von → Bartholomäus. Abkürzung: Bart.

Bartholomäus: ein biblischer Name; unabhängig von jedem Zeitgeist; wirkt am besten in Verbindung mit einem schlichten oder besonders klangvollen, nicht zu langen Familiennamen. Aramäisch. Nach dem Sohn des Tolmai. In Frankreich: Bartholomé; im englischen Sprachraum: Bartholomew; in Italien und Spanien: Bartolomeo; in Italien auch: Barromeo (Kurzform); in Ungarn: Bartosz. Abkürzungen: Barnes, Barthel, Bartel, Barto, Basko, Bay.

Basilius, auch **Basil:** ein klassischer Name, der gut zu einem ganz schlichten oder besonders klangvollen Familiennamen passt. Aus dem Griechischen. Bedeutung: der König. Im Englischen: Basil; in Italien und Spanien: Basilio; in Rumänien: Vasile; in Russland: Vasilij. Abkürzungen: Bay, Vasja. Namenstag: 2. Januar.

Bastian: verspielt und leicht; passt überall. Kurzform von → Sebastian. In Frankreich: Bastien; in Italien: Bastiano. Abkürzungen: Basti, Basto, Bay.

Baxter: ein interessanter Name, der von seinem Klang lebt; lässig, aber nicht zu übertrieben originell. Aus dem Altenglischen. Bedeutung: der Brotbäcker.

Beat, Beatus: vor allem in der Schweiz bekannt. Aus dem Lateinischen. Bedeutung: glückselig.

Beek: originell, macht neugierig; passt am besten nach Norddeutschland. Verwandt mit dem Namen Bertke. Aus dem Niederdeutschen. »Bert« bedeutet glänzend.

Beene, Beeno, Bene oder **Beno:** friesische Namen; frisch und unverbraucht. Auch als Kurzformen von → Benjamin oder → Bernhard bekannt.

Béla: ungarisch. Verwandt mit dem Namen → Adalbert.

Ben: unkompliziert und lässig; passt fast immer. Aus dem Hebräischen. Bedeutung: der Sohn; wird aber auch als Abkürzung von → Benedikt verstanden.

Bendt, Bent: → Benedikt.

Benedikt, auch **Benediktus:** ein Klassiker, zeitlos; passt zu den meisten Familiennamen. Aus dem Lateinischen. Bedeutung: der Gesegnete. In Friesland: Bendiks, Bendix; in Skandinavien: Bendt, Bent; speziell in Schweden: Bengt; in Ungarn: Benedek; in Italien: Benedetto; in Frankreich: Bénédict; in Spanien: Benedicto. Abkürzungen: Beda, Beene, Bengt, Bene. Namenstag: 11. Juli.

Beneke: individuell, aber nicht aufgesetzt; zeitlos; passt zu den meisten Familiennamen. Aus dem Niederdeutschen. Ursprünglich eine Kurzform von Namen mit der Anfangssilbe »Ben«. Abkürzungen: Ben, Bene, Benno, Niko.

Bengt: → Benedikt.

Benito: ein italienischer und spanischer Name. Ursprünglich eine Kurzform von → Benedikt. Abkürzungen: Ben, Bent, Beene, Bene, Beno, Benno, Benny, Bo, Nito.

Benjamin: nach wie vor beliebt; nie in Vergessenheit geraten; passt gut zu den meisten Familiennamen. Aus dem Hebräischen. Bedeutung: Sohn des Glücks. In Italien: Beniamino; in Frankreich: Bénoit. Abkürzungen: Beene, Ben, Benni, Bene, Beno, Benno, Benny.

Bennet, Bennett: international: passt nahezu überall; verträgt sich mit jedem Familiennamen. Aus dem Englischen. Ursprünglich eine Kurzform von → Benedikt; wird aber auch als Kurzform von → Benjamin verstanden.

Benno: schnörkellos und klar; passt gut zu den meisten Familiennamen; ursprünglich eine Kurzform von Namen mit der Anfangssilbe »Ben«.

Bent: kurz und bündig; klingt besonders gut in Kombination mit einem mehrsilbigen Nachnamen. Aus dem Dänischen. Eine Kurzform von → Benedikt; wird auch als Kurzform von → Benjamin verstanden.

Benvenuto: wenig bekannter italienischer Name. Bedeutung: der Willkommene. Abkürzungen: Ben, Bene, Beno, Benno, Bo, Vito.

Berend: sehr männlicher norddeutscher Name; kernig und klar; passt zu den meisten Familiennamen, nicht nur zu norddeutschen. Verwandt mit dem alten deutschen Namen → Bernhard.

Bernd: vor Jahrzehnten sehr gefragt; schon lange kein Hit mehr. Kurzform des alten deutschen Namens → Bernhard. In Dänemark: Bernt oder Bernth.

Bernhard: ein alter deutscher Name; traditionell, unbeeinflusst von Moden. Aus dem Althochdeutschen. Bedeutung: der Bär und stark. In Dänemark: Bernt, Bernth; baskisch: Bernat; in Italien: Bernardo; in Frankreich und England: Bernard; in Ungarn: Bernát. Abkürzungen: Bernie, Bernd. Namenstag: 30. Oktober.

Bertil oder **Bertilo:** ein liebenswerter schwedischer Name; passt nahezu überall. Die Silbe »Bert« bedeutet »glänzend«. Abkürzungen: Bert, Bo, Till, Tilo.

Bertram: ein klassischer Name, der wie viele alte Namen langsam wieder entdeckt wird. Aus dem Althochdeutschen. Bedeutung: glänzend und der Rabe. In Spanien: Beltrán; in Italien: Bertrando; in Frankreich und England: Bertrand; in Frankreich auch: Bertran. Abkürzungen: Ben, Bert. Namenstag: 10. Mai.

Bertrand: ein alter Name; zeitlos, fern jeder Mode; passt fast immer; international. Aus dem Althochdeutschen. Bedeutung: das glänzende Schild. In Italien: Bertrando. Abkürzungen: Ben, Bert, Nando.

Bill: kurz und bündig; passt zu jedem Namen und in jedes Land. Aus dem Englischen. Ursprünglich eine Kurzform von William, → Wilhelm. Kosename: Billy.

Birger: herb und frisch, klingt nach Seewind. Nordisch. Bedeutung: der Helfer, der Beschützer. In Dänemark:

Birge; in Schweden: Börje; eine auch in Norddeutschland bekannte modernere Form: Börge.

Birk: knapp und einfach; verträgt sich besonders gut mit einem längeren, typisch norddeutschen Familiennamen. Hergeleitet von dem Namen → Burkhard.

Björn, auch **Bjarne:** schwedischer Name, inzwischen aber weit über Schweden hinaus beliebt; passt am besten zu einem längeren neutralen oder typisch norddeutschen Familiennamen. Bedeutung: der Bär, bärenstark. In Dänemark: Bjarne; in Island: Bjarni.

Blasius: verträumt und märchenhaft. Wahrscheinlich aus dem Griechischen. Bedeutung: der Königliche. In Frankreich: Blaise. Namenstag: 3. Februar.

B

Bo: kurz und knapp. Aus dem Schwedischen/Dänischen. Bedeutung: der Sesshafte. Auch in China bekannt, Bedeutung dann: wertvoll.

Bob: einfach und unkompliziert; passt zu fast jedem Familiennamen und in jedes Land. Aus dem Englischen. Kurzform von → Robert. Kosename: Bobby.

Bode, Bodo, Bote, Booto oder **Boto:** norddeutsche Namen. Früher »in«, heute deutlich weniger gefragt. Kurzformen von Namen mit der Anfangssilbe »Bod« wie beispielsweise Bodobert. Bedeutung: der Bote.

Börge: → Birger.

Börries: abgeleitet von Liborius. Lateinisch. Bedeutung: einem Gott opfern. Andere Formen: Bories, Borris.

Bogdan: slawischer Name; in Deutschland eher selten. Bedeutung: das Gottesgeschenk. Abkürzungen: Bo, Bob.

Boi, Boie, Boje, Bojo, Boy oder **Boye:** frisch, fröhlich und prägnant; passt besser in den Norden als in den Süden. Friesisch. Abgeleitet von Namen mit der Anfangssilbe »Bod«. Bedeutung: der Bote.

Bojan: einfach und unkompliziert; passt problemlos zu den meisten Familiennamen. Slawisch. Bedeutung: der Barde. Abkürzungen: Bo, Jan.

Bonno, Bonne, Bone, Bonke: beschwingt und lässig; ungewöhnlich, aber nicht übertrieben originell. Friesisch. Bedeutung: das Aufgebot, der Bann.

KEIN TAMTAM UM DEN NAMEN MACHEN

Bei vielen jungen Eltern lässt sich eine Tendenz ganz deutlich erkennen: Sie sind sparsam mit Worten und Silben, auch wenn es um einen Namen für ihr Kind geht. Bloß kein aufwändiges Brimborium! Vor allem praktisch soll er sein und möglichst einstämmig. Deshalb ist Jan heute beliebter als Janpeter und Jenny gefragter als Jeanette.

Borchert, Borchard: kernig und herb. Norddeutsch. Verwandt mit → Burkard. Abkürzungen: Borg, Bork.

Borg, Bork: → Burkard.

Boris: ein slawischer Name, inzwischen aber in vielen Ländern bekannt und beliebt; unkompliziert in der Schreibweise, angenehm im Klang. Ursprünglich Kurzform von Borislaw. Bedeutung: Kampf und Ruhm.

Bosco: ein guter Klang durch zweimal o; unkompliziert in der Schreibweise; verträgt sich gut mit den meisten Familiennamen. Italienisch. Verwandt mit → Burkard.

Bosse, Bosso, Bosco: locker und frisch. Niederdeutsch. Angelehnt an den Namen → Burkard.

Branko: originell und unkompliziert; klangvoll; einfach zu schreiben; lässt sich mit nahezu jedem Familiennamen kombinieren. Slawisch. Ursprünglich eine Kurzform von Namen mit der Anfangssilbe »Bran« wie zum Beispiel Branislaw. Bedeutung: Ruhm, Ehre. Abkürzungen: Arno, Babo, Bo.

Brendan: neuartig und international. Aus dem Englischen. Bedeutung ist unklar. Abkürzung: Brett.

Brian: ein unkomplizierter, internationaler Name; passt besser in den Norden als in den Süden. Aus dem Keltischen. Bedeutung: der Hügel oder die Stärke. In Italien: Briano; in der Bretagne: Brior.

Broder: originell, vor allem in Kombination mit einem norddeutschen Familiennamen. Friesisch/nordisch. Bedeutung: der Bruder. Abkürzung: Bror.

Broer: ziemlich unbekannter norddeutscher Name; klingt interessant; passt am besten zu einem typisch norddeutschen längeren Familiennamen. Wahrscheinlich verwandt mit → Broder/Bror.

Bruce: modern und unkompliziert; international. Aus dem Englischen. Bedeutung: wahrscheinlich früher ein Familienname.

Brunello: wohlklingender italienischer Name. Die männliche Form von Brunella, verwandt mit Brunhilda. Aus dem Althochdeutschen. Bedeutung: die Brünne und der Kampf. Abkürzungen: Bruno, Nello.

Brunke: ein norddeutscher Name; so ungewöhnlich, dass in Süddeutschland nur wenige wirklich etwas damit anfangen können. Die Silbe »brun« bedeutet im Althochdeutschen »braun«.

Bruno: ein alter, lange in Vergessenheit geratener Name; wird jedoch langsam wieder entdeckt. Aus dem Althochdeutschen. Bedeutung: der Bär; wird oft auch als »der Braune« gedeutet. In Italien: Brunone. Eine weitere Form: Brun. Namenstag: 6. Oktober.

Bryan: → Brian.

Bryce: ein sehr ungewöhnlicher nordischer Name; in unseren Breiten eher selten. Bedeutung: der Verwalter.

Burkard, Burkhart oder **Burkhard:** ein alter deutscher Name; heute nicht mehr unbedingt aktuell, die ausländischen Formen des Namens sind inzwischen eher gefragt. Bedeutung: Burg und hart. Amerikanisch: Burt; niederdeutsch: Borchard, Borg, Bork. Namenstag: 14. Oktober.

Burt: → Burkard.

Busse, Busso: originell und selten; klingt einfach gut und passt zu den meisten Familiennamen, auch zu süddeutschen. Friesisch. Kurzform zu → Burkard.

Cäcilius: anspruchsvoll; wirkt besonders gut mit einem sehr schlichten oder klangvollen Familiennamen. Aus dem Lateinischen. Bedeutung: Hinweis auf eine Familie. Abkürzungen: Cecco, Cecil.

Caesar, Cäsar: ein Name mit Vergangenheit. Aus dem Lateinischen. Bedeutung: Hinweis auf das Geschlecht der Julier. In Italien: Cesare; in Frankreich: César.

Calvin: ein unkomplizierter amerikanischer Name, heute international. Bedeutung: bezieht sich auf den Schweizer Religionsreformator. Abkürzung: Can.

Cameron: geheimnisvoll und märchenhaft; nicht ganz alltäglich; passt am besten zu einem betont schlichten oder wohlklingenden Familiennamen. Schottisch. Bedeutung: Hinweis auf eine Familie. Abkürzungen: Cam, Can.

Camill, Camillo, Camillus, auch **Kamill, Kamillo, Kamillus:** klassische, zeitlose Namen; passen weniger gut zu einem eher alltäglichen Familiennamen. Aus dem Lateinischen. Bedeutung: der Ehrbare. In Frankreich: Camille. Abkürzungen: Calle, Kalle, Milo, Millo. Namenstag: 14. Juli.

Candid, Candidus: außergewöhnlich; zeitlos. Aus dem Lateinischen. Bedeutung: der Reine, Aufrichtige. In Frankreich: Candide. Abkürzungen: Can, Cass.

Carlo, Carlos, Carol: → Karl.

Cassian: anspruchsvoll, edel; wirkt am besten in Kombination mit einem betont schlichten oder einem ebenso anspruchsvollen Familiennamen. Aus dem Lateinischen. Bedeutung: ursprünglich ein römischer Familienname.

Cecil: ein anspruchsvoller englischer Name, inzwischen international; braucht einen schlichten oder ebenso klangvollen Familiennamen, um gut zu wirken. Ursprünglich eine Kurzform von Cäcilius. Aus dem Lateinischen. Bedeutung: Hinweis auf eine Familie.

Cedric: ein edler englischer Name; passt weniger gut zu einem alltäglichen Familiennamen. Aus dem Keltischen. Nach dem Gründer der westsächsischen Königsdynastie.

Célestin: ein eleganter französischer Name; verwandt mit Cölestin. Aus dem Lateinischen. Bedeutung: himmlisch. In Italien und Spanien: Celestino; im Englischen: Celestine. Abkürzungen: Celio, Tino.

Cemal: türkischer Name. Aus dem Arabischen. Bedeutung: die Schönheit.

Chaim: in vielen Ländern bekannter Name. Aus dem Hebräischen. Bedeutung: das Leben.

Charles: → Karl.

Charlie, Charly: international, unkompliziert; passt nahezu immer und überall. Eine Kurzform von → Charles/Karl.

Charlton, Carlton: international; passt weniger gut zu einem ganz alltäglichen deutschen Familiennamen. Aus dem Altenglischen. Bedeutung: eine Ortsbezeichnung. Abkürzungen: Cary, Charly.

Chester: international und unverbraucht; passt nicht zu allen Familiennamen. Aus dem Altenglischen. Bedeutung: von der Festung. Abkürzungen: Ches, Chet.

Christer: → Christian.

Christian: traditioneller biblischer Name; sehr beliebt. Aus dem Lateinischen. Bedeutung: zu Christus gehörend. In Italien: Cristiano; in Frankreich: Chrestien; in Dänemark: Christen oder Christiern; in Schweden: Christer oder Krister, Kristian (diese Schreibweise ist auch in Amerika und Russland üblich); in Island: Kristján; in den Niederlanden: Christiaan; in Bulgarien: Christo. Abkürzungen: Cris, Chris, Kristo, Kren. Namenstag: 21. März.

Christo: → Christoph.

Christoph, Christof, Cristof, Christopher, Christoffer: aus dem Griechischen. Bedeutung: der Christusträger. In den Niederlanden und in Norddeutschland: Christoffer; in Nordeuropa: Kristof; in Dänemark auch Kristoffer; in Italien: Christoff oder Christoforo, Cristoforo; in Spanien: Cristóbal; in Frankreich: Christophe; im Englischen: Christopher; in Bulgarien: Christo; in Polen: Krysztof. Kosenamen: Christoffel, Kristoffel. Abkürzungen: Chris, Kris, Risto, Stoffel, Stoffer, Toff. Namenstag: 24. Juli.

Chrysant, Crysanth: ausgefallen; nicht mit jedem Familiennamen gut zu kombinieren. Aus dem Griechischen. Bedeutung: Goldblume. Abkürzungen: Chris, Chrys, Santo.

Clark: ein amerikanischer Name; kurz und knapp; passt in jedes Land und zu den meisten Familiennamen. Aus dem Lateinischen. Bedeutung: der Geistliche, der Gebildete.

Clas, Claas, Klas oder **Klaas:** vor allem in Norddeutschland beliebt. Kurzformen von → Nikolaus.

Claude, Claudio: → Claudius.

Claudius, Klaudius: klassisch; passt zu einem schlichten oder zu einem besonders klangvollen Familiennamen; die männliche Form von Claudia. Aus dem Lateinischen. Bedeutung: der Hinweis auf eine Familie. In Frankreich: Claude; in Italien: Claudio. Abkürzungen: Claus, Dio.

Clemens, auch **Klemens, Klemenz:** traditionell; in vielen Ländern bekannt; passt zu den meisten Familiennamen. Aus dem Lateinischen. Bedeutung: gütiges, sanftes Wesen. Im Englischen: Clement; in Frankreich: Clément; in Italien und Spanien: Clemente; in Dänemark: Clemmen; in Osteuropa: Klement, Kliment. Abkürzungen: Cleve, Kleve. Namenstag: 15. März.

Clifford: unkompliziert und frisch wie viele andere anglo-amerikanische Namen auch. Aus dem englischen Sprachraum. Bedeutung: eine Ortsbestimmung. Abkürzungen: Cliff, Ford.

Clinton: unkompliziert, lässig und modern; passt in jedes Land, aber nicht zu jedem Familiennamen. Aus dem Altenglischen. Bedeutung: von der Landspitze.

DIE BELIEBTESTEN NAMEN EUROPAS

Die Geschmäcker in puncto Vornamen sind in Europa erstaunlicherweise gar nicht so verschieden. Die europaweit häufigsten Namen sind

➤ bei den Jungen: Lukas, Lucas, Luca, Luke
➤ bei den Mädchen: Maria, Marie, Mary, Marija.

Colin: ein englischer und französischer Name, der zu jedem Familiennamen passt. Bedeutung: der Welpe. Wird auch als Kosename von → Nikolaus verstanden.

Conrad, Konrad, Conradin, Konradin: ein alter deutscher Name; durch die Jahrhunderte gleich bleibend beliebt; passt fast immer. Bedeutung: kühn und der Ratgeber. In Dänemark: Kord; in den Niederlanden: Koenraad, Conradus; in Italien: Corrado; in Spanien: Conrado; in Russland: Kondrat. Abkürzungen: Con, Conni, Connie, Conny, Conz, Cuno, Kon, Konni, Konny, Kono, Kuno, Kunz. Namenstag: 26. November.

Constantin, Constantinus, auch **Konstantin, Konstantinus:** ein zeitloser, zunehmend beliebter Name; macht sich am besten mit einem nicht zu langen, neutralen oder besonders klangvollen Familiennamen. Aus dem Lateinischen. Bedeutung: der Standhafte. Im Englischen: Constantine; in Italien: Constantino, Costantino oder Costante; in Osteuropa: Kostadin, Kostatin, Kosta; in Griechenland: Kostas. Abkürzungen: Con, Connie, Conny, Conz, Costa, Konny, Kosta, Kostja, Tino, Tintin.

Conz, Chonz: kurz und knapp, unkompliziert; wirkt am besten in Kombination mit einem längeren Familiennamen. Kurzform von Namen mit der Anfangssilbe »Con«.

Cornel, Cornell: → Cornelius.

Cornelius, Kornelius: ein klassischer Name; traditionell; passt zu den meisten Familiennamen. Aus dem Lateinschen. Bedeutung: aus dem Geschlecht der Cornelier stammend. In den Niederlanden: Chrilles, Crilles, Corneel oder Cornelis; in Italien und Spanien: Cornelio; in Ungarn: Kornel. Abkürzungen: Cornel, Cornell, Kees, Kornel, Nelson, Niels, Nils. Namenstag: 16. September.

Cosimo, Kosimo: italienisch, heute international; angenehmer Dreiklang durch die Vokale o, i, o; ein romantischer, ungewöhnlicher Name, der am besten mit einem ebenso lautmalerischen Familiennamen wirkt. Verwandt mit dem Namen → Kosmas/Cosmas.

Crispin, Crispinus, auch **Krispin, Krispinus:** ein internationaler, fröhlicher, beschwingter Name; passt am besten zu einem neutralen oder besonders klangvollen Familiennamen. Aus dem Lateinischen. Bedeutung: kraushaarig. In den Niederlanden: Krispijn; in Frankreich: Crépin; in Spanien: Crispo; in Italien: Crispino (als Kosename); in Amerika: Crispus. Abkürzungen: Cri, Cris, Cricri, Kriss, Pino. Namenstag: 25. Oktober.

Curtis: international, modern und unkompliziert; passt gut zu einem neutralen Familiennamen. Aus dem Englischen/Französischen. Bedeutung: höflich.

Cyprian, Zyprian: märchenhaft und verspielt; anspruchsvoll; passt nicht zu jedem Familiennamen. Aus dem Griechischen. Bedeutung: bezieht sich auf die Bewohner von Zypern. In Spanien: Cipriani; in Frankreich: Cyprien.

Cyriac: kein alltäglicher Name; passt am besten zu einem neutralen oder besonders klangvollen Familiennamen. Aus dem Griechischen. Bedeutung: dem Herrn gehörend. In den Niederlanden: Cyriel. Abkürzungen: Cyri, Rico.

Cyrill, Cyrillus, Kyrill: edel und sehr individuell; am besten mit einem schlichten oder klangvollen, eleganten Familiennamen zu kombinieren. Aus dem Griechischen. Bedeutung: der rechte Herr. Im Englischen: Cyril; in Spanien: Ciril; in Bulgarien: Kiril. Namenstag: 14. Februar.

Cyrus: edel und anspruchsvoll. Am besten mit einem schlichten Familiennamen zu kombinieren oder mit einem ähnlich ausdrucksvollen. Aus dem Griechischen. Bedeutung: Bezeichnung für die Sonne. In Spanien: Ciro.

Dacey: im deutschsprachigen Raum eher selten. Aus dem Gälischen. Bedeutung: aus dem Süden stammend, Südländer. Abkürzung: Dag.

Dagfin, Dagfinn: selten und neuartig; mit den meisten Familiennamen problemlos zu kombinieren. Aus dem Nordischen. Bedeutung: der Tag. Ein Kosename: Dagino. Abkürzungen: Dag, Dagh, Dan, Fin, Finn.

Damian: selten, individuell; in vielen Ländern bekannt; mit den meisten Familiennamen zu koppeln. Aus dem Griechischen/Lateinischen. Bedeutung: bändigen oder der Erfolg. In Italien: Damiano; im Griechenland von heute: Damianos; in Frankreich: Damien. Abkürzungen: Dam, Dan, Mio. Namenstag: 26. September.

Daniel: ein biblischer Name; steht auf der Hitliste der beliebtesten Namen weit oben. Aus dem Hebräischen. Bedeutung: Gott ist mein Richter. In Italien: Daniele, Daniello oder Danello; im Englischen: Dan, Danny; in Russland: Danii, Danila; in Spanien: Danilo; serbokroatisch: Danko, Tanko; in Serbien: Dane; in Ungarn: Dános. Abkürzungen: Dan, Dani, Dano, Danny.

Danko: → Daniel.

Dankrat, Dankrad: ein alter deutscher Name; heute weniger aktuell. Aus dem Althochdeutschen. Bedeutung: der Dank, der Gedanke, der Rat, der Ratgeber.

Darius: ein klassischer, eher seltener Name. Aus dem Lateinischen. Bedeutung: der Mächtige. In Italien und Spanien: Dario. Abkürzungen: Dan, Dany, Dae.

David: ein bekannter und beliebter biblischer Name; passt immer und überall. Aus dem Hebräischen. Bedeutung: Vielgeliebter. In Italien: Davide; im Englischen auch Dave; in Arabien: Daoud. Abkürzungen: Dany, Taffy.

Dean: neuartig und unkompliziert; lässt sich mit den meisten Familiennamen gut kombinieren. Aus dem Englischen. Bedeutung: der Älteste.

Debald, Debold, Dewald: norddeutsche Namen. Verwandt dem alten deutschen Namen Dietbald. Bedeutung: das Volk und kühn.

Dederik: passt am besten an die Nord- oder Ostsee und zu einem typisch norddeutschen Familiennamen. Abgeleitet von → Dietrich.

Dedo: unkompliziert und locker; passt zu den meisten Familiennamen. Norddeutsch. Verwandt allen Namen mit der Anfangssilbe »Diet«. Bedeutung: das Volk.

Deik: friesisch; kurz, knapp und angenehm; macht sich besonders gut mit einem längeren, typisch norddeutschen Familiennamen. Ist allen Namen mit der Anfangssilbe »Diet« verwandt. Bedeutung: das Volk.

Demetrius: ein außergewöhnlicher und anspruchsvoller Name. Aus dem Griechischen. Bedeutung: Hinweis auf die Göttin Demeter. In Italien: Demetrio; in Frankreich: Demetre. Abkürzungen: Demel, Tio.

Denis, Dennis: zeitgemäß, unkompliziert und beliebt; passt fast immer und überall. Aus dem Englischen/Französischen; ursprünglich aus dem Griechischen/Lateinischen. Bedeutung: dem Gott Dionysos gewidmet. Andere Formen des Namens: Dionys, Dionysius. In den Niederlanden: Denys; in Frankreich: Dénis; in Ungarn: Denes; im Griechenland von heute: Dionysios. Abkürzungen: Dion, Nies, Nis, Onno. Namenstag: 26. Februar.

Deniz: ein türkischer Name; passt zu den meisten Familiennamen. Bedeutung: zum Meer zählend.

Derek, Derk, Derik: frisch und sehr norddeutsch im Klang. Friesisch. Mit dem alten deutschen Namen Dietrich verwandt. Bedeutung: der Volksherrscher.

Derrick, Derrik: neuartig; selten, aber nicht abgehoben. Englisch. Verwandt mit den Namen Derek, Derk und Dietrich. Bedeutung: der Volksherrscher.

Desiderius: ein gewichtiger Name; leichter und fröhlicher sind die ausländischen Varianten. Aus dem Lateinischen.

Bedeutung: der Erwünschte. In Frankreich: Didier und Désiré; in Italien: Desiderio.

Deterd, Detert oder **Dethard:** niederdeutsch. Besondere Formen von dem alten Namen Diethard. Bedeutung der Anfangssilbe »Diet«: das Volk.

Detlef, Detleph, Detlev oder **Dedlev:** ein alter deutscher Name, der mit der Zeit ziemlich aus der Mode gekommen ist. Bedeutung: Volk und Erbe. Die nordische Form: Detlof; in Dänemark: Tjelle. Zeitgemäßere Abkürzungen: Delf, Dedo, Tialf, Tiark, Tjalf (die letzten drei Namen sind vor allem in Friesland bekannt).

Detlof: → Detlef.

Detmar: ein alter germanischer Name; traditionell. Verwandt mit → Dietmar. Abkürzungen: Tedo, Temmo.

Dido, Diddo: verspielt, locker und ungezwungen. Friesisch, aber nicht nur auf Norddeutschland beschränkt. Ursprünglich Abkürzungen von Vornamen mit der Anfangssilbe »Diet«. Bedeutung: das Volk.

Diederik: unverbrauchter niederländischer/friesischer Name; lässiger als Dietrich. Aus dem Althochdeutschen. Bedeutung: der Volksherrscher. Abkürzungen: Derik, Dido, Diedo, Dirk, Rick, Rik, Ricky.

Diego: → Jakob.

Dieko, Dieke, Dike: ostfriesische Namen, die gut in die norddeutsche Landschaft passen, vor allem in Kombination mit einem norddeutschen Nachnamen.

Dieter, Dietert: ein alter deutscher Name; früher häufig, heute eher selten. Bedeutung der Anfangssilbe »Diet«: das Volk. Friesisch: Deter. Abkürzungen: Diddo, Dirch.

Dietmar, Ditmar, Dittmar oder **Dittmer:** traditionelle Namen; passen zu den meisten Familiennamen. Aus dem Althochdeutschen. Bedeutung: das Volk und berühmt. In Friesland: Tjammer. Beliebte Abkürzungen: Diemo, Dimo, Tedo, Temmo, Thiemo, Tim, Timmi, Timmo, Tjark. Namenstag: 5. März.

Dietrich: ein alter deutscher Name, heute ein wenig aus der Mode gekommen. Bedeutung: das Volk und mächtig. Norddeutsche Varianten des Namens: Dederik, Diderik,

D

Diederik; in Frankreich: Thierri, Thierry. Abkürzungen: Diddo, Didi, Dietz, Dirch, Tiemo, Tjark, Tjerk.

Dimitri, Dimitrij: russisch, aber über Russland hinaus bekannt. Verwandt mit dem Namen → Demetrius. Im Griechenland von heute: Dimitrios. Abkürzungen: Dima, Dimi, Mitja, Mito.

Dino: moderner, unkomplizierter italienischer Name; angenehmer Klang. Ursprünglich eine Kurzform von Namen mit den Endsilben »ino« wie zum Beispiel Constantino; inzwischen aber verselbstständigt.

Dionys, Dionysius: → Denis.

Dirk, Dierk: norddeutsche Namen; kurz und bündig; passen deshalb gut zu längeren Familiennamen mit norddeutschem Klang. Kurzformen von → Dietrich.

Ditmer, Detmer: traditioneller friesischer Name; zeitlos und nicht in Gefahr, ein Modename zu werden. Verwandt mit dem Namen → Dietrich.

Dominik, Dominic, Dominikus: aus dem Lateinischen. Bedeutung: Gott gehörend. In Italien: Domenico; in Spanien: Domingo; in Frankreich: Dominique; in Ungarn: Domokos, Domonkos oder Doman; slawisch: Domha; im Englischen: Dominic. Abkürzungen: Dino, Dinko, Doman, Domos, Dunko, Mingo, Minko. Namenstag: 8. August.

Donald: locker, lässig und unkompliziert; passt meistens; in vielen Ländern bekannt. Aus dem Keltischen. Bedeutung: der Weltherrscher. In Italien: Donatello. Abkürzungen: Don, Dony, Doto, Naldo.

Donat, Donatus: selten, zeitlos, traditionell; am besten mit einem schlichten, neutralen oder einem klangvollen Familiennamen zu kombinieren. Aus dem Lateinischen. Bedeutung: von Gott gegeben. In Italien: Donato oder Donatello; in Frankreich: Donatien; im Englischen: Donet. Abkürzungen: Don, Dony, Nado.

Donavan: für Irlandliebhaber. Aus dem Keltischen. Ein Name mit einer beunruhigenden Bedeutung: der finstere Krieger. Abkürzungen: Don, Doto, Van.

Dorian, Dorien: ein romantischer englischer Name; passt gut zu einem schlichten, neutralen oder besonders klangvollen Familiennamen. Ursprünglich aus dem Griechischen. Bedeutung: dem Stamme der Dorier angehörig. In Italien Doriano. Abkürzungen: Dony, Rico.

Dorus: zeitgemäß; einfach in der Schreibweise; guter Klang; angenehme Ausstrahlung; passt am besten zu einem schlichten Familiennamen. Niederländisch. Ursprünglich ein Kosename von → Theodor.

Douglas: lässig und ungezwungen; braucht allerdings einen passenden Familiennamen, um gut zu wirken. Aus dem Englischen/Keltischen. Bedeutung: vom dunklen Wasser, dunkelblau. Abkürzung: Doug.

D

Douwe: ein origineller friesischer Name, der neugierig macht; passt gut zu Familiennamen mit norddeutschem Klang. Herkunft und Bedeutung sind ungewiss.

Dragomir: seltener slawischer Name; braucht einen entsprechenden Familiennamen, um wirklich gut zu wirken. Bedeutung: lieb, teuer und der Friede. Abkürzungen: Dag, Dragan, Drago.

Drees, Dries, Drewes: ein niederländischer und friesischer Name; sehr selten, aber schön kurz und unkompliziert; macht sich gut mit längeren, typisch norddeutschen Familiennamen. Verwandt mit → Andreas.

Dustin: in vielen Ländern bekannt; verträgt sich jedoch nicht mit jedem deutschen Familiennamen. Aus dem Englischen. Bedeutung: der Tapfere.

Dwayne: interessant und ungewöhnlich; macht neugierig; verträgt sich mit den meisten deutschen Familiennamen. Aus dem Irischen/Gälischen. Bedeutung: der kleine Finsterling. Abkürzungen: Wayn, Winn, Wyn.

Ebbo, Ebo, Eppo: plattdeutsche Töne; sehr norddeutsch. Verwandt mit dem alten deutschen Namen → Eberhard.

Ebel, Ebeling: ungewöhnlich; harmoniert aber trotzdem gut mit den meisten Familiennamen. Verwandt mit dem Namen Abel. Aus dem Griechischen. Bedeutung: der Hauch, die Vergänglichkeit.

Eberhard, Eberhart, Everhard: ein alter deutscher Name; früher sehr beliebt, heute weniger aktuell. Aus dem Althochdeutschen. Bedeutung: der Eber und hart. In Italien: Everardo; in den Niederlanden: Everhart; in Frankreich: Evraud; in der Schweiz: Abi. Abkürzungen: Ebi, Hartl, Jorit, Jorrit. Namenstag: 9. Januar.

Ecke, Ecko, Eeke, Eeko, Eke, Eko, Ekke oder **Ekko:** friesische Namen; passen besonders gut in nordische Gefilde und zu den entsprechenden Nachnamen. Kurzformen von Namen mit den Anfangssilben »Eber«. Bedeutung: der Eber.

Eckehard: ein alter Name; vor Jahrzehnten recht beliebt, inzwischen selten. Aus dem Althochdeutschen. Bedeutung: die Schwertspitze und hart. Friesisch: Edsardt, Edsart, Edsert, Edzard, Edzart. Abkürzungen: Egge, Eggo, Hartl.

Edgar: aus dem englischen Sprachraum, aber in vielen Ländern bekannt. Bedeutung: der Besitz und der Speer. In Italien: Edgaro. Abkürzungen: Ed, Ede, Edo, Eddie, Eddy.

Edmond, Edmund: traditionell; passt zu fast jedem Familiennamen. Aus dem Englischen, aber auch in Frankreich und den Niederlanden bekannt. Bedeutung: das Erbgut, der Schutz. In Italien: Edmondo; in Irland: Eamon, Eamonn. Abkürzungen: Ed, Ede, Eddie, Eddy, Ned.

Eduard: klassisch, zeitlos, traditionell. Verwandt mit Edward. Bedeutung: der Besitz, der Hüter. Abkürzungen: Ed, Eddie. Namenstag: 13. Oktober.

Edward: traditionell, fern jeden Modetrends. Aus dem Englischen. Bedeutung: der Beschützer. In Schweden und Norwegen: Edvard; in Portugal: Duarte; in Frankreich: Édouard; in Spanien: Eduardo; in Italien: Edoardo. Abkürzungen: Ed, Eddy, Edo, Eddo, Edy, Ned, Ted.

Edwin: ein alter Name, was vielleicht seinen besonderen Reiz ausmacht. Aus dem Englischen. Bedeutung: der Besitz und der Freund. In Spanien und Italien: Eduino. Abkürzungen: Edik, Win, Winn. Namenstag: 12. Oktober.

Edzard, Edzart: → Eckehard.

Eeke, Eeko, Eerke oder **Eerko:** norddeutsche Namen. Verwandt mit Namen wie Eckart; hergeleitet von → Eckehard.

Eeske: friesischer Name, der von seinem Klang lebt. Herkunft und Bedeutung sind ungewiss.

Egbert: heute fast in Vergessenheit geratener germanischer Name; passt zu nahezu jedem deutschen Familiennamen. Verwandt mit dem Namen Eckbert. Aus dem Althochdeutschen. Bedeutung: Spitze einer Waffe und glänzend. Abkürzungen: Bert, Egge, Eggo.

Eggert: friesisch; am besten mit einem norddeutschen Familiennamen zu kombinieren. Verwandt mit Eckhard. Bedeutung: die Spitze einer Waffe und hart.

Egil: ein ziemlich unbekannter, alter deutscher Name. Hergeleitet von Eilbert/Agilbert. Aus dem Althochdeutschen. Bedeutung: die Schwertspitze und glänzend.

Egilo: eigentlich eine Kurzform von → Ägidius/Egidius.

Egilof, Eglof, Egloff, auch **Agilof, Egolf:** interessante alte Namen, die heute allerdings nicht mehr viel Aufmerksamkeit erfahren. Bedeutung: die Speerspitze und der Wolf. Abkürzungen: Agi, Aggi, Ehm, Lof.

Egino: ein klangvoller, alter deutscher Name; eher unbekannt. Ursprünglich eine Kurzform von Eginolf. Bedeutung: die Spitze einer Waffe und der Wolf. Abkürzungen: Agi, Ehm, Gino.

Egli: ein Name aus der Schweiz. Eine Kurzform von Egon, hergeleitet von → Egino.

Egmund, Egmond, Egmont: früher gefragt, heute weniger aktuell. Neuere Formen des alten Namens Agimund. Bedeutung: Schwertspitze und Schutz. Abkürzungen: Ehm, Monty, Monte.

Egon: vor Jahrzehnten sehr gefragt, dann kaum noch wahrgenommen. Verwandt mit dem Namen Egino. Bedeutung der Anfangssilben »Egin«: die Schwertspitze.

Ehlert: außergewöhnlich; passt am besten nach Norddeutschland. Verwandt den Namen → Eilhard/Agilhard.

Ehm: kurz, knapp und prägnant; wirkt am besten mit einem längeren neutralen oder typisch norddeutschen Familiennamen. Friesisch. Aus dem Althochdeutschen. Verwandt den Namen mit den Silben »Egin« und »Ein«. Bedeutung: die Speerspitze.

Ehrhard, Erhard, Erhart: ein alter, früher beliebter Name, heute fast schon ungewöhnlich. Aus dem Althochdeutschen. Bedeutung: die Ehre und hart. Kurzform: Hardy. Namenstag: 8. Januar.

Eike, Eiko, auch **Aike, Aiko:** friesische Namen; Musik in den Ohren von Norddeutschlandfans. Kurzformen zu Namen mit der Anfangssilbe »Eg«. Bedeutung: die Schwertspitze. Namenstag: 20. Dezember.

Eilard, Eiler, Eilert, Eilhard: nordische Namen, die an Wind und Wattenmeer erinnern. Abgeleitet von Agilhard. Aus dem Althochdeutschen. Bedeutung: die Schwertspitze und hart, stark.

Eilef, Eilev, Eilif, Ejlef oder **Eylef, Eylev, Eylif:** Namen, die in unseren Ohren fremd, aber auch interessant klingen. Nordisch. Bedeutung: der ewig Lebende. Abkürzungen: Eimo, Lef, Lefko, Lev.

Eiliko: weckt Neugier; passt aber sicherlich am besten nach Norddeutschland. Friesisch. Abgeleitet von Agilhard, einem Namen aus dem Althochdeutschen. Bedeutung: Speerspitze und hart. Abkürzungen: Iko, Liko.

Eimt: friesisch; passt in seiner Kürze zu einem längeren norddeutschen Nachnamen; sehr ungewöhnlich. Wahrscheinlich eine Kurzform von männlichen Namen mit der Anfangssilbe »Eil«. Bedeutung: die Schwertspitze.

Einar, Einer, Einert, Eint, Ejnar oder **Ejner:** nordische Namen, ursprünglich isländisch; lassen sich am wirkungsvollsten mit norddeutschen Familiennamen kombinieren. Bedeutung: der allein kämpft.

Eisso: klangvoll; eindeutig norddeutsch. Wahrscheinlich eine Kurzform von männlichen Namen mit der Anfangssilbe »Eil«. Bedeutung: die Schwertspitze. Abkürzung: Eit.

Elaf, Elef: ungewöhnlicher nordischer Name. Erinnert an Olaf. Bedeutung: alleiniger Erbe.

Elbert: eine schlichtere Fassung von Egilbert. Aus dem Althochdeutschen. Bedeutung: die Schwertspitze und glänzend. Abkürzungen: Bert, El.

Elert: norddeutsch. Hergeleitet von alten Namen wie Eilert oder Eilhard. Aus dem Althochdeutschen. Bedeutung der Anfangssilbe »Eil«: die Schwertspitze.

Elger: friesisch. Kurzform von Namen mit der Anfangssilbe »Eil«. Bedeutung: die Schwertspitze.

Elia, Elias, Elija: ein seit einiger Zeit zunehmend gefragter biblischer Name. Aus dem Hebräischen. Bedeutung: Gottes Fürsorge. In Italien: Elia, Eliano; in Frankreich: Élie; im Englischen: Ellis; in Russland: Ilia, Ilja, Ilija. Abkürzungen: Elis, Lias. Namenstag: 24. März.

Eligius: außergewöhnlich; passt am besten zu einem ebenso außergewöhnlichen Familiennamen. Aus dem Lateinischen. Bedeutung: der Auserwählte. In Frankreich und England: Eloi; in Spanien: Eloy. Abkürzungen: Eli, Gus, Ligius, Ligus.

ORIGINELLE NAMEN

Schon im 12. Jahrhundert war es im deutschen Adel Mode, auf Namen aus anderen Kulturen zurückzugreifen, die sich zum Teil später in Deutschland eingebürgert haben. Die meisten Menschen hielten jedoch damals an dem Gewohnten fest. So teilten sich jahrhundertelang zwei Drittel aller Männer die Namen Johann/Johannes, Heinrich und Wilhelm. Diese Haltung hat sich inzwischen jedoch stark verändert. Der Anteil an »fremden« Namen, die weder dem christlichen noch dem deutschen Kulturkreis entstammen, ist im vergangenen Jahrzehnt auf etwa 60 Prozent gestiegen.

Eliodoro: klangvoll und ausgefallen; passt am besten zu einem ebenso klangvollen Familiennamen. Italienisch und spanisch. Verwandt mit Heliodoros. Aus dem Griechischen. Bedeutung: Geschenk der Sonne. Abkürzungen: Elio, Dorus.

Elko: friesisch. Kurzform von Namen mit der Anfangssilbe »Elk« oder »Alk«. Bedeutung: edel.

Elmar, Ellmar, Elimar, Almar: bezieht sich auf Egilmar/Adelmar. Aus dem Althochdeutschen. Bedeutung: entweder Schwertspitze, berühmt oder edel. In Schweden: Elmer; die englische, friesische, schwedische Form: Elmo.

Elmo: ein spanischer/italienischer Name. Kurzform von → Erasmus/Erasmo. Aus dem Griechischen. Bedeutung: liebenswürdig; auch die englische, friesische, schwedische Form von → Elmar.

Elof, Eloff, Eluf, Elov: nordisch herb; passt gut zu einem längeren Familiennamen. Bedeutung: alleiniger Erbe. In Dänemark: Eluf. Abkürzungen: Eli, Elo, Loff, Loffe, Luf.

Elroy: nicht alltäglich; verträgt sich am besten mit einem schlichten oder besonders ausgefallenen Familiennamen. Aus dem Englischen/Spanischen. Bedeutung: der König. Abkürzungen: El, Roy.

Elso: friesischer Name; passt auch besonders gut zu typisch norddeutschen Familiennamen. Verwandt mit Namen mit den Anfangssilben »Adal«. Bedeutung: edel.

Elton: modern und ungezwungen; am besten mit einem neutralen Familiennamen zu kombinieren. Aus dem Englischen. Bedeutung: einst ein Familienname.

Elvin, Elwin: traditioneller englischer Name; nicht zu ausgefallen; vor allem in Norddeutschland bekannt. Abgeleitet von → Alwin/Adalwin. Abkürzungen: Win, Winn.

Emanuel: ein alter biblischer Name mit besonderem Reiz; passt gut zu einem kürzeren Familiennamen. Aus dem Hebräischen. Bedeutung: Gott mit uns. Im englischen Sprachraum: Emmanuel; in Italien: Emanuele. Abkürzungen: Emo, Emmo, Manuel, Mendel.

Emeram, Emmeram: ein alter Name, selten. Die Herkunft ist nicht eindeutig geklärt. Erinnert im Althochdeutschen an einen Raben. Abkürzungen: Emo, Emmo.

Emerich, Emmerich, auch **Emrich:** ein alter deutscher Name; fern jeder Mode. Bedeutung: Hinweis auf eine Familie und reich, mächtig. Im Englischen: Emmery, Emory; in Frankreich: Emry. Abkürzungen: Amy, Emo, Emmo, Rich, Rick, Rik. Namenstag: 5. November.

Emil, Emilian: früher sehr beliebt, heute eher selten. Abgeleitet von dem lateinischen Namen Aemilius. Bedeutung: aus dem Geschlecht der Aemilier, der Eifrige. In Frankreich: Émile, Emilien; in Italien und Spanien: Emilio, Emiliano; im Englischen: Emilian; im Slawischen: Milo, Milko. Abkürzung: Emo. Namenstag: 10. März.

Emmo, Eme oder **Emo:** Musik in den Ohren überzeugter Norddeutscher. Ursprünglich eine Abkürzung von Namen mit der Silbe »irm« die »groß« bedeutet; wird auch als eine Kurzform von Emerich verstanden.

Enders, Endres: niederdeutsch, vor allem im Norden bekannt; passt zu den meisten Familiennamen. Eine Nebenform von → Andreas. Abkürzungen: Dres, Eno, Enno.

Endric, Endrich, Endrik: niederdeutsch. Verwandt mit Hendrik/Henrik, einem niederländischen Namen, der sich auf → Heinrich bezieht. Abkürzungen: Enno, Rick, Rik.

Enke, Enko: friesische Namen, die im Süden ziemlich fremd klingen. Verwandt mit Namen mit den Anfangssilben »Egin« und »Agin«. Bedeutung: die Schwertspitze.

Enne, Enno: typisch norddeutsche Namen; nie Modenamen. Eine Kurzform von Einhard. Aus dem Althochdeutschen. Bedeutung: die Schwertspitze und hart.

Enoch: ein außergewöhnlicher Name; passt besonders gut zu einem schlichten oder klangvollen Familiennamen. Aus dem Hebräischen. Bedeutung: der Eingeweihte. Abkürzungen: Ano, Eno, Enno, Oker.

Enrico: → Heinrich.

Enrik: friesisch. Verwandt mit → Henrik/Heinrich. Abkürzungen: Eno, Enno, Rick, Ricky, Rik.

Enrique: → Heinrich.

Enzio, Enzo: modern und international; passen nahezu immer und überall. Kurzformen von Enrico, der italienischen Fassung von → Heinrich.

Ephraim: anspruchsvoller biblischer Name; nur mit einem entsprechend ausdrucksvollen oder einem schlichten Familiennamen wirkungsvoll. Aus dem Hebräischen. Bedeutung: fruchtbar. Abkürzungen: Ef, Effe, Eppe, Eppo, Raim.

Erasmus: zeitlos; passt zu den meisten Familiennamen. Aus dem Griechischen. Bedeutung: liebenswürdig. In Frankreich: Erasme; in Italien: Erasmo, Elmo (Kurzform). Abkürzungen: Asmus, Ermo, Rasmus, Rasso.

Erhan: ein türkischer Name, der aber auch gut zu den meisten deutschen Familiennamen passt. Bedeutung: der mutige Anführer.

Erich: Anfang des zwanzigsten Jahrhunderts sehr beliebt, inzwischen kaum noch im Gespräch. Nordisch. Bedeutung: alleiniger, beständiger Herrscher. In Finnland: Eero oder Erkki; in Norwegen: Eirik; in Dänemark und Schweden: Erik oder Erk, auch Jerk, Jerker; im Englischen: Eric. Abkürzung: Rik. Namenstag: 10. Juli.

Erik, Eric: → Erich.

Erin: ungewöhnlich und individuell; passt aber problemlos zu den meisten deutschen Familiennamen. Irisch/gälisch. Bedeutung: aus Irland kommend.

Erk, Erker, Eriko: außergewöhnlich, aber nicht übertrieben originell; die Namen passen besonders gut nach Norddeutschland. Hergeleitet von → Erich.

Erkmar: ein alter germanischer Name. Aus dem Althochdeutschen. Bedeutung: echt und berühmt.

Erko: knapp und kernig; passt sich problemlos an die meisten Familiennamen an. Kurzform von männlichen Namen mit den Anfangssilben »Erken«. Bedeutung: echt.

Erland, Erlan: unkomplizierter nordischer Name; passt fast überall. Ursprünglich aus dem Althochdeutschen oder Altenglischen. Bedeutung unklar, vielleicht »der Fremde«.

Erling: weitgehend unbekannt; schlicht und schnörkellos; passt deshalb zu den meisten Familiennamen. Nordisch. Bedeutung: kleiner Fürst. Abkürzungen: Erle, Lino.

Ermo: kurz und schlicht; passt zu vielen Familiennamen. Aus dem Italienischen. Kurzform von → Erminio/Hermann oder → Erasmus.

Ernest, Ernesto, Ernestino: → Ernst.

Erno: selten, aber nicht ausgefallen. Verwandt mit → Arno.

Ernst: ein alter deutscher Name; heute fast vergessen; die fremdsprachigen Formen sind inzwischen beliebter. Bedeutung: ernst, entschlossen. In Italien/Spanien: Ernesto, Ernestino oder Erno; im Englischen und Französischen: Ernest; in der Schweiz: Erni; in Ungarn: Ernö; in Tschechien: Arnöst. Abkürzung: Erno.

Errit: interessant; macht neugierig; passt fast überall. Nordisch. Bedeutung: der Streitbare.

Errol, auch Earl: ungezwungen und international. Aus dem Englischen. Bedeutung: der freie Mann.

Erwin: unkompliziert und handfest; früher sehr beliebt, heute eher selten. Hergeleitet von Herwin. Aus dem Althochdeutschen. Bedeutung: Heer und Freund. Die englische Form: Irvin. Abkürzungen: Erry, Win, Winn, Wyn. Namenstag: 25. April.

Esben, Esbern, Espen oder **Esper:** ungewöhnlich und originell; außerhalb Skandinaviens wenig bekannt; besonders gut kombinierbar mit norddeutschen Familiennamen. Bedeutung: Gott und der Bär.

Eskild, Eskil: ein nordischer Name, der auch gut in die norddeutsche Landschaft passt. Bedeutung: Gott und Helm. Abkürzungen: Eske, Kil, Kirk.

Esmond: individuell, traditionell. Ein alter englischer Name, ähnlich wie → Osmund. Abkürzungen: Mondo, Monti.

Esra, Ezra: ein ungewöhnlicher, aber nicht zu exotischer Name; braucht einen neutralen oder außergewöhnlichen Familiennamen, um gut zu wirken. Aus dem Hebräischen. Bedeutung: Gott ist Hilfe.

Ethan: schlicht und einfach; ein ausgefallener Name: ungewöhnlich, aber nicht zu exotisch. Aus dem Hebräischen. Bedeutung: die Stärke.

Étienne: → Stefan.

Etzel: originell, aber nicht übertrieben; ein unkomplizierter Name, der sich mit fast jedem Familiennamen gut verträgt. Eine Kurzform von Azilo, einem anderen Namen für den Hunnenkönig Attila.

E

Eugen: traditionell; gefragter sind heute jedoch die fremdsprachlichen Formen; einfache Schreibweise; verträgt sich gut mit den meisten Familiennamen. Aus dem Griechischen. Bedeutung: der Wohlgeborene. Im Englischen: Eugene, Owen; in Frankreich: Eugène; in Italien: Eugenio; in Russland: Evgeni; in Griechenland: Evgenios; in Ungarn: Jenö. Abkürzung: Gene. Namenstag: 2. Juni.

Eustach, Eustachius: ein zeitloser, klassischer Name; passt allerdings nicht zu jedem Familiennamen. Aus dem Griechischen. Bedeutung: eine gute Ernte machen, der Fruchtbringende. Im Englischen: Eustace; in Frankreich: Eustache; in Italien: Eustachio. Abkürzungen: Eugen, Tatscho.

Evan, Ewan, Ewen: international; schlicht; passt sich überall an. Dänische Form von → Johannes. Im Englischen: Ewen, Ewan, Owen.

Evangelist: ein anspruchsvoller griechischer Name. Bedeutung: eine frohe Botschaft verkünden. Im Griechenland von heute: Evangelos. Abkürzung: Evan.

Evert, Eward, Ewert: niederdeutsch; klar und einfach; entspricht heutigen Vorstellungen eher als der Herkunftsname → Eberhard. Abkürzungen: Vero, Wero.

Evo: ein unkomplizierter, wohlklingender Zweisilber. Kurzform von Namen mit der Anfangssilbe »Ev« wie zum Beispiel Evert.

Ewald: ein alter deutscher Name. Bedeutung: recht und walten. Namenstag: 3. Oktober.

Ezzo, Azzo: wohlklingend, kurz, unkompliziert und einfach zu schreiben. Ursprünglich ein italienischer Name.

Fabian, Fabius: liebenswerter, sehr gefragter Name; passt überall und immer. Aus dem Lateinischen. Bedeutung: ursprünglich ein Familienname. In Italien: Fabiano; in Italien und Spanien: Fabio; in Frankreich: Fabien und Fabrice. Namenstag: 20. Januar.

Fabre: ein eher unbekannter französischer Name; individuell, aber nicht übertrieben originell. Bedeutung: der kleine Schmied. In Italien: Faroni.

Fabrice, Fabricio, Fabrizio: → Fabricius.

Fabricius: edel, klassisch und zeitlos; verträgt sich am besten mit einem sehr schlichten oder ebenso klangvollen Familiennamen. Aus dem Lateinischen. Bedeutung: ehemals ein Familienname. In Italien: Fabricio oder Fabrizio; in Frankreich: Fabrice.

Falk, Falko: kurz, schlicht und trotzdem nicht ganz alltäglich; passt gut zu den meisten Familiennamen. Ein alter deutscher Name. Bedeutung: der Falke.

Farald, Farold, Farolt: außergewöhnlich, aber nicht abgehoben; ein alter Name, von dem heute nur noch selten die Rede ist. Aus dem Althochdeutschen. Bedeutung: walten. Abkürzungen: Faro, Raldo.

Farell: selten; individuell, aber nicht zu abgehoben; lässt sich mit vielen Familiennamen gut kombinieren. Aus dem Irischen/Gälischen. Bedeutung: der Tapfere.

Farley: für Englandfans; nicht mit jedem Familiennamen zu koppeln. Aus dem Altenglischen. Bedeutung: vor der Weide. Abkürzungen: Faro, Ley.

Faust, Faustus: aus dem Lateinischen. Bedeutung: der Glückliche. In Italien und Spanien: Faustino oder Fausto.

Fedde, Feddo, Fedder: friesisch. Kurzformen von Namen mit der Anfangssilbe »Frie«. Bedeutung: der Friede.

F

Federico, Federigo: → Friedrich.

Fedor, Feodor: Kurzformen des russischen Namens Fjodor. Verwandt mit → Theodor. Abkürzungen: Feo, Theo.

Feiko, Feio: friesische Namen; wirken am besten in Verbindung mit einem typisch norddeutschen Familiennamen. Kurzformen von Namen mit der Anfangssilbe »Fried«, die auf den Frieden hinweist.

Felipe: → Philipp.

Felix: ein biblischer Name; immer beliebt; passt überall und zu fast jedem Familiennamen. Aus dem Lateinischen. Bedeutung: der Glückliche. In Italien: Felice; in Frankreich: Félix; in Russland: Feliks; in Frankreich: Félicien. Eine erweiterte Form: Felizian. Namenstag: 14. Januar.

Femke: friesisch; über Norddeutschland hinaus nur wenig bekannt. Wahrscheinlich verwandt mit den Namen Fredemar/Friedemar. Aus dem Althochdeutschen. Bedeutung: der Friede und berühmt.

Ferdinand: liebenswert; zeitlos; passt zu jedem Familiennamen. Aus dem Althochdeutschen. Bedeutung: der Friede und kühn. In Frankreich: Fernand, Fernandel, Ferrand; in Italien: Ferdinando, Ferrante, Ferranto oder Fernando (auch in Spanien und Portugal); in Spanien außerdem: Fernán, Fernández, Hernando; in Portugal: Fernao; in Ungarn: Nándor. Abkürzungen: Andi, Ando, Andy, Ferdi, Ferdie, Feri, Ferry, Fery, Nando, Nante. Namenstag: 30. Mai.

Ferdinando, Fernand, Fernando, Fernandel: → Ferdinand.

Ferenc: → Franz.

Fidelius: ein anspruchsvoller, seltener Name, der nicht zu jedem Familiennamen passt; die Kurzform Fidelis ist un-

SPITZNAMEN

Freunde und Geschwister sind im Erfinden eines Spitznamens ganz groß. Meistens wird er aus dem Vor- oder Nachnamen geschnitzt. Als Grundmuster dienen aber auch äußere Kennzeichen, besondere Verhaltensweisen oder spezielle Charaktereigenschaften. Manche Spitznamen verschwinden mit einer neuen Entwicklungsphase, andere bleiben ein Leben lang.

komplizierter. Aus dem Lateinischen. Bedeutung: ehrlich, zuverlässig. In Italien: Fidelio; in Frankreich: Fidele. Abkürzungen: Fide, Fidel, Fido, Fidus, Lios, Lius.

Fiete: norddeutsch; über die Grenzen Norddeutschlands hinaus ziemlich unbekannt. Kurzform von → Friedrich.

Filibert, Philibert: heiter und frisch; originell, aber nicht abgehoben; seltener als der verwandte Name → Philipp. Abkürzungen: Bert, Fil, Fill, Fili, Filip, Filipe, Filipp, Filippo, Fillippos, Fily, Filli, Filly.

Finley: unkompliziert, frisch und lässig; lässt sich mit vielen Familiennamen gut kombinieren. Irisch/gälisch. Bedeutung: klein, blond, tapfer. Abkürzung: Fin.

Finn, Fynn: heiter und beschwingt; rundum unkompliziert; passt überall. Nordisch, vielleicht auch keltisch. Bedeutung ungewiss. Die isländische Form: Finnur.

Firmus, auch **Firmin:** ungewöhnlich, originell. Aus dem Lateinischen. Bedeutung: fest, standhaft.

Fitzgerald: anspruchsvoll; passt nicht zu jedem Familiennamen. Aus dem Altenglischen. Bedeutung: Geralds Sohn. Abkürzungen: Fritz, Gerry, Jerry.

Fjodor: → Fedor und → Theodor.

Flavio, Flavius: heiter und angenehm; weckt Sehnsucht nach dem Süden und Sonne. Aus dem Lateinischen. Bedeutung: ein römischer Familienname. In Italien und Spanien: Flavio. Abkürzungen: Flo, Vitus.

Florens, Florenz: liebenswürdig; blumig, aber nicht zu exotisch; passt zu den meisten Familiennamen. Aus dem Lateinischen. Bedeutung: blühend. In Frankreich: Florent. Abkürzungen: Flo, Flori, Florie, Flory, Renz, Renzo, Rezzo.

Florentin: romantisch; klingt nach Sommer und Sonne; außergewöhnlich, aber nicht zu gewollt. Hergeleitet von Florentius. Aus dem Lateinischen. Bedeutung: im blühenden Alter. Abkürzungen: Flo, Flori, Florie, Flory, Renz, Renzo, Rezzo.

Florian, Florianus: ein schmucker, seit Jahren beliebter Name; dank der vielen Vokale angenehm im Klang; vor allem in Süddeutschland geschätzt. Aus dem Lateinischen. Bedeutung: der Blühende, Schmucke. In Italien: Fiore, Fiorenzo, Fiorello, Florestan; in den Niederlanden: Floris; in Griechenland: Floros. Abkürzungen: Flo, Flori, Florie, Flory. Verwandte Namen: Florus, Flurin. Namenstag: 4. Mai.

Florin: liebevoll und zärtlich. Verwandt mit → Florian/Florianus. Abkürzungen: Flo, Flori, Florie, Flory.

Flynn: ein frischer, unkomplizierter irischer Name; passt nahezu immer und überall. Aus dem Gälischen. Bedeutung: Sohn des rothaarigen Mannes.

Folko: ein ungewöhnlicher friesischer Name. Abgeleitet von Namen mit der Anfangssilbe »Volk« wie zum Beispiel → Volker, → Volkmar. Bedeutung: das Volk.

Fortunat, Fortunatus: ein ungewöhnlicher Name, der nach einem entsprechenden Familiennamen verlangt. Aus dem Lateinischen. Bedeutung: der Glückliche, der Gesegnete. Im Englischen: Fortune; in Frankreich: Fortuné; in Italien: Fortunio. Abkürzung: Natus.

Foster: unbeschwert, lässig und modern; passt aber nicht zu jedem Familiennamen. Verwandt mit dem französischen Namen → Gaston. Aus dem Englischen. Bedeutung: bezieht sich auf einen Heiligen. Abkürzung: Foss.

Francesco, Francis, Francisco, Francois: → Franziskus.

Franco: italienisch, auch in Spanien und Portugal bekannt. Eine Kurzform von Francesco, der italienischen Fassung von → Franziskus.

Frank, Franke, Franko: einfache Schreibweise; klar und deutlich; passt fast überall; seit Jahrzehnten gleich bleibend beliebt. Aus dem Althochdeutschen. Bedeutung: wahrscheinlich eine Ortsbezeichnung: aus Franken.

Franklin, Franklyn, Francklin, Francklyn: im 21. Jahrhundert vielleicht moderner, unverbrauchter, schicker als die altbekannten Namen wie zum Beispiel Frank/Franko. Aus dem Englischen. Bedeutung: der freie Landbesitzer.

Franz: kurz und bündig; passt zu nahezu jedem Familiennamen; jahrzehntelang ein äußerst beliebter Name; heute weniger aktuell, wird aber sicherlich wieder neu entdeckt. Kurzform von → Franziskus. In den Niederlanden und in Schweden: Frans; in Dänemark: Frants; in Polen: Franek. Namenstag: 24. Januar.

Franziskus, Franciscus: anspruchsvoll; passt nicht zu jedem Familiennamen. Aus dem Lateinischen. Bedeutung: der Franzose. In Italien: Francesco; in Frankreich: François; im Englischen: Francis; in Spanien und Portugal: Francisco; in Spanien auch Frasquito; in Osteuropa: Francisk, Franciszek, Franek, Frantek; in Ungarn: Ferenc. Abkürzungen: Cecco, Cisco, Cisko, Fran, Franc, Franco, Frane, Franjo, Frank, Frans, Franz, Fresco, Paco, Pako, Pancho, Zisko.

Fred, Fredo: kurz und einfach; passt überall und zu jedem Familiennamen. Kurzform von Namen mit den Endbuchstaben »red« wie zum Beispiel Alfred.

Freddo: norddeutsch. Kurzform von Frederich. Aus dem Niederdeutschen. Verwandt mit → Friedrich.

Frederic, Frederico, Frederich, Frederick, Fredrik, Frederik: → Friedrich.

Fredi, Freddy, Fredy: Kurzform von Namen mit den Endbuchstaben »red« wie etwa Alfred.

Freerk, Freerik, Frerk, Frerik: kurz und friesisch herb; besonders gut in Verbindung mit einem längeren norddeutschen Nachnamen. Kurzformen von → Friederich.

Fresco: weckt Sehnsucht nach Sommer, Sonne und Meer; passt jedoch nicht zu jedem Familiennamen. Italienische Kurzform von → Francesco.

Fridhjof, Fridtjof, Frithiof, Frithjof: passt gut nach Norddeutschland. Skandinavisch. Bedeutung (umstritten): der Friede oder der Schutz. Abkürzungen: Frid, Joff, Joffe.

Fridlev: ein alter nordischer Name. Bedeutung: Friede und Nachkomme. Abkürzungen: Frid, Lev.

Frido, Friedo, Freddo: Kurzform von → Friedrich, passen in jede Zeit und zu jedem Familiennamen.

Fridolin, Friedolin: heiter; macht gute Laune; seit langem sehr beliebt, klingt wesentlich weicher als das härtere → Friedrich. Abkürzungen: Frido, Friddi, Fritz, Frits, Lino. Koseform: Friedel. Namenstag: 6. März.

Fried, Friedel, Frieder, Friedo: kurz, prägnant; einfache Schreibweise; passt überall – am besten vor einen längeren Familiennamen. Kurzformen von männlichen Namen mit der Anfangssilbe »Fried« wie zum Beispiel Friedhelm.

Friedenand, Friedrich. Aus dem Althochdeutschen. Bedeutung: der Frieden.

Friedemann, Friedmann: ein etwas altmodischer, aber ganz und gar nicht verstaubter, liebenswerter Name; noch nicht wieder entdeckt. Aus dem Althochdeutschen. Die Bedeutung: der Friede und der Mann.

Friedger: ein alter Name; passt nahezu überall und immer. Aus dem Althochdeutschen. Die Bedeutung: der Friede und der Speer. Abkürzungen: Fried, Friedo.

Friedrich, Friederich: traditionell; hat immer seine Liebhaber; die fremdsprachigen Formen sind meistens ebenso bekannt, oftmals sogar beliebter. Aus dem Althochdeutschen. Bedeutung: der Friede und mächtig. Im Englischen: Frederic; in Frankreich: Frédéric, Frédérik; in Dänemark und den Niederlanden: Frederik; in Schweden: Fredrik; in Italien und Spanien: Federico, Federigo; in Polen: Fryderyk; in Friesland: Frederich, Frerich, Frederick. Abkürzungen: Brisko, Ferry, Frek, Frerk, Frido, Friddo, Fried, Friede, Riek, Rik, Rix. Namenstag: 8. Mai.

Friso, Frieso: alte deutsche Namen; einfach und melodiös; passen nahezu überall und zu jedem Familiennamen; fern jeden Modetrends. Bedeutung: der Friese.

Fritz: einfach, unprätentiös, frisch und klar; passt zu jedem Familiennamen; über Jahrhunderte einer der beliebtesten Namen in Deutschland, dann aus der Mode gekommen; wird jedoch langsam wieder entdeckt wie andere alte Namen auch. Gilt als Kurz- und Koseform von → Friedrich. In den Niederlanden: Frits.

G

Gaard: frisch, einfach und unkompliziert; lässt sich besonders gut mit längeren norddeutschen Familiennamen kombinieren. Niederländisch. Hergeleitet von → Gerhard.

Gábor: → Gabriel.

Gabriel: a, e, i – drei Vokale, die gut zusammenklingen; zunehmend beliebt; ein biblischer Name. Aus dem Hebräischen. Bedeutung: der Mann Gottes. In Italien: Gabriele, Gabriello, Gabrio; in Russland: Gavriil oder Gawriil; in Ungarn: Gábor. Namenstag: 29. September.

Gallus: individuell, aber nicht übertrieben. Aus dem Lateinischen. Bedeutung: der Gallier. In Italien: Gallo.

Gandolf, Gandulf: ungewöhnlich; alt, aber nicht altbacken. Isländisch. Bedeutung: Zauberei und Werwolf, Wolf. Abkürzungen: Gadi, Gaddo, Gard.

Garbert: schlicht und friesisch herb; braucht jedoch den passenden Familiennamen, um richtig gut zu wirken; heute eher selten zu hören. Aus dem Althochdeutschen. Bedeutung: glänzend. Andere Formen: Gerbert, Garbit. Abkürzungen: Bert, Gadi, Gaddo, Gard.

Garlef, Garrelf, Garlof: alt, aber nicht verstaubt. Abgeleitet von Gerleib. Aus dem Althochdeutschen. Bedeutung: Speer und Erbe. Abkürzungen: Gale, Lef, Lev.

Garnett: lässig und modern; braucht einen schlichten Familiennamen, um gut zu wirken. Altenglisch. Bedeutung: der Speerbewaffnete. Abkürzungen: Gary, Garry.

Garret, Garrett, Garriet, Garrit: ungewöhnliche friesische Namen, die modern wirken und neugierig machen; auch in England bekannt. Hergeleitet von → Gerhard. Abkürzungen: Gaddo, Reto.

Gaspar, Gaspard, Gaspare, Gasparo: → Kaspar/Caspar.

Gaston: ein schlichter französischer Name, der fast überall passt; originell, aber nicht überkandidelt. Bedeutung: bezieht sich wahrscheinlich auf einen flämischen Heiligen. Im Englischen: Foster. Abkürzungen: Gab, Gap.

Gaudenz: aus der Schweiz, aber in vielen Ländern bekannt; passt zu jedem schlichten Familiennamen. Aus dem Lateinischen. Bedeutung: sich freuen. Abkürzungen: Gaddo, Galdo, Lenz. Namenstag: 22. Januar.

Gavin: ein schnörkelloser, internationaler Name, der sich gut anpasst. Ursprünglich englisch, wahrscheinlich aus Wales. Die vermutliche Bedeutung: der Falke.

Gaynor, **Gainer**, **Gainor:** außergewöhnlich, aber nicht zu ausgefallen; braucht einen entsprechenden Familiennamen. Aus dem Irischen/Gälischen. Bedeutung: der Sohn des Blonden. Abkürzungen: Gail, Nono, Nonno.

Gebbert oder **Geppert:** wirken lockerer und leichter als der Ursprungsname → Gerhard. Abkürzungen: Gebo, Gebbo, Geppo, Jerry.

Gebhard: ein alter deutscher Name; heute weniger beachtet. Aus dem Althochdeutschen. Bedeutung: die Gabe und hart. Abkürzungen: Gebo, Hardy, Jerry.

Geerd, **Gerd**, **Gert:** norddeutsche Namen; vor Jahrzehnten sehr beliebt, heute allerdings weniger gefragt. Kurzformen von → Gerhard. In den Niederlanden: Geert.

Geoffrey: → Jeffrey.

Georg: traditionell und nach wie vor beliebt; passt überall. Aus dem Griechischen. Bedeutung: der Bauer. Im Englischen und in Rumänien: George; in Schweden: Göran, Jöran; in Frankreich: Georges; in Italien: Georgio, Giorgio; in Spanien: Jorge; in Griechenland: Georgios, Giorgios; in Russland und Bulgarien: Georgij; in Ungarn: György. Abkürzungen: Georgy, Gorg, Gorch, Göris, Görres, Görs, Joris, Jooris, Schorsch. Namenstag: 23. April.

Gerald: norddeutscher Name; zeitlos und ohne Schnörkel. Bedeutung: der mit dem Speer herrscht. In Frankreich: Géraud, Giraud; in Italien: Giraldo. Abkürzungen: Aldo, Geddo, Jerry. Namenstag: 7. Oktober.

Gerhard: ein alter deutscher Name; traditionell; im vorigen Jahrhundert häufig zu finden; heute sind eher die fremdländischen Formen beliebt. Bedeutung: Speer und hart. In Irland: Gearoid; in England: Garret, Garrett, Garrard oder Gerard; in Italien: Gherardo, Galdo, Galdino; in Spanien und Italien: Gerardo, Gaddo; in den Niederlanden: Gaard, Gevaart, Gevert, Gerardus; in Frankreich: Gérard; in Ungarn: Gellért. Abkürzungen: Gaddo, Galdo, Gerke, Gero, Hardy, Harry, Jerry.

Gerit, Gerriet, Gerrit: zeit- und schnörkellos. Friesisch; die Namen passen mit einem entsprechend schlichten Familiennamen auch in den Süden. Kurzform zu → Gerhard.

German: ein alter Name, aber nicht unbedingt altmodisch, vor allem in den fremdsprachlichen Varianten. Aus dem Lateinischen. Bedeutung: leiblicher Bruder. Oder aus dem Althochdeutschen: der Germane. Im Englischen: Jarman, Jerman, Jermyn; in Italien: Germano; in Frankreich: Germain; in Russland: Gera. Abkürzungen: Gero, Gerry, Gary, Garry.

Gero: einfach und schlicht mit einem guten Klang; passt nahezu überall und immer. Eine Kurzform von Namen mit der Anfangssilbe »Ger«. Bedeutung: der Speer.

Gerold: ein alter, schlichter norddeutscher Name; früher nicht ungewöhnlich, heute seltener. Abgeleitet von Gerwald. Aus dem Althochdeutschen. Bedeutung: herrschen. Abkürzungen: Gero, Gerry, Ollie, Ollo, Olly.

Gerson: neuartig, international und zeitlos; passt zu den meisten Familiennamen. Aus dem Hebräischen. Die Bedeutung ist ungewiss.

Gervas: individuell und ausgefallen, aber nicht zu exotisch; ein Name mit langer Tradition. Aus dem Althochdeutschen. Bedeutung: der Speer und heranwachsen. In Frankreich: Gervais; in Italien: Gervasio; im Englischen: Jervis. Abkürzungen: Gerrit, Gerry.

Gerwig: ein alter Name, der heute seltener in Betracht gezogen wird; passt zu den meisten Familiennamen. Aus dem Althochdeutschen. Bedeutung: Speer und Kampf. Abkürzungen: Gerry, Wig, Wigo, Wiggo.

Gerwin: wie viele Namen aus dem Althochdeutschen heute weniger gefragt. Bedeutung: Speer und Freund. Abkürzungen: Gerry, Win, Winn.

Gessler: individuell und ungewöhnlich. Verwandt mit dem alten Namen Giselher. Bedeutung: der Spross, die Geisel und das Heer. Abkürzung: Gess.

Gevert, **Gevaert:** traditionell, aber nicht unbedingt verstaubt – vor allem nicht in Kombination mit einem entsprechenden Familiennamen. Niederländisch. Abgeleitet von → Gerhard. Abkürzungen: Gero, Gerry, Wero.

Ghislain, **Gislain:** individuell; weckt Neugier; passt jedoch nicht zu jedem Familiennamen. Französisch. Bedeutung: bezieht sich auf einen Heiligen. Abkürzung: Gian.

Gideon, **Gedeon**, **Gidion:** ein biblischer Name; passt fast überall. Aus dem Hebräischen. Bedeutung: der mit der zertrümmerten Hand. Abkürzungen: Gy, Gido, Ono, Onno.

Giesbert, **Gisbert:** ein alter Name, was gerade seinen besonderen Reiz ausmacht – vor allem wenn der Familienname dazu passt. Bedeutung: der Spross und glänzend. Abkürzungen: Bert, Giso.

Gil, **Gils**, **Gilles**, **Gillian:** Kurz- und Koseformen von den Namen → Ägid, Ägidius, Egid, Egidius. Im Englischen: Gill oder Giles; in Frankreich: Gilles.

Gilbert: unverbrauchter französischer Name; individuell. Verwandt mit → Giesbert/Giselbert. In Italien: Gilberto; in Schottland: Gilleabart; in Frankreich: Guilbert. Abkürzungen: Bert, Berto, Gil, Gill, Gilles. Namenstag: 6. August.

Gilg, **Gils:** beschwingt, frisch und neuartig; passt zu den meisten Familiennamen. Ein niederländischer Name, verwandt mit → Ägid. In Deutschland auch Gilgian.

Gilmar: ungewöhnlich, dem alten Namen Giselmar verwandt. Aus dem Althochdeutschen. Bedeutung: der Spross, die Geisel und berühmt. Abkürzungen: Gil, Gill.

Giovanni: → Johannes.

Giso: friesischer Name mit einem angenehmen Zweiklang, der sich gut anpasst. Kurzform von Namen mit den Anfangssilben »Gisel« wie Giselmund. Bedeutung: der Spross.

Glen, **Glenn:** einfach, klar und unkompliziert; ein internationaler Name, zu dem jeder schlichte, neutrale Familienname passt. Herkunft ungewiss; vielleicht aus Irland oder Wales. Bedeutung dann: enges Tal.

Gobert: ein alter, zeitloser Name; originell, aber nicht übertrieben; selten; passt nahezu immer und überall. Aus dem Althochdeutschen. Bedeutung: Gott und glänzend. Abkürzungen: Bert, Go, Göde, Göke, Gorch, Gorg.

Godo, Golo: Kurzformen von Namen mit der Anfangssilbe »God«. Bedeutung: Gott; Golo ist auch bekannt geworden als Kurzform von → Angelus.

Godwin: traditionell; ein alter Name, der zu nahezu jedem Familiennamen passt. Hergeleitet von Gottwin. Aus dem Althochdeutschen. Bedeutung: Gott und Freund. Abkürzungen: Win, Winn.

Göran: → Georg, → Gregor.

Götz: einfach in der Schreibweise; ohne Schnörkel, kurz und knapp; gut mit einem längeren Familiennamen zu kombinieren. Kurzform von Namen mit der Anfangssilbe »Gott« wie Gottfried. Bedeutung: Gott.

Gombert, Gompert: ein Name, der neugierig macht; nicht zu ausgefallen. Hergeleitet von Guntbert. Aus dem Althochdeutschen. Bedeutung: der Kampf und glänzend.

Gontard: eleganter französischer Name; verträgt sich am besten mit einem ebenso eleganten Familiennamen; zeitlos. Verwandt mit dem Namen Gunthard. Aus dem Althochdeutschen. Bedeutung: der Kampf und hart, stark. Abkürzungen: Gore, Taro.

Gordian: ein klassischer Name; besonders, aber nicht zu aufgesetzt und übertrieben; verträgt sich gut mit den meisten Familiennamen. Aus dem Lateinischen. Bedeutung: erinnert an die Stadt Gordium. Abkürzung: Goran.

G

NACH DEM PAPA MUSS HEUTE KEINER MEHR BENANNT WERDEN

Vor hundert Jahren wurde noch jedes fünfte neugeborene Kind auf den Namen seiner Mutter oder seines Vaters getauft. Heute wird gerade noch jedes zwanzigste Baby nach seinen Eltern genannt. Auch Großmutter, Großvater, Tanten und Onkel müssen als Namensspender kaum noch herhalten.

Gordon, Gordan, Gorden: schlicht und zeitgemäß; passt überall und zu fast jedem Familiennamen. Aus dem Altenglischen. Bedeutung: ursprünglich ein Familienname. Abkürzungen: Dani, Dany.

Gosbert: ein alter Name, aber nicht verstaubt. Aus dem Althochdeutschen. Bedeutung: die Goten und glänzend. Abkürzungen: Bert, Gos.

Gosling: ein zärtlicher friesischer Name. Kurzform von Namen mit der Anfangssilbe »Gos«. Bedeutung: die Goten. Abkürzungen: Gos, Lio.

Goswin: ein traditioneller, alter norddeutscher Name. Bedeutung: Die Anfangssilbe »Gos« weist auf die Goten hin. Abkürzungen: Win, Winn.

Govert: einfach und klar; originell, aber nicht abgehoben; passt jedoch nicht zu jedem Familiennamen. Ein weitgehend unbekannter niederländischer Name, abgeleitet von Gottlieb. Aus dem Althochdeutschen. Bedeutung: Gott und Nachkommen. Abkürzungen: Goff, Gov.

Graham: neuartig und ungezwungen; passt auch zu vielen deutschen Familiennamen. Aus dem Altenglischen. Bedeutung: eine Ortsbezeichnung. Abkürzung: Garry.

Gratian, Grazian: selten, anspruchsvoll; ein eleganter Name, der nach einem ebenso eleganten Familiennamen verlangt. Aus dem Lateinischen. Bedeutung: die Anmut. In Frankreich: Gratien; in Italien: Graziano; in Spanien: Graciano. Abkürzung: Gri.

Gregor, Gregorius, Gregory: klassische, beliebte Namen; passen zu den meisten Familiennamen. Aus dem Griechischen. Bedeutung: der Wachsame. In Frankreich: Grégoire; in Italien: Gregorio; in Schweden: Göran, Jöran (auch die schwedische Form von Georg); in Dänemark: Greger, Jorgen, Jörgen, York, Yorrich; in den Niederlanden: Gregoor, Joris; in England: Gregory oder York; in Russland: Griogrij, Grischa; in Ungarn: Gergely, Gorgely; in Griechenland: Gregorios. Abkürzungen: Gore, Gorjes, Greg, Jörn, Jorit, Jooris, Jorn. Namenstag: 12. Februar.

Günter, Günther: ein alter deutscher Name; lange sehr beliebt, heute jedoch weit weniger gefragt. Aus dem Althochdeutschen. Bedeutung: der Kampf, das Heer. In Schweden: Gunar, Gunnar; in Dänemark: Gunder; in Frankreich: Gontier. Abkürzung: Gün.

Guido: ein beliebter, fröhlicher italienischer Name; heute weit über Italien hinaus bekannt; passt fast überall. Verwandt mit dem Namen Wido. Aus dem Althochdeutschen. Bedeutung: der Wald. In Frankreich: Guide; im Englischen: Guy. Namenstag: 31. März.

Gullbrand: außergewöhnlich; braucht einen entsprechenden Familiennamen, um gut zu wirken. Nordisch. Bedeutung: Gott, Feuer, Schwert. Abkürzung: Gulja.

Gunar, Gunnar: nordisch, jedoch weit über Skandinavien hinaus bekannt; passt nahezu immer und überall. Verwandt mit dem Namen → Günter.

Gunter, Gunther: passt fast immer und überall. Hergeleitet von → Günter/Günther. Namenstag: 9. Oktober.

Guntram: aus dem Althochdeutschen. Bedeutung: Kampf und Rabe. Namenstag: 28. März.

Gustaf, Gustav: vor hundert Jahren sehr beliebt, heute weniger gefragt; vielleicht wird der Name, wie andere alte Namen auch, wieder entdeckt. Schwedisch. Bedeutung: Gott, Stab, Stütze. Weitere in Schweden übliche Formen: Goesta, Gösta; in den Niederlanden: Gustaaf oder Gustavus; in England und Frankreich: Gustave; in Italien und Spanien: Gustavo; in Ungarn: Gusztáv. Abkürzungen: Gus, Juss, Staf. Namenstag: 10. März.

G

Hadrian: selten, originell. Eine frühere Form von → Adrian. Abkürzungen: Adi, Ady, Ado.

Hagen: einfach und klar, ohne Schnörkel; ein alter, traditioneller Name, heute weniger gefragt. Aus dem Althochdeutschen. Bedeutung: der Hag. In Schweden: Högne.

Hajo, Haio, Heio, Heijo: einfach und angenehm im Klang durch die Laute a, o oder ai (ei), o; ein norddeutscher Name, der sich mit den meisten Familiennamen in Einklang bringen lässt. Zusammengesetzt aus → Hans und → Joachim; vielleicht auch verwandt mit dem Namen → Hagen.

Hakon: kernig und trotzdem weich durch die Vokale a und o. Nordisch. Abgeleitet von → Hagen. In Norwegen: Haakon. Abkürzungen: Konne, Konni.

Haldo, Haldor: Bedeutung: der Fels und Thor (Donnergott). Abkürzungen: Don, Harry.

Halvar, Halvard: origineller nordischer Name; passt allerdings nicht zu jedem Familiennamen. Bedeutung: der Stein. Abkürzungen: Hal, Harry.

Hanjo: zeitlos, schlicht und angenehm im Klang. Eine Kombination aus den Namen → Hans und → Joachim. Abkürzungen: Jo, Jojo.

Hanko, Hanke: klar, kernig und unverbraucht. Friesisch. Abgeleitet von → Johannes; in Osteuropa auch als Kurzform von Johannes bekannt. Abkürzungen: Arno, Hanno.

Hannes: schnörkellos; traditionell; passt fast immer und überall. Kurzform von → Johannes.

Hanno: bodenständig und beliebt, interessanter nordischer Name; individuell, aber nicht zu abgehoben. Kurzform von Hannibal. Aus dem Griechischen. Bedeutung: erinnert an den Gott Baal; auch Kurzform von → Johannes.

Hans: überall bekannt und immer beliebt; unabhängig von jedem Trend; einfach und unkompliziert; lässt sich mit jedem Familiennamen kombinieren und wirkt dabei immer gut. Kurzform von → Johannes. In Litauen: Ansas; in der Schweiz: Gian; in Finnland: Hannu.

Hanus: → Johannes.

Harald: traditioneller nordischer Name; seit langem weit über Skandinavien hinaus bekannt; passt nahezu überall. Aus dem Althochdeutschen: herrschen, walten. In Italien: Eraldo. Abkürzungen: Hari, Harri, Harry, Lary, Larry.

Harding: fröhlich und beschwingt; klingt zwar nach Friesland, kommt aber aus England. Abgeleitet von Hardwin. Aus dem Altenglischen. Bedeutung: Sohn des Tapferen. Abkürzungen: Dino, Hary, Harry.

Hardy, Hardi, Hardo, auch **Hard:** unkompliziert und einprägsam. Ursprünglich Kurzformen von Namen mit der Anfangssilbe »Hard« oder »Hart«. Aus dem Althochdeutschen. Bedeutung: hart, mutig.

Hark, Harko: friesische Namen, die gut in Verbindung mit einem typisch norddeutschen Familiennamen wirken. Kurzformen von Namen mit der Anfangssilbe »Har« oder »Her«. Bedeutung: hart. Kosenamen: Konne, Konnie.

Harm, Harms, Harman, Harmen: friesische Namen; herb und schlicht; wahrscheinlich vor allem für norddeutsche Gemüter interessant; auch in den Niederlanden bekannt. Hergeleitet von → Hermann.

Harold: ein alter englischer Name, der auch in Deutschland bekannt ist; traditionell. Bedeutung: das Heer und walten. Nordisch: Harald; in Irland: Aralt. Abkürzungen: Hal, Haro, Harro, Lary, Larry, Noldo, Ole, Olly.

Harper: ungewöhnlich, individuell und neuartig. Aus dem Altenglischen. Bedeutung: der Harfenspieler. Abkürzungen: Haro, Harro, Harp.

Harris, Harrison: ein frischer, unverbrauchter friesischer Name. Eine Kurzform von → Hermann; auch ein englischer Name. Bedeutung dann: Harrys Sohn. Abkürzungen: Haro, Harro, Harry, Ric, Rick, Ricky, Rik.

Harro, Haro: hergeleitet von Namen mit der Anfangssilbe »Her« oder »Har« wie Hartwig oder Hermann. Aus dem Althochdeutschen. Bedeutung: hart.

Harry: lässig und unkompliziert; ein internationaler englischer Name. Verwandt mit → Heinrich.

Hartmann: traditionell; unberührt von jeder Mode; früher bekannter als heute. Aus dem Althochdeutschen. Bedeutung: hart und der Mann. Abkürzungen: Harry, Mac.

Hartmut: früher ein beliebter Name, heute ins Abseits geraten. Aus dem Althochdeutschen. Bedeutung: hart und der Mut. Abkürzungen: Harry, Mutje.

Hasko: ein friesischer Name. Verwandt mit → Hasso. Abkürzungen: Haro, Harro, Harry.

Hassan: inzwischen in vielen Ländern bekannter arabischer Name. Bedeutung: schön.

Hasso, Hesso: ein kerniger Name aus dem Althochdeutschen. Bedeutung: ein Hinweis auf Hessen.

Haug, Hauk: sehr individuell; selten; passt besonders gut zu einem klangvollen längeren Familiennamen. Norddeutsch. Hergeleitet von Namen mit der Anfangssilbe »Hug« wie Hugo. Bedeutung: der Gedanke.

Hector, Hektor: klassisch; passt am besten zu einem nicht ganz alltäglichen Familiennamen. Aus dem Griechischen. Bedeutung: der Beschirmer, Herrscher. In Italien: Ettore; in Frankreich: Hector; in Portugal: Heitor. Abkürzungen: Henk, Toni, Tony.

Heero, Hero: ungewöhnlicher friesischer Name mit schönem Zweiklang; passt überall und zu fast jedem Familiennamen, nicht nur in Norddeutschland.

Heiko, Haiko: ein norddeutscher Name, der sich mit jedem schlichten Familiennamen verbinden lässt; im Norden nicht ungewöhnlich. Abgeleitet von → Heinrich.

Heilo: selten. Ursprünglich eine Kurzform von Namen mit der Anfangssilbe »Heil« wie Heilmar/Heilmut. Aus dem Althochdeutschen. Bedeutung: heil, gesund.

Heim, Heimo: kurz und bündig; ungewöhnlich, passt aber nahezu überall. Kurzform von Namen mit der Anfangssilbe »Heim« wie Heimbrecht/Heimfried. Aus dem Althochdeutschen. Bedeutung: das Heim.

Hein: kurz, knapp und schnörkellos; vor allem in Norddeutschland beliebt; lässt sich am besten mit einem norddeutschen oder einem betont schlichten Familiennamen kombinieren. Kurzform von → Heinrich.

Heinar: ein zeitloser und schlichter Name. Hergeleitet von → Heinrich. Abkürzungen: Hein, Helm.

Heiner: einfach; passt überall; vor einer Generation noch beliebter als heute. Aus dem Althochdeutschen. Bedeutung: die Einfriedung. Abkürzungen: Hein, Henk, Helm.

Heinko, Heinke, Heino: norddeutsch. Wie andere Namen mit der Anfangssilbe »Hein« aus dem Althochdeutschen. Bedeutung: die Einfriedung. Abkürzung: Hein.

Heinrich: ein alter, traditioneller Name; vom Zeitgeist unberührt; passt überall; früher sehr beliebt, dann fast vergessen; heute wieder interessanter – vor allem in fremdsprachiger Form. Aus dem Althochdeutschen. Bedeutung: Einfriedung, reich, mächtig. Im Englischen: Henry; in Frankreich: Henri; in Schweden, Dänemark, Norwegen und Ungarn: Henrik; in Schweden und Dänemark: Henrich; in Italien: Enrico, Arrigo; in Spanien: Enrique; in Russland: Genrich, Jendrik, Jendrick, Jendrich; in Polen: Henryk; in Tschechien: Jindrich. Abkürzungen: Hein, Heiner, Heino, Heintje, Heinz, Henk, Reitz, Rick, Ricky, Rik. Namenstag: 23. Januar.

Heinz, auch Hinz: Hinz ist heute interessanter, unverbrauchter als der Name Heinz, der vor einigen Jahrzehnten ein echter Hit war. Kurzformen von → Heinrich.

Hejo: → Hajo.

Helge, seltener Helgo: passt überall und immer. Nordisch. Bedeutung: heil, gesund. In Russland: Oleg.

Helm: friesischer Name, der nicht nur in den Norden passt; wirkt am besten in Verbindung mit einem längeren Familiennamen. Kurzform von → Wilhelm.

Helmar: ohne Schnörkel; individuell; bodenständig. Eine andere Form des Namens Heilmar. Aus dem Althochdeutschen. Bedeutung: gesund, berühmt. In Dänemark und Schweden: Helmer. Abkürzungen: Helm, Henk.

Helmke, Helmko: zärtlich und doch kernig. Niederdeutsch. Die Silbe »Helm« deutet auf einen Schutzhelm hin. Abkürzungen: Helm, Henk.

Helmut, Helmuth, Hellmut, Hellmuth: früher ein beliebter Name, heute deutlich weniger gefragt. Aus dem Althochdeutschen. Die Bedeutung ist nicht ganz eindeutig, entweder »Gesundheit« und »Mut« oder »Kampf« und »Mut«. Abkürzungen: Helm, Helmke, Helmo.

Hendrik, Hendryk: niederländisch, aber über die Niederlande hinaus bekannt und beliebt. Verwandt mit dem Namen → Heinrich. Im Niederdeutschen auch Endric, Endrich, Enrik; in Schweden, Dänemark und Friesland: Henrik. Abkürzungen: Henk, Henke, Henneke, Hein, Heineke, Heinko, Heino, Heintje, Riek, Rik, Rix.

Henner: norddeutscher Name, der sich aber auch im Süden gut macht. Abgeleitet von → Heinrich.

Hennig, Henning: zeitlose norddeutsche Namen; passen problemlos zu den meisten Familiennamen. Abgeleitet von → Heinrich. Bedeutung: Einfriedung und reich. Abkürzungen: Hein, Henk.

Henrik: → Hendrik.

Henry, Henri: → Heinrich.

Herald, Herold: ein alter, traditioneller Name, ähnlich wie Herwald. Aus dem Althochdeutschen. Bedeutung: Heer und herrschen. Abkürzungen: Lary, Larry.

Herbert: eine ältere Form von Heribert; früher üblich, heute eher selten. Aus dem Althochdeutschen. Bedeutung: der Herr und glänzend. In Frankreich: Aribert; in Spanien: Heriberto. Abkürzungen: Bert, Berto, Herb.

Hermann: traditionell; früher sehr beliebt, heute weniger aktuell. Aus dem Althochdeutschen. Bedeutung: das Heer, der Mann. In Italien: Armando oder Ermanno, auch Erminio; in Frankreich: Armand, Armande, Armant; in den Niederlanden, Schweden und England: Herman; in Russland: German; in Friesland: Hemmo. Abkürzungen: Ermo, Harm, Harro, Herm, Hermo, Herms. Namenstag: 21. Mai.

Hermes: ein anspruchsvoller, klassischer Name; passt allerdings nicht zu jedem Familiennamen. Aus dem Griechischen. Bedeutung: Name des griechischen Götterboten; wird aber auch als Kurzform von → Helmut oder → Hermann verstanden. Abkürzungen: Herm, Herms.

Hermien, Hermin: ungewöhnlicher niederländischer Name. Hergeleitet von Namen mit der Anfangssilbe »Her« wie zum Beispiel Hermann. Bedeutung: das Heer. Abkürzungen: Herm, Herms. Koseform: Hermi.

Herold: → Herald.

Herrad: frisch und unverbraucht; ungewöhnlich, aber auch nicht zu ausgefallen. Klingt wie ein englischer Name, stammt jedoch aus dem Althochdeutschen. Bedeutung: das Heer und der Ratgeber.

Herward: ein zeitloser Name. Aus dem Althochdeutschen. Bedeutung: das Heer und der Hüter, Bewahrer. In Skandinavien: Hervard. Abkürzungen: Herm, Hermo.

Hieronymus: ein anspruchsvoller Name, der nicht zu jedem Familiennamen passt; die fremdsprachigen Formen sind heute häufig beliebter. Aus dem Griechischen. Bedeutung: der heilige Name. Im Englischen: Gerome, Hierom, Hierome, Jerom, Jerome; in Frankreich: Jérôme; in Italien: Geronimo, Girolamo; in Spanien: Jeronimo; in den Niederlanden: Jeroen. Abkürzungen: Gary, Garry, Gero, Gerry, Hinz, Jero, Ono. Namenstag: 8. Februar.

Hilger: frisch und klar im Ton, unkompliziert in der Schreibweise. Aus dem Althochdeutschen. Bedeutung: der Kampf und der Speer. Abkürzungen: Gero, Hinz.

VOR- UND NACHNAMEN – EINE EINHEIT

In der Kindergarten- und Schulzeit wird ein Kind meistens nur beim Vornamen gerufen. Mit der Zeit kommt der Nachname jedoch immer häufiger dazu, weshalb Vor- und Nachnamen in Klang, Schriftbild und Stil möglichst zusammenpassen sollten. Ein paar Tipps dazu:

➤ Ein kurzer Vorname passt meist besser zu einem längeren Familiennamen und umgekehrt.

➤ Ein anspruchsvoller Vorname passt in der Regel am besten zu einem ebenso anspruchsvollen oder möglichst schlichten Familiennamen.

➤ Der letzte Buchstabe des Vornamens sollte nicht mit dem ersten Buchstaben des Familiennamens übereinstimmen.

Hilmar: ungewöhnlich, aber nicht zu ausgefallen; passt zu den meisten Familiennamen. Hergeleitet von Hildemar. Aus dem Althochdeutschen. Bedeutung: berühmt. In nordeuropäischen Ländern: Hjalmar. Abkürzung: Hinz.

Hilpert: individuell, aber nicht übertrieben originell; passt zu den meisten Familiennamen. Hergeleitet von Hildebrecht. Aus dem Althochdeutschen. Bedeutung: der Kampf, glänzend. Abkürzung: Hinz.

Hinderk, Hinnerk: vor allem in nordeuropäischen Ländern beliebt. Abgeleitet von → Henrik/Heinrich. Abkürzungen: Derk, Hinz, Nino.

Hinrich, Hinrik: schlichte alte Namen, die langsam wieder entdeckt werden. Norddeutsche Formen von → Heinrich. Abkürzungen: Hinz, Rick, Ricky, Rik.

Hinz: → Heinz.

Hiob: heute fast vergessen und damit ungewöhnlich; biblisch. Aus dem Hebräischen. Bedeutung: der Angefeindete. Abkürzungen: Bob, Bobby, Job.

Hippolyt: extravagant und deshalb sehr selten; lässt sich nicht vor jeden Familiennamen spannen. Aus dem Griechischen. Bedeutung: der die Pferde ausspannt. In Frankreich: Hippolyte. Abkürzungen: Hipp, Hipo.

Hoimar: originell; passt nicht nur zu norddeutschen Familiennamen. Friesisch. Wahrscheinlich mit der Bedeutung »der Verstand« und »berühmt«.

Holger: schwedisch und dänisch; passt aber problemlos zu den meisten deutschen Familiennamen. Bedeutung: die Insel, der Speer. Eine andere Schreibweise: Holdger. Abkürzung: Holm.

Holm, Holmer: ein individueller nordischer Name; kurz und prägnant; passt nahezu überall und zu den meisten Familiennamen. Bedeutung: der Inselbewohner; ursprünglich eine Kurzform von → Holger.

Honoré: anspruchsvoller französischer Name; passt daher nicht zu jedem Familiennamen. Hergeleitet von Honorius. Aus dem Lateinischen. Bedeutung: der Geehrte. In Italien: Onorio. Namenstag: 21. April.

Horacio: → Horatius.

Horatius: ein klassischer, anspruchsvoller Name, der nicht mit jedem Familiennamen kombinierbar ist. Aus dem Lateinischen. Bedeutung: aus dem Geschlecht der Horatier stammend. In den Niederlanden: Horats; im Englischen: Horatic und Horace (auch in Frankreich); in Spanien: Horacio. Abkürzungen: Tino, Titus, Tius.

Horst: jahrelang beliebt, dann weitgehend in Vergessenheit geraten, heute eher selten. Aus dem Mittelhochdeutschen. Bedeutung: das Gebüsch.

Hubert, Hubertus: traditionell; nicht nur bei Jagdbegeisterten bekannt. Aus dem Althochdeutschen. Kurzform von Hugbert. Bedeutung: der Verstand und glänzend. Im Englischen: Howard; in Spanien: Huberto; in Italien: Oberto oder Uberto. Abkürzungen: Bert, Berto, Hub, Hubi, Huby. Namenstag: 3. November.

Hugo: einfach in der Schreibweise, angenehm im Klang; ein unkomplizierter Name. Kurzform von Namen mit der Anfangssilbe »Hug« wie etwa Hugbald. Bedeutung: der Verstand und kühn. Im Englischen: Hugh; in Frankreich: Hugues. Namenstag: 1. April.

Humphrey: lässig und modern. Aus dem Englischen. Verwandt mit dem alten Namen Humfried. Bedeutung: junger Bär, Friede. In Schweden: Humfrid. Abkürzungen: Fred, Freddie, Freddy.

Huscke: → Johannes.

Hyazint, Hyazinth, Hyacinth: anspruchsvoll, blumig; passt nicht zu jedem Familiennamen. Aus dem Griechischen. Bedeutung: erinnert an eine Sage von einem Jüngling und einer Hyazinthe. In Spanien: Jacinto; in Polen: Jacek. Abkürzungen: Zinto, Zintho.

H

Ibbo, Ibo: friesisch. Eine andere Form des englischen Namens Ivo, der »Eibe« bedeutet.

Ibrahim: → Abraham.

Ido: ein ganz einfacher friesischer Name; passt gut zu den meisten Nachnamen. Bedeutung unbekannt.

Ignaz: individuell, aber nicht zu ausgefallen; verträgt sich mit den meisten Familiennamen. Kurzform von Ignatius. Aus dem Lateinischen. Bedeutung: der Feurige. In Spanien: Ignacio. Namenstag: 31. Juli.

Igor: russisch, inzwischen aber in vielen Ländern bekannt. Bezieht sich auf den nordischen Namen → Ingvar. Abkürzungen: Gori, Gory.

Ike, Iko: seltener friesischer Name; schlicht, einfach und schön im Klang; passt am besten nach Norddeutschland. Koseform zu → Isaac.

Ilia, Ilja, Ilija: → Elia/Elias.

Ilian: → Ägid.

Immanuel: traditioneller biblischer Name; anspruchsvoll; passt daher auch nicht zu jedem Familiennamen. Aus dem Hebräischen. Bedeutung: Gott mit uns. Abkürzungen: Imo, Manuel, Mano, Mendel.

Immo, Imo, Inno, Ino: zeitlose friesische Namen; ungewöhnlich, aber sympathisch; passen zu den meisten Familiennamen. Alte Kurzformen zu den Namen mit der Anfangssilbe »Irm« wie Irmfried. Aus dem Althochdeutschen. Bedeutung: groß und Frieden.

Ingbert: ein alter deutscher Name, angelehnt an Ingobert. Bezieht sich auf den germanischen Stammesgott Ingwio. Abkürzungen: Bert, Ingo.

Ingemar: schwedisch. Bedeutung: geht zurück auf den althochdeutschen Namen Ingomar, der sich auf den germanischen Gott Ingwio bezieht. Abkürzungen: Ino, Ivar.

Ingo: unkompliziert; einfache Schreibweise; dank der Vokale i und o auch guter Klang; passt nahezu überall und zu jedem Familiennamen. Kurzform von Namen mit der Anfangssilbe »Ing«, die sich auf den germanischen Stammesgott Ingwio bezieht.

Ingolf: ein friesischer Name; die Kurzform »Ingo« ist heute üblicher. Bedeutung: Die Anfangssilbe »Ing« weist auf den germanischen Gott Ingwio hin. Abkürzungen: Ingo, Ino.

Ingvar, Ingwar, Ingwer oder die interessanteren Schreibweisen **Yngvar, Yngvard:** nordisch. Bedeutung: bezieht sich auf den Gott Ingwio. Abkürzungen: Ingo, Ino, Ivar, Iwar.

Inko: ungewöhnlich; außerhalb Norddeutschlands eher selten anzutreffen. Friesisch. Geht auf Namen mit der Anfangssilbe »Ing« zurück, die auf den germanischen Gott Ingwio hinweisen. Abkürzungen: Ino, Konz.

Innozenz: ein alter Name; zeitlos; passt nicht zu jedem Familiennamen; vor allem in Süddeutschland bekannt. Aus dem Lateinischen. Bedeutung: Unschuld, Unbescholtenheit. Abkürzungen: Ino, Inno, Izo.

Irenäus, Ireneus: ein besonderer Name, der am besten in Kombination mit einem schlichten oder ebenso ausgefallenen Familiennamen wirkt. Aus dem Griechischen. Bedeutung: der Friedliche. In Frankreich: Irènée; in Italien: Ireneo. Abkürzungen: Ino, Renz. Namenstag: 28. Juni.

Iring, Irinc: frisch und klar; passt in eine Landschaft mit weitem Horizont. Bedeutung und Herkunft dieses Namens sind ungewiss.

Irmo, Irmio: wenig bekannt; ein alter Name, der aber auch gut in unsere heutige Zeit passt; wirkt fröhlich und verträgt sich mit fast jedem Familiennamen. Bedeutung: weist auf einen germanischen Stammesgott hin.

Irvin, Irving: lässig und unbeschwert; ein moderner internationaler Name, der eine lange Geschichte hat. Aus dem Altenglischen. Bedeutung: der Meeresfreund; vielleicht auch aus Wales mit der Bedeutung: der helle Fluss. Irvin ist auch die englische Form von → Erwin.

Isaac, Isaak: traditioneller biblischer Name; in vielen Ländern bekannt. Aus dem Hebräischen. Bedeutung: Gott lacht. In den Niederlanden: Izaak; in Italien: Isacco; in Ungarn: Izsák. Abkürzungen: Iso, Sahi, Saho.

Isbert: ein alter deutscher Name; selten. Bedeutung: das Eisen und glänzend. Abkürzungen: Bert, Isko.

Isger: kernig, ausgefallen, aber nicht zu abgehoben; mit vielen Familiennamen zu koppeln. Aus dem Althochdeutschen. Bedeutung: Eisen und Speer.

Isidor: ein anspruchsvoller Name; zeitlos; passt jedoch nicht zu jedem Familiennamen. Aus dem Griechischen. Bedeutung: erinnert an die Göttin Isis. In Italien: Isidoro; in Griechenland: Isidoros. Abkürzungen: Dorius, Dorus. Namenstag: 4. April.

Isko: origineller friesischer Name; ungewöhnlich, macht neugierig; passt nicht nur in den Norden. Kurzform von Namen mit der Anfangssilbe »Is«. Bedeutung: das Eisen.

Ismael: ein alter biblischer Name mit Tradition. Aus dem Hebräischen. Bedeutung: Gott hört. Die arabische Form: Ismail. Abkürzungen: Ismo, Iso.

Ismar: originell, aber nicht zu ausgefallen; ein alter deutscher Name, der aber gar nicht so alt klingt. Bedeutung: das Eisen. Abkürzungen: Ismo, Iso.

Ivan, Iwan, Yvan: kurz, knapp und einprägsam. Russisch, aber inzwischen auch in vielen Ländern bekannt. Abgeleitet von → Johannes.

Ivar, Iwar: individuell; passt im Norden besser als im Süden. Aus Skandinavien. Geht auf Ingvar/Ingwar zurück und bezieht sich auf den Gott Ingwio. In Schweden: Iver.

Ive, Ivo, Iwe, Iwo, Yvo: unkomplizierte Namen, die besonders gut klingen und mit jedem Familiennamen problemlos zu kombinieren sind. Friesisch, ursprünglich aber alte englische Namen. Bedeutung: die Eibe.

Iven: unverbraucht, schlicht und zeitgemäß; passt überall. Dänisch. Eine Kurzform von → Johannes.

Ives, Ive: → Yves.

Ivor, Ifor: ein interessanter schottischer Name; international. Verwandt mit Ingvar. Bedeutung der Anfangssilbe »Ing«: das Eisen.

Jaap: individueller niederländischer Name; kurz, knapp und lässig; passt überall. Abkürzung von → Jakob.

Jabbert, **Jabbo** oder **Jabo:** nicht zu herb, nicht zu weich; ein angenehmer Zweiklang dank der Vokalfolge von a und o; passt zu den meisten Familiennamen. Wahrscheinlich eine Kurzform von → Jakob.

Jack: international; passt fast immer und überall. Aus dem Englischen. Kurzform von J-Namen wie zum Beispiel Jakob, John oder Johannes.

Jakob, **Jacob**, auch **Jacobus:** beliebter biblischer Name; international; traditionell. Aus dem Hebräischen. Ohne sichere Deutung, normalerweise mit »Fersenhalter« wiedergegeben. In Spanien: Diáz, Diego, auch Jacobo, Jago; in Italien: Giacomo, Giacomino, Giacobbe; im Englischen: Jacob, James; in Frankreich: Jacques; in Russland: Jakow; in Osteuropa: Jakub. Abkürzungen: Jaap, Jack, Jaco, Jackl, Jako, Jascha, Jepp, Jeppe, Jim, Jockel. Namenstag: 3. Mai.

James: → Jakob.

Jan, **Jaan**, **Jann**, **Janns**, **Jannich**, auch **Yan**, **Yann:** ursprünglich in den Niederlanden, in Polen und in Russland zu finden; heute in vielen Ländern bekannt. Jan steht auf der Hitliste der beliebtesten Namen weit oben. Kurzformen von → Johannes. In Dänemark: Jannik, Jens; in der Schweiz: Yan, Yann. Kosenamen in Friesland: Janning, Jannis oder Jenning; in Ungarn: Jano, Janko.

Janis: → Johannes.

Jannes: unkomplizierter biblischer Name; passt fast überall und zu jedem Familiennamen. Aus dem Griechischen. Bedeutung: der Verführer. In den Niederlanden eine Kurzform von Johannes. Abkürzungen: Jan, Jaan.

Janning: → Jan.

János, **Janosch:** → Johannes.

Jarl: neuartig und unverbraucht; selten. Ein nordischer Name. Bedeutung: freier Edler.

Jaro: originell; passt überall. Kurzform von slawischen Namen wie Jaromir, Jaroslaw.

Jarosch: ein fast zärtlicher, slawischer Name. Hergeleitet von Jaroslaw. Bedeutung: ernst und der Friede.

Jaroslaw: ungewöhnlich; braucht einen passenden Familiennamen, um gut zu wirken. Aus dem Slawischen. Bedeutung: ernst und der Ruhm. In Tschechien: Ješko. Abkürzungen: Jaro, Jarka, Jarko.

Jason: schlichter biblischer Name; international; passt zu fast allen Familiennamen. Aus dem Griechischen. Bedeutung: der Heilende. Koseform: Jay.

Jasper, **Jaspar:** die dänische, englische und niederländische Fassung von → Kaspar/Caspar; auch in Friesland bekannt. In Dänemark: Jesper.

Javier: → Xaver.

Jean: individuell, kurz und knapp; weicher und warmer Klang; passt jedoch nicht zu jedem deutschen Familiennamen. Französisch, aber weit über Frankreich hinaus bekannt. Ursprünglich eine Kurzform von → Hans/Johannes.

Jeffrey, **Geoffrey:** neuartige englische Namen. Hergeleitet von Gottfried. Aus dem Althochdeutschen. Bedeutung: Gott und der Friede. In Frankreich: Geoffroi. Abkürzungen: Jeff, Jerry, Geo.

Jelderk, **Jeldrich**, **Jeldrik:** friesische Namen, die auf den althochdeutschen Namen Aldarich zurückgehen. Bedeutung: edel, mächtig, reich. Abkürzungen: Derk, Dirk, Jelle.

Jelso: unkompliziert in der Schreibweise, angenehm im Klang. Friesisch, aber keineswegs nur auf Friesland begrenzt. Wahrscheinlich verwandt mit den Namen Jelderich/Adalrich. Bedeutung: edel.

Jens: ein dänischer Name; inzwischen aber in vielen Ländern bekannt und beliebt. Geht auf → Johannes zurück.

Jeremias, **Jeremia**, **Jeromin:** außergewöhnlich, aber nicht zu abgehoben mit einem entsprechenden, möglichst schlichten Familiennamen; biblisch. Aus dem Hebräischen. Bedeutung: Gott richtet auf. Im Englischen: Jeremy; in Finnland: Jorma. Abkürzungen: Jerry, Jesse.

Jerk, Jerker, Jerik, Jerrik: Namen, die gut nach Norddeutschland passen. Hergeleitet von → Erich. Abkürzungen: Erk, Erke, Erko, Rick, Ricky, Rik.

Jeroen: ein niederländischer Name, der sich auf den Namen → Hieronymus bezieht. Abkürzungen: Jero, Jerry.

Jérome: → Hieronymus.

Jeronimo, Jeronimus: außergewöhnlich; international, gerade auch in der Schweiz bekannt. Verwandt mit dem Namen → Hieronymus. Abkürzungen: Jerrit. Jerry, Rino.

Jerrit: → Gerhard.

Jerry: kurz und lässig, lässt sich gut mit vielen Familiennamen kombinieren. Aus dem Englischen, Kurzform von → Jeremias/Jeremy.

Jesko: außergewöhnlich, aber nicht zu exotisch; passt nicht zu jedem Familiennamen. Kurzform von dem slawischen Namen Jaromir. Bedeutung: ernst und der Friede.

Jillis: → Ägid.

Jim: klipp und klar; international. Aus dem Englischen. Ursprünglich die Kurzform von → James/Jakob, inzwischen längst eigenständig. Kosename: Jimmy.

Jirk: ein friesischer Name. Abgeleitet von dem slawischen Jirko, der auf den Namen → Georg zurückgeht.

Joachim: zeitlos; seit langem beliebt; mit jedem Familiennamen zu kombinieren. Aus dem Hebräischen. Die Be-

---

IMMER NOCH DIE ALTEN ROLLENVORSTELLUNGEN?

Die Suche nach einem passenden Namen ist häufig noch von den klassischen Rollenvorstellungen geprägt. Denn immer noch wünschen sich viele Mütter und Väter von ihren Töchtern, dass sie sich geschickt in Szene setzen und eine gute Ausstrahlung haben, wohingegen sie von ihren Söhnen vor allem Erfolg im Beruf erwarten. Deshalb neigen sie dazu, für ein Mädchen einen attraktiven Modenamen und für einen Jungen einen eher »ernsthaften« Namen auszusuchen.

deutung: Gott richtet auf. Im Russischen und in Friesland: Akim; in Nordeuropa: Joakim; in Dänemark außerdem: Jokum; in Italien: Gioachino; in Spanien: Joaquin; in Portugal: Joaquim. Abkürzungen: Achim, Akim, Jo, Jockel, Joe, Joggi, Jojo, Jokim, Jiri, Kim. Namenstag: 26. Juli.

Joasch, **Joas:** ein biblischer Name. Aus dem Hebräischen. Die Bedeutung: Gott ist stark. Abkürzungen: Jo, Joe, Jojo.

Jobst: kurz und salopp; passt zu jedem Familiennamen; klingt jedoch besser mit einem längeren. Eigentlich eine Kurzform von → Jodokus. Abkürzungen: Jo, Job, Joe.

Jochen, auch **Jochem**, **Jochim:** zeitlos und unkompliziert; immer gefragt. Verwandt mit → Joachim. Abkürzungen: Jo, Joe, Jockel, Joggi, Joke, Jojo.

Jodocus, **Jodokus** oder **Jodok:** ein zeitloser Name. Aus dem Keltischen. Bedeutung: der Krieger. Im englischen Sprachraum: Jocey oder Joyce. Abkürzungen: Jo, Jockel, Joe, Joggi, Jojo, Job, Jobst, Joos, Jost, Joost.

Joel: ein biblischer Name, der heute in vielen Ländern beliebt ist. Aus dem Hebräischen. Die Bedeutung: Jehova ist Gott. Abkürzungen: Jo, Joe, Jojo, Joke.

Jöran, **Jörn:** → Jürgen/Georg.

Jörg, **Jörgen:** → Jürgen/Georg.

Johannes, auch **Johann**, **Johanno:** ein biblischer Name. Aus dem Hebräischen. Die Bedeutung: Gott ist gnädig. In Russland: Ivan, Iwan; in Schweden und Norwegen: Johan, Jöns oder Hasse; in Finnland: Juhani oder Jukka; in Italien: Gian, Gianni, Giannino, Giovanni oder Giovannino; in Frankreich: Jean; in Spanien: Juan; in Dänemark: Evan, Iven, Jens; in Polen: Janek; in Ungarn: Jankó und János; in Tschechien: Hanus oder Huschke; in Slowenien: Jovan; in Litauen: Janis; in Friesland: Jehannes. Abkürzungen: Gian, Gianni, Gion, Hanke, Hanko, Hannes, Hanno, Hannu, Hans, Hasse, Jack, Jahn, Jais, Jan, Janek, Janis, Janko, Jes, Jess, Jo, Jockel, Joe, Jöns, Joggi, John, Johnny, Jojo, Joke, Jon, Jonny, Joos, Jorn, Jussi. Namenstag: 31. Januar.

John: kurz, knapp und unkompliziert; international; passt zu jedem Familiennamen, in jedes Land. Kurzform von → Johannes. Kosenamen: Johnny, Jonny.

Joke: fröhlich und unkompliziert; passt am besten zu einem längeren Familiennamen mit weichem Klang. Kurzform von → Johannes.

Jon: unkompliziert; einfach in der Schreibweise; passt am besten zu einem längeren Familiennamen. Ebenfalls eine Kurzform von → Johannes.

Jona, Jonas: ein biblischer Name; angenehmer Klang, einfache Schreibweise; passt überall und immer; in vielen Ländern bekannt; steht heute auf der Hitliste der beliebtesten Namen weit oben. Aus dem Hebräischen. Bedeutung: die Taube. In Italien: Giona.

Jonathan: ein beliebter biblischer Name; zeitlos. Aus dem Hebräischen. Bedeutung: Geschenk Gottes, Gott hat gegeben. Abkürzungen: Jo, Jon, Nat, Nathan.

Jordan: ein alter deutscher Name; unverbraucht, da selten; besonders, aber nicht abgehoben. Aus dem Germanischen. Bedeutung: Erde und kühn. In den Niederlanden: Jordaan; in Italien: Giordano; in Frankreich: Jourdain.

Joris: schlicht und einfach; passt nahezu überall und zu den meisten Familiennamen. Ein niederländischer Name, hergeleitet von → Gregor. Die niederdeutsche Fassung: Jooris. Abkürzungen: Jo, Jojo, Rick.

Jorit, Jorrit: frisch, unverbraucht und unkompliziert; passt fast überall. Aus dem Niederdeutschen. Hergeleitet von dem Namen → Eberhard. Abkürzungen: Jo, Jojo, Rick.

Jork: kurz und einprägsam; originell, aber nicht aufgesetzt; verträgt sich mit den meisten Familiennamen. Slawisch. Hergeleitet von → Georg; verwandt mit York/Yorck.

Josef, Joseph: traditioneller biblischer Name; alt, aber nicht altmodisch. Aus dem Hebräischen. Bedeutung: Gott möge hinzufügen. In Italien: Giuseppe; in Frankreich: Josephe; in Spanien: José; in Ungarn: József; in Russland: Ossip, Josip; in Polen: Józef. Slawisch: Josip. Abkürzungen: Jo, Joe, Jojo, Jos, Josch, Joscha, Joschka, Jossel, Jupp, Pepe, Pepito, Sepp. Namenstag: 19. März.

Jost, Joost: individuell; kurz und einprägsam; nicht zu bekannt; am besten mit einem längeren Familiennamen zu kombinieren. Ein niederländischer Name. Geht wohl auf

→ Josua oder → Jodocus zurück. Aus dem Keltischen. Bedeutung: der Krieger. Abkürzungen: Jos, Jojo.

Josua: zeitloser biblischer Name; passt überall und zu den meisten Familiennamen. Aus dem Hebräischen. Bedeutung: Gott hilft. Abkürzungen: Jo, Jos.

Juan: → Johannes.

Jürgen, Juergen, Jürn: vor Jahrzehnten noch in Mode, ist der Name inzwischen weniger gefragt. Norddeutsch. Abgeleitet von → Georg. In Dänemark: Jörgen; in Schweden: Göran, Jöran; in Polen: Jerzy; im Niederdeutschen: Jörn. Abkürzungen: Jorn, Jörn, Jürg, Jürko.

Jules: → Julius.

Julian: ein romantischer Name. Hergeleitet von Juliane. Aus dem Lateinischen. Bedeutung: ein römischer Familienname. In Italien: Giuliano; in Frankreich: Julien. Abkürzungen: Ano, Jul, July, Lano, Lilus.

Julien: → Julian.

Julio: → Julius.

Julius: ein klassischer Name; in vielen Ländern bekannt. Aus dem Lateinischen. Bedeutung: Hinweis auf eine Familie. Im Englischen: Giles; in Frankreich: Jules, Julien; in Italien: Giulio, Luglio; in Spanien: Julio. Abkürzungen: Jul, Jus. Namenstag: 12. April.

Justus, Justin oder **Justinus, Justinian, Justinianus:** ein internationaler Name; vor allem der Name Justin ist sehr beliebt. Aus dem Lateinischen. Bedeutung: der Gerechte. Gilt auch als Kurzform von → August. In Frankreich: Juste; in Spanien: Justo. Abkürzungen: Jus, Just, Tino.

Kai, **Kay:** friesischer Name. Aus dem Althochdeutschen. Bedeutung: der Streit. In Dänemark: Kaj.

Kajetan, **Cajetan:** selten, aber nicht übertrieben originell; passt am besten zu einem neutralen oder besonders klangvollen Familiennamen. Aus dem Lateinischen. Bedeutung: eine Ortsbezeichnung. Abkürzungen: Kaj, Tano.

Karl, **Carl:** einfach und schnörkellos; passt in jedes Land, zu jedem Familiennamen. Bedeutung im Mittelhochdeutschen: freier Mann. In Frankreich und England: Charles; in Spanien, Portugal und den Niederlanden: Carlos; in den Niederlanden, Dänemark und Tschechien: Karel; in Italien: Carlo; in Rumänien: Carol; in Polen: Karol; in Ungarn: Károly. Kosenamen: Calle, Cary, Carey, Charlie, Charly, Kalle. Namenstag: 3. Juni.

Karol: → Karl.

Karsten, **Carsten:** vor allem in Norddeutschland bekannt. Niederdeutsche Fassung von → Christian.

Kasimir, **Casimir:** extravaganter slawischer Name; passt nicht zu jedem Familiennamen. Bedeutung: verkünden, der Friede. In Spanien: Casimiro. Abkürzungen: Cass, Kass, Miro, Simio. Namenstag: 4. März.

Kaspar, **Caspar:** ein alter Name, der überall und zu den meisten Familiennamen passt; zeitlos. Norddeutsch, persischen Ursprungs. Bedeutung: der Schatzmeister. In Frankreich: Gaspard; im Englischen, in Spanien und Portugal: Gaspar; in Italien: Gaspare; in Italien und Spanien außerdem: Gasparo; in Ungarn: Gáspár; in Skandinavien und den Niederlanden: Jasper, Jaspar, Jesper. Abkürzungen: Cass, Gary, Gass, Paro. Namenstag: 6. Januar.

Kastor, **Castor:** zeitlos, fern jeder Mode. Aus dem Griechischen. Bedeutung: sich auszeichnen; auch bekannt als der Sohn von Leda und Zeus.

Keith: ungewöhnlicher Name schottischen Ursprungs; nicht mit jedem Familiennamen gut zu kombinieren. Aus dem Englischen. Bedeutung: eine Ortsbeschreibung.

Keld, **Kield**, **Kjeld**, **Kjell:** nordisch und auch vor allem in Norddeutschland bekannt; gut mit längeren, typisch norddeutschen Familiennamen zu kombinieren. Bedeutung: der Helm. In Schweden: Kjüll.

Kelvin: in neuerer Zeit immer beliebter; passt zu den meisten Familiennamen. Aus dem Irischen/Gälischen. Bedeutung: vom nahen Fluss. Abkürzungen: Kell, Ken.

Kenneth: ein ungewöhnlicher englischer Name; modern und lässig. Aus dem Keltischen. Bedeutung: tüchtig. In Irland: Canice. Abkürzungen: Ken, Kerry.

Keno: einfach und unverbraucht; angenehm im Klang durch die Vokale e und o. Ein friesischer Name, der immer passt. Hergeleitet von → Kuno/Konrad.

Kent: zeitgemäß, neuartig; passt besonders gut zu einem schlichten oder klangvollen Familiennamen. Aus dem Walisischen. Bedeutung: der Weiße.

Kersten: niederdeutscher Name. Verwandt mit → Karsten und → Christian.

Kevin: nicht zu lang und einfach in der Schreibweise; ein englischer Name, der sich längst eingebürgert hat und beliebt ist. Bedeutung: hübsch. Kosenamen: Kehe, Vino.

Kilian: irisch/schottisch; zunehmend beliebter; mit den meisten Familiennamen gut zu kombinieren. Aus dem Keltischen. Bedeutung: der Krieg. Abkürzungen: Kill, Kim. Namenstag: 8. Juli.

Kim: nordisch. Wird als Abkürzung von → Joachim aufgefasst; gilt auch als englischer/irischer Name keltischen Ursprungs mit der Bedeutung: der Kriegsführer.

Kirby: neuartig, leicht und fröhlich. Ein angloamerikanischer Name, ursprünglich aber nordisch. Bedeutung: der aus dem Kirchendorf.

Kirk, **Kerk:** selten; passt am besten zu einem längeren, nicht ganz alltäglichen Familiennamen; vor allem in England und Amerika beliebt. Nordisch. Bedeutung: der aus dem Kirchendorf.

Klaus, Claus: einfach und prägnant; über Generationen beliebt; passt besonders gut zu einem längeren Familiennamen. Seit dem Mittelalter selbstständige Kurzform von → Niko aus. Namenstag: 25. September.

Knut: nordisch. Bedeutung: aus edlem Geschlecht. Auch aus dem Althochdeutschen abzuleiten mit der Bedeutung »freimütig«. In Dänemark: Knud. Namenstag: 10. Juli.

Kolbert: schnörkellos und klar; selten. Aus dem Altenglischen/Althochdeutschen. Bedeutung: die Quelle und glänzend. In Frankreich: Colbert. Abkürzungen: Bert, Con.

Korbinan, Corbinian: vor allem in Süddeutschland beliebter Name. Aus dem Althochdeutschen. Bedeutung: kleiner Rabe. Abkürzungen: Bi, Bibi, Bini, Corby, Korby. Namenstag: 20. November.

Kord, Koord, Kort oder **Cord:** ein Name, der zum weiten Horizont im Norden passt. Ursprünglich eine Kurzform von → Conrad/Konrad. In Dänemark: Kort.

Korneel, Kornelius: → Cornelius.

Kosmas, Cosmas: ein interessanter griechischer Name; passt allerdings nicht zu jedem deutschen Familiennamen. Bedeutung: Ordnung. In Frankreich: Cosme; im englischen Sprachraum: Cosmo; in Italien: Cosimo oder Cosmo. Namenstag: 26. September.

Kosta: → Constantin.

Krister, Kristian: → Christian.

Kristof, Kristoffel, Kristoffer: → Christoph.

Kuno: früher beliebt, heute eher selten; schick und zeitgemäßer ist die friesische Form Keno. Ursprünglich eine Abkürzung von → Conrad/Konrad.

Kurt, Kurd, auch **Curt, Curd:** vor Jahrzehnten beliebt, dann fast vergessen. Eine Kurzform von → Conrad/Konrad.

Ladislaus: außergewöhnlich, weckt Neugier; passt aber nicht zu jedem Familiennamen. Slawisch. Bedeutung: Macht und Ruhm. Abkürzungen: Adi, Claus, Klaus, Ladi, Lado.

Lajos: → Ludwig.

Lambert, Lampert: zeitlos, nie ein Trend; passt nahezu überall und zu fast allen Familiennamen. Aus dem Althochdeutschen. Bedeutung: das Land und glänzend. Abkürzung: Bert. Namenstag: 18. September.

Lancelot, Lanzelot: originell und anspruchsvoll; passt entweder zu einem schlichten oder besonders klangvollen Familiennamen. Aus dem Altenglischen. Bedeutung: bezieht sich auf die Artus-Sage. Abkürzungen: Lan, Lenz.

Landolf, Landulf: ein alter Name; heute eher in der Kurzform Lando gefragt. Aus dem Althochdeutschen. Bedeutung: das Land und der Wolf.

Larry: ein lässiger englischer Name; in vielen Ländern bekannt. Eine Kurzform von Namen mit der Anfangssilbe »La« wie zum Beispiel Lamprecht.

Lars: schwedisch, inzwischen aber in vielen Ländern beliebt. Kurzform von → Laurenz/Laurentius.

Laslo: neuartig, aber nicht übertrieben originell. Ungarisch. Hergeleitet von Ladislaus. Aus dem Slawischen. Bedeutung: Macht und Ruhm.

Lasse: fröhlich und unbeschwert. Schwedisch, aber inzwischen auch über Schweden hinaus bekannt. Verwandt mit → Laurenz/Laurentius.

Laurence, Lawrence: → Laurenz.

Laurenz, Laurens, Laurent, auch **Laurentius:** individuell und attraktiv; passt meistens; die fremdsprachigen Formen sind gerade im Kommen. Aus dem Lateinischen. Einst ein Familienname. In den Niederlanden und Norwegen: Lavrans; in Dänemark: Laurids; in Schweden: Laurens, Laurits oder Lavranz; in Russland: Lawrenti; im Englischen: Laurence, Lawrence, Laurel; in Frankreich: Laurent. Abkürzungen: Enz, Enzo, Lars, Lauri, Laurie, Lauro, Lenz, Lorry, Renz, Renzo. Namenstag: 21. Juli.

Laurids, Laurits: → Laurenz.

Laurin: freundlich und heiter; ungewöhnlich, aber nicht zu ausgefallen. Bedeutung: bezieht sich auf die Dietrichsage.

Lauritz: beschwingt, fröhlich und unkompliziert; individuell, passt sich aber überall an. Hergeleitet von Laurids, Laurits, → Laurenz. Abkürzungen: Lenz. Rick, Rik.

Leander, Leandros: erinnert an Sonne und Süden. Aus dem Griechischen. Bedeutung: Mann und Volk. In Italien: Leandro; in Frankreich: Léandre. Abkürzungen: Len, Leo.

Leberecht, Lebrecht: selten, aber nicht überzogen. Bedeutung: bezieht sich auf den Roman »Leberecht Hühnchen«. Abkürzungen: Brecht, Leo.

Leif, Leiff, Lejeff: individuell; außergewöhnlich, aber nicht abgehoben; passt gut zu einem längeren, schlichten Familiennamen. Nordisch. Bedeutung: Sohn, Erbe.

Lenard, Lenhard, Lennart, Lennert: → Leonhard.

Leo: beliebt; unkompliziert und angenehm im Klang; gut mit nahezu jedem Familiennamen zu kombinieren, möglichst mit einem längeren. Aus dem Lateinischen. Bedeutung: der Löwe. In Frankreich: Léon; in Italien: Leone; in Russland: Lew. Namenstag: 19. April.

Leon, Leonidas: angenehm im Klang, einfach in der Schreibweise; gute Ausstrahlung; der Name Leon erfüllt die Kriterien, die viele auf der Suche nach einem geeigneten Namen anlegen, er zählt zu den beliebtesten Jungennamen. Aus dem Griechischen. Bedeutung: der Löwenstarke. In Russland: Leonid. Abkürzungen: Leo, Len, Lenz.

Leonard: → Leonhard.

Leonhard: die ersten Silben aus dem Lateinischen, die letzte Silbe aus dem Althochdeutschen. Bedeutung: der Löwe und hart. In Schweden, den Niederlanden und in Friesland: Lennart, Lennert; in Friesland auch: Lenard, Lenhard; in Schweden: Linnart; im Englischen: Leonard; in Frankreich: Léonard; in Italien: Leonardo, Lenardo, Linardo. Abkürzungen: Hartl, Len, Lenny, Leo, Leon, Lenz. Namenstag: 6. November.

Leopold: vor allem in Süddeutschland bekannt. Aus dem Althochdeutschen. Bedeutung: das Volk und kühn. In Frankreich: Léopold; in Italien: Leopoldo. Abkürzungen: Len, Leo, Lenz, Leon, Pol, Poldo, Pole, Polle. Koseform: Poldi. Namenstag: 15. November.

Lester: lässig und chic; international; passt zu vielen, aber nicht zu jedem deutschen Familiennamen. Aus dem Englischen. Abkürzungen: Les, Teo.

Levi: ein biblischer Name. Aus dem Hebräischen. Bedeutung: zugetan.

Levin, **Lewin**, **Leveke:** ein weicher und zärtlicher Name. Friesisch, abstammend von Liebwin. Bedeutung: lieb und der Freund. Abkürzungen: Lev, Winn.

Levold, **Lewold:** niederdeutsch, zurückzuführen auf Liebhard. Aus dem Althochdeutschen. Bedeutung: lieb und hart. Abkürzungen: Leo, Lev, Lew, Woldo.

Lewerenz: besonders, aber nicht ausgeflippt; passt vor allem zu schlichten Familiennamen. Niederdeutsch. Angelehnt an → Laurenz/Laurentius. Abkürzungen: Lenz, Lew.

Liborius: anspruchsvoll und edel; passt jedoch nicht zu jedem Familiennamen. Aus dem Lateinischen. Bedeutung: frei. Die niederdeutsche Form: Börries.

Liebrecht: ein alter, traditioneller Name mit angenehmer Bedeutung: lieb und glänzend. Abkürzungen: Li, Brecht.

Lienhard, **Lienhart:** ein alter deutscher Name; mit der Zeit fast in Vergessenheit geraten. Verwandt mit → Leonhard. Abkürzungen: Len, Lenz, Linn, Lino.

Linnart: → Leonhard.

DIE BELIEBTESTEN NAMEN AUS DEM JAHR 2001 IN DEN USA

➤ Bei den Jungen: Jacob, Michael, Joshua, Matthew, Andrew, Joseph, Nicholas, Anthony, Tyler und Daniel.

➤ Bei den Mädchen: Emily, Hannah, Madison, Samantha, Ashley, Sarah, Elizabeth, Kayla, Alexis und Abigail.

Linus: schnörkellos; einfach in der Schreibweise; gut zu merken; passt auch gut zu den meisten Familiennamen. Aus dem Griechischen. Bedeutung: Klagegesang. Abkürzung: Linn. Namenstag: 23. September.

Lionel, Lion, Lyonel: englisch/italienisch; in vielen Ländern beliebt; verträgt am besten einen eher neutralen oder klangvollen Familiennamen. Verwandt mit → Leon/Leonidas. In Frankreich: Lionne; als Kosename in Italien: Lionelo; in Russland: Leonid. Abkürzungen: Lenz, Linn.

Livius: klassisch; individuell, aber nicht übertrieben originell. Aus dem Lateinischen. Bedeutung: einst ein Familienname. Abkürzungen: Lif, Liv, Vio.

Lois: → Alois.

Lorenz: traditionell, kein Trendname. Verwandt mit → Laurenz/Laurentius. In Italien: Lorenzo. Abkürzungen: Lenz, Leo, Lo, Lorry, Renz.

Loris: schlicht und unkompliziert; in vielen Ländern beliebt, vor allem in der Schweiz; passt aber nahezu überall. Italienisch. Verwandt mit → Laurenz/Laurentius.

Lothar: füher sehr verbreitet, inzwischen nur noch selten im Gespräch. Aus dem Althochdeutschen. Bedeutung: berühmt und Heer; auch bekannt als mittelalterlicher Fürstenname.

Louis: → Ludwig.

Lovis, Lowis: neuartig und frisch; passt fast überall. Niederdeutsch. Abstammung von → Ludwig/Lodewik. Andere Formen: Lowig, Lowik.

Luca: → Lukas.

Lucian, Lucius, Luzius: klassisch; passt am besten zu einem schlichten oder klangvollen Familiennamen. Aus dem Lateinischen. Bedeutung: bei Tagesanbruch geboren. In Italien: Lucio, Luciano; in Frankreich: Lucien; in Irland: Lucan. Abkürzungen: Luc, Lucky. Namenstag: 2. Dezember.

Ludger: zeitlos, traditionell; verwandt mit dem alten deutschen Namen Luitger. Bedeutung: Volk und Speer. In Friesland: Lutjer. Abkürzungen: Lu, Ludo, Gerry.

Ludwig: ein alter deutscher Name; wieder zunehmend gefragt; passt überall und immer. Bedeutung: berühmt und

L

Kampf. In den Niederlanden: Lodewik oder Lowik; in Frankreich: Louis; im englischen Sprachraum: Lewis; in Italien: Lodovico, Lodowico, Luigi; in den Niederlanden: Lodewik; in Schweden: Ludvig; in Spanien: Luis, Luiz; in Osteuropa: Ludvik, Ludwik. Abkürzungen: Lu, Ludo, Luggi, Luik, Lupo. Namenstag: 25. August.

Lübbers, Lübbert, Lübbo oder **Lübe:** klar und einfach; die Namen passen am besten zu typisch norddeutschen Familiennamen. Abgeleitet von Namen mit der Anfangssilbe »Luit«, die »das Volk« bedeutet. Abkürzungen: Lu, Lü.

Lüder, Lüdeke oder **Luideke:** im Klang ein Genuss für echte Norddeutsche. Friesisch. Verwandt mit → Ludwig; auch bekannt durch den alten plattdeutschen Kinderreim: Lüder, Lüder, Rumpelsteert, ist keen dree Swaren weert. Kosename: Lütjen. Abkürzungen: Luc, Lük.

Lükko, Lüko: friesisch, erinnert an das Plattdeutsche. Kurzform von Namen mit der Anfangssilbe »Luit«. Bedeutung: das Volk. Abkürzungen: Luc, Lük.

Luigi: → Ludwig.

Luis, Luiz: → Ludwig.

Luitpold: vor allem in Bayern beliebt. Abstammung von Luitbald. Aus dem Althochdeutschen. Bedeutung: das Volk und kühn. Abkürzungen: Lui, Poldi.

Lukas, Luca, Lucas: angenehmer Klang, einfache Schreibweise, gute Ausstrahlung; passt nahezu zu jedem Familiennamen; zählt zu den beliebtesten Jungennamen; biblisch. Aus dem Griechischen. Bedeutung: der Lucanier. In Polen: Lukarz. Abkürzungen: Lu, Luc, Luch, Luke, Lux. Namenstag: 18. Oktober.

Lutz: kurz, knapp; mit jedem Familiennamen zu kombinieren. Kurzform von → Ludwig.

Lyder: originell, aber nicht überkandidelt; im Süden weitgehend unbekannt. Aus dem Nordischen. Bedeutung: Volk und Krieger. Abkürzung: Ly.

Lysander: ein eleganter, anspruchsvoller Name; passt weniger gut zu einem alltäglichen Familiennamen. Aus dem Griechischen. Bedeutung: der Freigelassene. In Italien: Lisandro. Abkürzungen: Sander, Sandro.

M

Magnar: klingt interessant, macht neugierig; harmoniert mit den meisten Familiennamen. Norwegisch. Verwandt mit dem Namen → Magnus.

Magnus: klassisch, anspruchsvoll. Aus dem Lateinischen. Bedeutung: der Große. In Irland: Manus; in Norwegen: Magne oder Magnar; nordisch: Mogens. Abkürzung: Mans. Namenstag: 6. September.

Mainart: ein typisch norddeutscher Name. Angelehnt an → Meinhard. Abkürzung: Maint.

Maio, auch **Meio:** ein alter germanischer Name; selten. Verwandt mit Meinald. Bedeutung: die Macht und walten.

Malcom: neuartig; passt nicht zu jedem Familiennamen. Aus dem Gälischen. Bedeutung: eine Ortsbezeichnung. Abkürzungen: Mal, Mel.

Malte, Molte: unkompliziert; passt fast überall. Dänisch, aber auch in anderen Ländern bekannt. Herkunft und Bedeutung sind umstritten.

Malwin: selten; alt, aber nicht altbacken; passt zu fast jedem Familiennamen. Aus dem Althochdeutschen. Bedeutung: Rat und Freund. Abkürzungen: Mal, Win.

Manfred: vor Jahrzehnten sehr gefragt, heute weniger. Abstammung von Manfried. Bedeutung: Mann und Frieden. Abkürzungen: Fred, Freddie, Freddy, Mano.

Manuel: liebenswerte Kurzform von → Emanuel/Immanuel. In Spanien: Manolo, Monlito; in Italien: Manuele. Abkürzungen: Mano, Manu.

Marcel, Marcelin, Marzell: beliebter französischer Name; leicht und freundlich. Hergeleitet von Marcellus/Marzellus. Aus dem Lateinischen. Bedeutung: einst ein Familienname. In Italien: Marcello. Namenstag: 16. Januar.

Marco, Marko: → Markus.

Marian: weckt Sehnsucht nach dem Süden; besonders, aber nicht zu ausgefallen; mit fast jedem Familiennamen gut zu koppeln. Kurzform von → Marius. Abkürzungen: Maris, Maro. Namenstag: 22. Dezember.

Marinus: zeitloser niederländischer Name; individuell, aber nicht übertrieben originell. Aus dem Lateinischen. Bedeutung: am Meer lebend. In Frankreich: Marin; in Italien: Marino. Kosename: Marinello. Abkürzungen: Maris, Maro, Rick, Ricky, Rik, Rino.

Mario: beliebt, unkompliziert und melodiös. Italienisch, aber in vielen Ländern bekannt. Aus dem Lateinischen. Bedeutung: aus dem Geschlecht der Marier stammend. Als Kosename: Mariolino. Abkürzungen: Lino, Mio.

Marius: klassisch, schlicht. Aus dem Lateinischen. Ursprünglich ein Familienname. Namenstag: 4. Januar.

Mark, Marc: ein unkomplizierter, beliebter Name, der sich überall problemlos anpasst. Ursprünglich eine Kurzform von → Markus/Marcus.

Markus, Marcus: zeitloser biblischer Name; nach wie vor beliebt, auch die fremdsprachigen Formen; unkompliziert in der Schreibweise; mit jedem Familiennamen zu kombinieren. Aus dem Lateinischen. Bedeutung: der Kriegerische. Im Englischen: Mark; in Frankreich: Marc, Marcel; in Italien und Spanien: Marco; slawisch: Marko; in Osteuropa: Marek. Namenstag: 25. April.

Marlin: → Merlin.

Marlon, Marlo: individuell, aber nicht zu ausgefallen; passt zu fast jedem Familiennamen; international. Verwandt mit → Merlin.

Martin: traditionell, zeitlos. Aus dem Lateinischen. Bedeutung: dem Gott Mars geweiht. In den Niederlanden: Martinus, Martijn, Merten; in den Niederlanden und Schweden: Marten; in Dänemark: Mort, Morton, Morten (auch in Norwegen); in Italien und Spanien: Martino, Marzio; in Polen: Marcin. Abkürzungen: Mart, Maart, Maarten, Mertel, Merten, Tino. Namenstag: 11. November.

Marwin: ausgefallen, aber nicht aufgesetzt. Aus dem Althochdeutschen. Bedeutung: berühmt und Freund. Im

Englischen die schickeren Schreibweisen: Marvin, Mervin. Abkürzungen: Marv, Win, Winnie.

Mathew, Mathieu, Matteo: → Matthias.

Mathis: zeitgemäß, leicht und unkompliziert; passt überall. Niederdeutsch, entwickelt aus → Matthias.

Matthias, Mattias, Matthäus: ein zeitloser biblischer Name; traditionell; kombinierbar mit nahezu jedem Familiennamen; die fremdsprachigen Formen sind inzwischen sogar teilweise beliebter. Aus dem Hebräischen. Bedeutung: Geschenk Gottes. In Frankreich: Mathieu; im englischen Sprachraum: Mathew, Matthew; in Italien: Matteo, Mattia; in Portugal und Spanien: Matias; in Schweden: Mats, Mads; in Finnland: Matti. Kosenamen und Abkürzungen: Hias, Mads, Mathi, Matheis, Mats, Mato, Matt, Matte, Matti, Matts, Tewes, Theis, Thies, Thieß, This. Namenstag: 24. Februar.

Maurice: → Maurus, → Moritz.

Mauritius: ein eleganter, klassischer Name. Verwandt mit → Maurus. In England und Frankreich: Maurice; in England auch: Morris; in Spanien: Mauricio, in Italien: Maurizio; in Dänemark: Mourids. Die eingedeutschte Form: Moritz. Namenstag: 22. September.

Maurits, Mauriz: → Maurus, → Moritz.

Maurus: klassisch; individuell, aber nicht zu abgehoben. Aus dem Lateinischen. Bedeutung: der Maure, der Mohr aus der römischen Provinz Mauritania. In den Niederlanden: Maurits; in Frankreich: Maurice; in Spanien: Murillo; in Italien: Mauro und Maurizio. Abkürzungen: Mat, Mauro, Rick, Ricky, Rik. Namenstag: 15. Januar.

Max: kurz und prägnant; sehr beliebt; passt eigentlich überall und immer. Kurzform von → Maximilian.

Maxim, Maximin, Maximus: ungewöhnlicher als Max/Maximilian. Aus dem Lateinischen. Bedeutung: der Größte. In Frankreich: Maxime; in Italien: Massimo; in Spanien: Maximo. Abkürzungen: Max, Maxi. Namenstag: 29. Mai.

Maximilian: auf der Hitliste der beliebtesten Namen ganz oben; zeitlos und traditionell. Aus dem Lateinischen. Bedeutung: aus dem Geschlecht des Maximus. In Frankreich:

Maximilien; in Italien: Massimiliano. Abkürzungen: Max, Maxi. Namenstag: 14. August.

Meik, Maik, Meiko: niederdeutsch. Kurzform von Namen mit der Anfangssilbe »Mein« wie Meinfried oder Meinhard. Bedeutung: die Macht.

Meinhard, Mainhard: traditionell. Aus dem Althochdeutschen. Bedeutung: Macht und hart. In Friesland: Meinert, Mainart; in Frankreich: Menard. Abkürzungen: Maio, Maint, Meio, Meint, Mel.

Melcher, Melchert: originell und unverbraucht; passt nahezu überall und immer. Friesisch. Verwandt mit → Melchior. Abkürzung: Mel.

Melchior: traditioneller Name; durch die drei verschiedenen Vokale sehr angenehm im Klang. Aus dem Hebräischen. Bedeutung: Gott ist König; auch bekannt durch die Heiligen Drei Könige. Abkürzungen: Mel, Melch, Melk. Namenstag: 6. Januar.

Melf: unkomplizierter friesischer Name; kurz und bündig; passt besonders gut zu einem längeren Familiennamen. Bedeutung nicht sicher geklärt; eventuell verwandt mit dem Namen → Malwin.

Melvin: ein internationaler Name; individuell, passt sich aber trotzdem überall problemlos an. Verwandt mit dem althochdeutschen Namen Malwin. Aus dem Englischen. Bedeutung: der Freund des Schwertes. Abkürzung: Mel.

Mering: schlicht und schnörkellos; passt jedoch nicht zu jedem Familiennamen. Friesisch. Herkunft ungewiss.

Merlin, Marlin: ein ungewöhnlicher italienischer/englischer Name; heute in vielen Ländern bekannt; ist mit fast jedem Familiennamen zu koppeln. Bedeutung: der Falke. Abkürzung: Mel.

Michael: traditionell und immer beliebt; passt eigentlich zu jedem Familiennamen. Aus dem Hebräischen. Bedeutung: Wer ist Gott? Im Englischen: Mike; in Schottland: Micheil; in Frankreich: Michel; in den Niederlanden: Michel, Michiel, Michiels; in Dänemark und Schweden: Mickel, Mikkel, Mikael (auch in Norwegen); in Italien: Michele; in Spanien und Portugal: Miguel; in Russland:

Michail, Miklas, Mikola, Mikolas. Abkürzungen: Mickel, Micki, Mikal, Mikki, Micha, Michel, Minja, Mitja, Mito, Mischa. Namenstag: 29. September.

Michel: → Michael.

Milan: ein slawischer Name, der in vielen Ländern bekannt ist. Kurzform von Miroslaw. Bedeutung: Friede und Ruhm. Eine andere Form: Milo.

Mirko: nicht zu ausgefallen, aber auch nicht zu alltäglich. Slawische Kurz- und Koseform von Miroslaw. Bedeutung: Friede und Ruhm.

Mombert: ungewöhnlich und ziemlich unbekannt; ein schlichter, alter deutscher Name, der zu den meisten Familiennamen passt. Bedeutung: Geist und glänzend. In Friesland: Momke. Abkürzungen: Bert, Momo.

Morgan: neuartig und lässig; passt zu den meisten Familiennamen. Aus dem Englischen/Keltischen. Bedeutung: auf See. Abkürzung: Monty.

Moritz: sehr beliebt; passt überall und immer. Verwandt mit → Mauritius. In Frankreich: Maurice; im Englischen: Morris; in den Niederlanden: Mauritius, Maurits; in Italien: Maurizio; in Tschechien: Moric. Abkürzungen: Mo, Momo, Monty, Mosche. Namenstag: 22. September.

Morris: → Mauritius.

Morten, Morton: → Martin.

Mortimer: exklusiv, ungewöhnlich; passt am besten zu einem betont schlichten oder besonders klangvollen Familiennamen. Englisch, aber über die Grenzen Englands hinaus bekannt. Bedeutung: einst eine Ortsbezeichnung. Abkürzung: Monty. Koseform: Morty.

Mose, Moses: biblischer Name. Aus dem Hebräischen. Bedeutung: aus dem Wasser gezogen. Oder: ägyptisches Kind (bezieht sich dann auf die biblische Geschichte von Moses). In den Niederlanden: Mozes; in Frankreich: Moïse.

Nadim: arabisch. Bedeutung: der Freund.

Nanno: erfrischender friesischer Name; klingt weich und warm; ungewöhnlich, weckt Neugier; passt aber trotzdem zu den meisten Familiennamen. Aus dem Germanischen. Bedeutung: wagemutig.

Nat: kurz und bündig und unkompliziert; international, passt in jedes Land, zu jedem Familiennamen. Aus dem Englischen. Kurzform von → Nathan.

Nathan: anspruchsvoller biblischer Name. Aus dem Hebräischen. Bedeutung: Gabe. Wird auch als Kurzform von → Jonathan verstanden. Abkürzung: Nat.

Neil, Neal: international. Aus dem Englischen/Gälischen. Bedeutung: die Wolke.

Nelson: frisch und unverbraucht; international, passt auch zu deutschen Familiennamen. Aus dem Englischen. Bedeutung: Sohn von Neil. In Irland: Neil. Abkürzung: Ned.

Nepomuk: origineller slawischer Name. Bedeutung: eine Ortsbeschreibung. Abkürzungen: Nemo, Muck, Muk.

Nestor: ungewöhnlich, aber nicht zu ausgefallen; international; passt auch gut zu deutschen Familiennamen. Aus dem Griechischen. Bedeutung: der immer Zurückkehrende. Abkürzungen: Ned, Net.

Nicol, Nikol: → Nikolaus.

Nicolai, Nikolai: → Nikolaus.

Nikolaus, Niklas: ein Klassiker unter den Namen; passt zu fast jedem Familiennamen; nach wie vor sehr gefragt; auch die fremdsprachigen Formen sind durchweg beliebt. Aus dem Griechischen. Bedeutung: Sieger und Volk. Im Englischen: Nicolas, Nicholas; in Frankreich: Nicolas; in Italien: Niccolo, Nicola; in Spanien: Nicolás; in Russland:

Nicolai, Nikolai, Nikolaj, Nikita; in den Niederlanden: Nicolaas; in Dänemark und Schweden: Niels; in Finnland: Launy; in Friesland: Niklas, Niklaus; in Ungarn: Miklós. Kosenamen: Kolja oder Kolinke. Abkürzungen: Klas, Klaas, Klaus, Nic, Nico, Nicol, Nick, Nickel, Nicki, Nigg, Nik, Nickl, Niko, Nikol, Nils. Namenstag: 6. Dezember.

Nils: einfache Schreibweise, einprägsam; passt zu nahezu jedem Familiennamen. Eine niederdeutsche Abkürzung von → Cornelius oder eine schwedische Form von → Nikolaus. In Dänemark: Niels oder Nikhil; in anderen nördlichen Ländern: Nisse (auch Koseform).

Noah: ein biblischer Name. Aus dem Hebräischen. Bedeutung: Ruhe, Trost.

Noel: ein französischer Name, der auf Christi Geburt an Weihnachten hinweist.

Norbert: vor Jahrzehnten beliebt, jetzt weniger gefragt. Aus dem Althochdeutschen. Bedeutung: der Norden und glänzend. Abkürzung: Bert. Namenstag: 6. Juni.

Norman, Normann: ein origineller Name, der aber trotzdem zu den meisten Familiennamen passt; international. Aus dem Englischen, ursprünglich aus dem Althochdeutschen. Bedeutung: der Mann aus dem Norden. Abkürzungen: Nono, Nouno, Mano, Manu.

N

NAMEN – EINE MODESACHE

Namen kommen manchmal so schnell in Mode wie Riemchen-sandaletten, die einen Sommer lang gefragt und im nächsten Jahr schon wieder verschwunden sind. Woher kommen diese immer neuen Trends?

Jede Generation bringt ihre eigenen Moden mit, denn die Jüngeren wollen natürlich alles anders machen als die Älteren. Vor allem wenn sie selbst Mutter und Vater werden, wollen sie nicht gleich wieder in die Fußstapfen der eigenen Eltern treten. Um das deutlich zu machen, brauchen sie natürlich einen neuen Namen für ihr Kind – einen, der gerade jetzt in Mode ist.

Obbo: verwandt mit dem alten deutschen Namen Otto. Friesisch. Die Anfangssilbe »Ot« bedeutet »Besitz«.

Oberon: ein romantischer englischer Name, der an Märchen und Sagen erinnert. Hergeleitet von → Alberich. In Frankreich: Aubry.

Octavius: anspruchsvoll; verlangt nach einem entsprechend anspruchsvollen Familiennamen. Aus dem Lateinischen. Bedeutung: einst ein römischer Familienname. In Italien: Octavio; in Frankreich: Octavien, Octave.

Ode oder **Odde:** eine friesische Form des alten deutschen Namens Otto. Die Anfangssilbe »Ot« bedeutet »Besitz«.

Odilo: fröhlich und erfrischend; ungewöhnlich, aber nicht abgehoben. Ein alter deutscher Name. Koseform zu → Odo. Abkürzungen: Dino, Odo.

Odin: einfach und gerade; passt überall. Ein nordischer Name. Bedeutung: erinnert an den Gott Odin (Wotan). In Schweden: Odon; in Friesland: Okke.

Odo: ein alter deutscher Name. Niederdeutsche Form zu → Otto. Vielleicht hergeleitet von der Anfangssilbe »Ot«, die »Besitz«, oder von »Od«, die »Erbgut« bedeutet.

Ödön: ungarisch; in Deutschland eher selten. Verwandt mit dem Namen → Edmond.

Offe, Offo: ein friesischer Name, der an Salzwiesen und das Meer erinnert. Im Anklang an andere männliche Namen mit der Anfangssilbe »Ot«, die »Besitz« bedeutet, wie zum Beispiel Ottokar.

Okke, Okko: für Norddeutschlandfans. Niederdeutsch. Kurz- und Koseformen zu Namen mit der Anfangssilbe »Ot« oder »Od«. Bedeutung: Besitz oder Erbgut.

Olaf, Olav, auch **Oluf:** einfach und klar; passt nahezu überall und zu jedem Familiennamen. Nordisch, seit langem aber auch jenseits von Skandinavien bekannt. Bedeutung: der Erbe. In Norwegen auch: Ola; in Schweden: Olof, Olov; in Dänemark: Oluf. Namenstag: 10. Juli.

Ole: ein klangvoller, einfacher Name; passt am besten zu einem typisch norddeutschen Nachnamen; vor allem in Skandinavien beliebt. Kurzform von → Olaf/Olav.

Oleg: → Helge.

Olerk: nordisch; passt am besten zu einem typisch norddeutschen Familiennamen. Wahrscheinlich verwandt mit → Olrik/Adalrich.

Olf: kurz und knapp; wirkt am besten in Kombination mit einem klangvollen, längeren, typisch norddeutschen Familiennamen. Ursprünglich eine Kurzform von alten deutschen Namen mit der Anfangssilbe »Wolf«.

Olfert: selten; lässt aufhorchen und weckt Neugier. Ein norddeutscher Name. Abstammung von Alfhard. Bedeutung: der Elf und hart.

Oliver: ein englischer Name, der in vielen Ländern beliebt ist. Abstammung von Olaf/Olav. Bedeutung: der Erbe; vielleicht aber auch verwandt mit dem französischen Namen Olivier, der »Olivenbaum« bedeutet. In Italien: Oliviero. Abkürzung: Ole, Ollie.

Olof: → Olaf.

Olrik: originell; sehr norddeutsch. Abstammung von Adalrich. Bedeutung: edel, reich.

Oltmann: schlicht und gerade; friesisch, über Norddeutschland hinaus wenig bekannt. Ursprünglich aus dem Althochdeutschen. Bedeutung: bewährt und Mann.

Omme, Ommo: ein schöner Zweiklang, der sich am besten mit einem typisch norddeutschen Familiennamen verträgt. Friesisch. Wahrscheinlich verwandt mit dem Namen → Otmar. Eine andere Form: Omke.

Onko: ebenfalls ein friesischer Name, der von seinem Klang lebt; passt am besten an die Waterkant. Herkunft und Bedeutung sind ungewiss.

Onno: seltener friesischer Name; fröhlich und verspielt; lässt aufhorchen. Wahrscheinlich von → Otto abgeleitet, vielleicht auch von → Otmar.

Orell: zeitlos, klassisch; wirkt besonders harmonisch zusammen mit einem betont schlichten oder klangvollen Familiennamen. Aus der Schweiz; angelehnt an → Aurel.

Orion: originell; braucht allerdings einen ebenso originellen Familiennamen, um gut zu wirken. Aus dem Griechischen. Bedeutung: Sohn des Feuers.

Orlando: → Roland.

Orson: lässig und international; passt in jedes Land, aber nicht zu jedem deutschen Familiennamen. Aus dem Altenglischen. Verwandt mit → Roland.

Oskar, **Oscar:** fröhlich, kraftvoll und individuell; lange fast vergessen, jetzt wieder aktueller. Abstammung von Ansgar. Bedeutung: Gott und Speer. Abkürzungen: Ossi, Osso.

Osmund: ein alter, zeitloser Name; ausdrucksvoll und ungewöhnlich. Bedeutung: Gott und Schutz. In Frankreich: Osmond. Abkürzungen: Mondi, Mondo.

Oswald: schlicht und klar; ein alter Name. Aus dem Althochdeutschen. Bedeutung: Gott und walten. Abkürzungen: Ollie, Olly. Namenstag: 29. Februar.

Otmar: ein alter deutscher Name. Bedeutung: Besitz und berühmt. Abkürzungen: Ole, Otto.

Otto: unkompliziert, passt zu jedem Familiennamen; vor Jahrzehnten weit verbreitet, danach aus der Mode gekommen; heute jedoch wieder im Gespräch wie auch andere alte Namen. Die Anfangssilbe »Ot« bedeutet »Besitz«. In Frankreich: Othon; in Italien: Ottone, Ottorino; in Skandinavien: Audun; in Schweden außerdem: Otte; in Tschechien: Ota. Namenstag: 30. Juni.

Ouwe, **Ove**, **Owe:** norddeutsche und dänische Namen. Abstammung von Uwe. Bedeutung ist unklar; wahrscheinlich hergeleitet von Namen mit der Silbe »Od« wie Odo. Bedeutung dann: Erbgut.

P

Pablo: → Paul.

Paddy: fröhlich und verspielt. Aus dem Englischen. Ursprünglich ein Kosename von → Patrick.

Pako oder **Paco:** angenehm und wohlklingend; harmoniert nicht mit jedem Familiennamen. Baskisch und spanisch. Kurzformen, angelehnt an → Franzikus/Francisco.

Pankraz: außergewöhnlich; braucht allerdings auch einen ebenso außergewöhnlichen Familiennamen, um gut zu wirken. Hergeleitet von Pankratius. Aus dem Griechischen. Bedeutung: allmächtig, allsiegend. Abkürzungen: Paco, Paddy, Pal. Namenstag: 12. Mai.

Paolo: → Paul.

Pascal: ein romantischer französischer Name; beliebt. Hergeleitet von Paschalis. Aus dem Lateinischen. Bedeutung: österlich. In Spanien: Pascual; in Italien: Pasquale. Abkürzungen: Calo, Paco, Pad, Paddy.

Patrick, Patrik, Patric: unkompliziert; passt überall und zu fast jedem Familiennamen. Aus dem Englischen, heute international. Hergeleitet von Patricius/Patrizius. Aus dem Lateinischen. Bedeutung: der Patrizier. In Frankreich: Patrice; in Italien: Patrico oder Patrizio. Als Kosenamen: Paddy und Patsy. Namenstag: 17. März.

Paul, Paulus: fröhlich, locker und schnörkellos; auf der Hitliste der beliebtesten Namen weit oben; biblisch. Aus dem Lateinischen. Bedeutung: der Kleine. In Dänemark: Poul; in Finnland: Paavo; in Island: Pall; in Spanien: Pablo; in Italien: Paolo; in Russland und Polen: Pawel; in Tschechen: Pavel; in Ungarn: Pál; in Friesland: Paale, Pai, Paj, Palle, Pals, auch Pol, Pole. Kosenamen: Pascha, Pat, Pol, Pole, Polle. Namenstag: 19. Oktober.

Pavel, Pawel: → Paul.

LIEBER DOCH EINEN UNKOMPLIZIERTEN NAMEN?

Bei komplizierten Namen geraten Kinder beim Buchstabieren und Schreiben leicht ins Schleudern. Vielleicht ein Grund für Eltern, von zu exotischen Namensgebilden Abstand zu nehmen. Außerdem tun sich kleine Kinder schwer damit, einen schwierigen und langen Vornamen klar und deutlich auszusprechen.

Pedro: → Peter.

Peer: → Peter.

Pelle: ein liebenswerter und verspielter schwedischer Name. Abstammung von → Peter.

Percy: ein charmanter englischer Name; passt am besten zu einem neutralen oder ähnlich charmanten Familiennamen. Kurzform von Parsifal/Parzifal, dem Helden einer Sage.

Perry: zeitgemäß und unkompliziert; passt zu jedem Familiennamen und in jedes Land. Ein englischer Name. Kurzform von Peregrin. Bedeutung: der Fremde.

Peter, Petrus: einfach und ungezwungen; passt immer und überall; unvermindert beliebt in vielen Ländern, die ausländischen Formen sind oftmals sogar beliebter; biblisch. Aus dem Lateinischen. Bedeutung: der Felsen. In Friesland: Peeke, Peet, Peeko, Peye oder Pidder; im Englischen neben Peter auch Pete; in den Niederlanden: Petrus, Pier, Piet, Pieter, Pitter; in Finnland: Peko, Pekka, Pietari; in Schweden: Pär, Peer; in Dänemark: Peder; in Russland: Prjotr; in Bulgarien: Petar, Petko; in Polen: Piotr; in den Niederlanden: Petrus, Pier, Piet, Pieter; in Irland: Peadar; in Frankreich: Pierre; in Italien: Pietro, Pier, Piero, auch Pero, Perino; in Spanien: Pedro, Perez. Abkürzungen: Flips, Peco, Peer, Peko, Pes, Pidder, Pike, Pio, Pit, Pitt, Pier. Namenstag: 29. Juni.

Philibert, Filibert: ein alter Name, ähnlich wie Philipp. Aus dem Griechischen. Bedeutung: der Pferdefreund. Oder aus dem Althochdeutschen, Bedeutung dann: viel, glänzend. In Italien: Filiberto. Abkürzungen: Bert, Phil, Phill, Phili, Phily, Philli, Philly.

Philipp, Philip: klassisch, traditionell; international beliebt seit drei, vier Jahrzehnten; ein biblischer Name. Aus dem Griechischen. Bedeutung: der Pferdefreund. Im Englischen: Philip; in Frankreich: Philippe; in Spanien: Felipe; in Portugal: Filipe; in Russland: Filip, Filipp; in Italien: Filippo; im Griechenland von heute: Filippos; in Ungarn: Filko; in Irland: Filib. Abkürzungen: Lippo, Phil, Phili, Phill, Phili, Phily, Philli, Philly, Pippo. Namenstag: 26. Mai.

Pidder: ein Name, der ein Stück Heimat für echte Norddeutsche ist. Friesisch. Hergeleitet von → Peter.

Pierre: → Peter.

Piet, Pieter: → Peter.

Pim: ein niederländischer Name; kurz, bündig und unkompliziert; lässt sich gut vor einen längeren Familiennamen spannen. Ursprünglich Kurzform von → Wilhelm.

Pinkas, Pinkus: außergewöhnlich, aber nicht zu ausgefallen; lässt sich mit den meisten Familiennamen gut kombinieren. Aus dem Hebräischen. Bedeutung: das Sprachrohr.

Pitter: vor allem im Rheinland bekannt. Verwandt mit dem Namen → Peter.

Prosper: individuell, aber nicht zu extravagant; passt vor allem zu den schlichteren Familiennamen. Von Prosperus. Aus dem Lateinischen. Bedeutung: glücklich, erwünscht. In Italien: Prospero. Abkürzungen: Pero, Pio.

P

Quentin: → Quint/Quintin.

Quinn: klar und frisch; passt problemlos zu den meisten deutschen Familiennamen. Aus dem Irischen/Gälischen. Bedeutung: der Weise.

Quint, **Quintin:** selten, aber nicht zu extravagant. Von Quintus. Aus dem Lateinischen. Bedeutung: der Fünfte. In England und Frankreich: Quentin; in Spanien: Quito. Abkürzungen: Quin, Quinn, Tino, Tinfu.

Quirin: originell, aber nicht zu abgehoben; lässt sich mit den meisten Familiennamen gut kombinieren; vor allem in Süddeutschland bekannt. Hergeleitet von Quirinus. Aus dem Lateinischen. Bedeutung: Lanzenträger; vielleicht auch ein Familienname. In Frankreich: Corin. Namenstag: 30. April.

R

Raban: schlicht, einfach und doch außergewöhnlich; fern jeder Mode. Aus dem Althochdeutschen. Hergeleitet von Rabanus. Bedeutung: der Rabe. Namenstag: 4. Februar.

Radolf traditionell; selten. Aus dem Althochdeutschen. Bedeutung: Ratgeber und Wolf. In Friesland: Redolf oder Redlef. Abkürzung: Rato.

Rafael, Raffael, Raphael: ausdrucksvoller klassischer Name; seit Jahren sehr beliebt. Aus dem Hebräischen. Bedeutung: Gott heilt, hat wiederhergestellt. In Italien: Raffaele oder Raffaello. Abkürzungen: Rafi, Raffin, Rasso. Namenstag: 29. September.

Ragnar oder **Ragner:** ein nordischer Name. Vermutlich von dem Namen Regnar oder Regner abgeleitet. Bedeutung: die Kraft und der Krieger. Vielleicht aber auch verwandt mit dem Namen → Rainer. Abkürzung: Rasso.

Raimund: zeitlos, traditionell; passt zu jedem Familiennamen; die ausländischen Varianten sind moderner. Aus dem Althochdeutschen. Bedeutung: Rat und Schutz. In Frankreich und im Englischen: Raymond; in Italien: Raimondo; in Spanien: Ramón. Abkürzungen: Mondo, Rasso, Ray. Namenstag: 7. Januar.

Rainald, Reinald, Reginald, Rinald: ein alter deutscher Name; traditionell; passt zu den meisten Familiennamen. Bedeutung: Rat und herrschen. In Italien: Rinaldo. Abkürzungen: Naldo, Ratilo, Rado, Ray, Regis, Rino.

Rainer, Reinar, Reiner: passt überall und immer. Aus dem Althochdeutschen. Bedeutung: Rat und Heer. In Frankreich: Rainier, Régnier. Abkürzungen: Rato, Ray, Rino.

Ralf, Ralph: kurz und einprägsam; passt zu fast jedem Familiennamen. Aus dem Englischen. Kurzform von → Radolf, heute aber selbstständige Namen.

Randolf, Randolph, Randulf: traditioneller Name aus dem Althochdeutschen. Bedeutung: Schild und Wolf. Im Englischen: Randal. Abkürzungen: Rando, Ray, Dolf.

Raoul: französisch, heute international. Verwandt mit dem Namen → Radolf. Bedeutung: Ratgeber und Wolf. Wird auch mit dem Namen Rudolf in Verbindung gebracht. In Spanien: Raúl.

Rasmus: lässig und individuell; passt nahezu überall. Kurzform von → Erasmus. Abkürzungen: Rasso, Rato.

Rasso: ungewöhnlich und unkompliziert; passt zu jedem Familiennamen. Kurzform von Namen mit der Anfangssilbe »Rat« wie Ratbert, Ratbod. Bedeutung: der Ratgeber. Eine weitere Form: Razzo. Namenstag: 19. Juni.

Ratje, Ratke: alte friesische Namen, die an das Plattdeutsche erinnern. Die Silbe »Rat« bedeutet »der Ratgeber«.

Regan: irisch/gälisch. Bedeutung: vom kleinen König abstammend. Abkürzungen: Ray, Reg.

Regnar, Regner: kernig, knapp. Aus dem Nordischen. Bedeutung: die Kraft und der Krieger. In Dänemark: Rejer. Abkürzung: Regis.

Reimar, Reimer, Reimert, auch **Raimar, Raimer:** individuell, aber nicht zu ausgefallen. Norddeutsch, passt aber auch nach Süddeutschland. Angelehnt an Reimbert. Aus dem Althochdeutschen. Bedeutung: Rat und glänzend. Abkürzungen: Remke, Remko, Reimo, Reno, Rino.

Reimo, Reino: unkompliziert, freundlich und heiter. Friesisch. Die Silbe »Reim« oder »Rein« bedeutet »Rat«. Abkürzungen: Reimo, Reno, Rino.

Reinald, Reinold, auch **Reginald:** alte Namen mit besonderem Charme. Aus dem Althochdeutschen. Bedeutung: der Rat, herrschen. Lässiger im Englischen: Reynold; in Frankreich: Renaud, Renault; in Italien: Rinaldo. Abkürzungen: Aldo, Naldo, Ole, Ollie, Regis, Reno, Rex.

Reinecke, Reineke, Reinke, Reinko, Reinske: kernig, friesisch. Verwandte Namen mit der Anfangssilbe »Rein«. Bedeutung: Rat. Abkürzungen: Renz, Renzo.

Reinhard: ein traditioneller Name, der zu jedem Familiennamen passt. Aus dem Althochdeutschen. Bedeutung: Rat und hart. In Frankreich: Renard; in den Niederlanden: Reinaert. Abkürzungen: Reint, Renz, Renzo, Rino.

Rembert: ein alter deutscher Name; zeitlos; mit fast jedem Familiennamen zu koppeln. Von Reimbert. Bedeutung: Rat und glänzend. Abkürzungen: Remt, Renz.

Remmert: aus dem Niederdeutschen. Verwandt mit dem Namen Reimbert. Bedeutung: der Rat und glänzend. Abkürzungen: Remt, Renz.

Remus: aus dem Lateinischen. Bezieht sich auf die Sage von Remus und Romulus. Abkürzungen: Remo, Rex.

Renatus: traditionell; individuell; passt zu den meisten Familiennamen. Aus dem Lateinischen. Bedeutung: der Wiedergeborene. In Italien: Renato; in Frankreich: René. Abkürzungen: Natus, Reno, Renz, Rex.

René: → Renatus.

Renz, Renzo, Rienzo: unkompliziert; passt besonders gut zu längeren Familiennamen. Wahrscheinlich eine Kurzform von → Lorenz; vielleicht auch von → Reinhard.

Reta, Reto, Rätus, Retus: ein Name aus der Schweiz. Bedeutung: eigentlich eine Ortsbezeichnung.

Rex: aus dem Englischen. Kurzform von längeren R-Namen wie etwa Reginald oder Reinhold.

Ricardo, Riccardo: → Richard.

Richard: ein traditioneller, schlichter Name, der sich überall anpasst. Aus dem Althochdeutschen. Bedeutung: mächtig und kühn. In Norddeutschland: Rickert, Rickmer, Ridzaard, Righard, Rikkert, Ritzard oder Ritzart; in Schweden: Rickand oder Rickard; in Finnland: Reku; im Englischen: Richard, Richie, Rick und Dick; in Frankreich: Ricard; in Italien: Ricardo, Riccardo; in Schweden: Richard. Abkürzungen: Hartl, Hardy, Ricci, Rico, Rick, Ricky, Riego, Riek, Rik, Riko, Rino, Rix. Namenstag: 7. Februar.

Richmar: ungewöhnlicher als der verwandte Name Richard. Aus dem Althochdeutschen. Bedeutung: reich, mächtig und berühmt. Abkürzungen: Rick, Ricky, Riek, Rik, Riko, Rino.

Risto: ungewöhnlich und neuartig; einfach, frisch. Finnische Kurzform von → Christoph.

R

Rix: kurz und prägnant, macht sich besonders gut mit einem längeren Familiennamen. Friesisch. Ursprünglich eine Kurzform von Namen mit der Endsilbe »rik/rich« wie zum Beispiel Hendrik. Bedeutung: reich.

Roald: ein alter norwegischer Name, der ganz und gar nicht alt, sondern modern wirkt. Kurzform von Rodewald. Germanisch/althochdeutsch. Bedeutung: Ruhm und herrschen. Abkürzungen: Aldo, Ro.

Rob, Robby: kurz und bündig; passt in alle Länder, zu allen Familiennamen. Eine Kurzform von → Robert.

Robert: ein alter Name, aber auch heute noch gefragt. Verwandt mit dem Namen → Rupert. In Italien: Roberto; im Englischen: Robin, Rob, Robby, Bob, Bobby. Abkürzungen: Bob, Bobby, Bert, Dobbin, Dobby, Ro, Rob, Robby.

Robin, Roberto: → Robert.

Rochus: ungewöhnlich; zeitlos; passt weniger gut zu den ganz alltäglichen Familiennamen. Aus dem Althochdeutschen. Bedeutung: Kriegsruf. In Frankreich, Spanien und England: Roche; in Spanien: Roque; in Italien: Rocco. Abkürzungen: Rob, Rocco, Roch.

Rod: kurz und knapp; verträgt durchaus einen längeren Familiennamen. Verwandt mit Roderic/Roderich. Althochdeutsch. Bedeutung: Ruhm, mächtig.

Rogan: unverbraucht und interessant. Irisch/gälisch. Bedeutung: der Rothaarige.

Roger, Rodger: → Rüdiger.

Roland: traditionell, zeitlos; mit nahezu jedem Familiennamen kombinierbar. Althochdeutsch. Bedeutung: Ruhm und glänzend. Im Englischen: Rowland; in den Niederlanden: Roeland; in Italien und Spanien: Orlando; in Italien auch: Rolando; in Frankreich: Rolland. Abkürzungen: Andi, Ro. Namenstag: 15. September.

Rolf, Rohlf, Roolf: früher sehr beliebt, heute weniger »in«; passt gut zu einem längeren Familiennamen. Kurzform von → Rudolf/Rodlof. Im Englischen: Rolof; in Frankreich: Rodolphe; in Italien: Rodolfo.

Roman: angenehm im Klang; originell, aber nicht zu ausgefallen; international. Aus dem Lateinischen. Bedeutung:

der Römer. In Frankreich: Romain; in Spanien: Román; in Italien: Romano; in Polen: Romek. Abkürzungen: Rob, Robby, Ron. Namenstag: 28. Februar.

Romeo: ein alter italienischer Name; romantisch. Kurzform von → Bartholomäus. Abkürzungen: Ro, Rob, Robbie.

Ron: → Ronald.

Ronald: international, passt überall und immer. Aus dem Schottischen. Bedeutung: Rat und herrschen, walten. Abkürzungen: Naldo, Ron, Ronny.

Ronan: originell, unbeschwert und modern. Aus dem Irischen. Bedeutung: wie eine kleine Robbe. Abkürzungen: Ron, Ronny.

Rorik: seltener norddeutscher Name; individuell; passt zu den meisten Familiennamen. Kurzform von Roderich. Aus dem Germanischen/Althochdeutschen. Bedeutung: Ruhm und reich. Abkürzungen: Ror, Rik, Rix.

Rouven: → Ruben.

Roy: unkonventioneller englischer Name; international. Aus dem Keltischen. Bedeutung: rot.

Ruben, **Rouven**, **Rouwen**, **Ruven**, **Ruwen:** zeitlos, schlicht und ausdrucksvoll; mit nahezu jedem Familiennamen zu vereinbaren; biblischer Name. Aus dem Hebräischen. Bedeutung: Seht, ein Sohn! Im Englischen: Rube; in Spanien: Rubén. Eine weitere Form: Rauben.

NUR GEDULD, EIN PASSENDER NAME WIRD SICH FINDEN

Die meisten Eltern entscheiden sich schon vor der Geburt ihres Kindes für einen Namen. Manche haben allerdings ihre Schwierigkeiten damit. Begründung: Wie kann man einem Kind, das man noch gar nicht kennt, einen Namen geben, der wirklich zu ihm passt? Die Ruhe zu bewahren fällt dabei manchmal schwer, denn natürlich warten Großeltern, Paten, Tanten und Onkel schon ganz ungeduldig auf das Baby und seinen Namen. Hier gilt: Nicht unter Druck setzen lassen, denn der Name muss dem Standesamt erst innerhalb von vier Wochen nach der Geburt mitgeteilt werden.

Rudi: → Rudolf.

Rudolf, Rudolph: althochdeutsch. Bedeutung: Ruhm und Wolf. In den Niederlanden. Ruud; in nordischen Ländern: Ryolf; in Frankreich: Rodolphe, Roux, Raoul; in Italien und Spanien: Rudolfo, Rodolfo; in Italien. Ridolfo; in der Schweiz: Ruodi. Abkürzungen: Dolf, Dolfo, Rolf, Rollo, Rudi, Rudo, Rue, Rul. Namenstag: 17. April.

Rüdiger, Rütger, auch **Rudgar, Rudger, Rutgar, Rutger:** traditionell; vor fünfzig, sechzig Jahren ausgesprochen beliebt, inzwischen jedoch seltener zu hören. Aus dem Althochdeutschen. Bedeutung: Ruhm und Speer. In England, Frankreich und Norddeutschland: Roger; in den Niederlanden: Rogier, Rutger; in Italien: Ruggero oder Ruggiero. Abkürzungen: Ror, Rudo, Runi.

Rüter: erregt Aufmerksamkeit und macht neugierig. Verwandt mit dem fast vergessenen Namen Ruthard. Aus dem Althochdeutschen. Bedeutung: der Ruhm und hart.

Rufus, Rufin: ausdrucksvoller biblischer Name; zeitlos; mit nahezu jedem Familiennamen kombinierbar. Aus dem Lateinischen. Bedeutung: der Rothaarige. In Italien: Ruffo.

Runar, Rune, Runo: schwedische Namen. Die Silbe »Run« bedeutet »Geheimnis«, »Zauber«.

Rupert, Ruppert, auch **Ruprecht, Rupprecht:** traditionelle alte Namen; passen nahezu überall und zu jedem Familiennamen. Aus dem Germanischen/Althochdeutschen. Bedeutung: Ruhm und glänzend. Abkürzungen: Rup, Rupp. Namenstag: 24. September.

Rurik: nordisch/russisch. Verwandt mit dem alten Namen Roderich. Bedeutung: Ruhm und reich. Abkürzungen: Riek, Rik, Rix.

Sacha: → Sascha.

Salomo, Salomon: extravaganter biblischer Name; passt am besten zu einem unauffälligen oder zu einem klangvollen Familiennamen. Aus dem Hebräischen. Bedeutung: friedlich. Im Englischen: Solomon; im Slawischen: Solms. Abkürzungen: Momo, Sasso, Solms.

Salvatore: lebensfroher, beschwingter italienischer Name; passt nicht zu jedem Familiennamen. Verwandt mit dem Namen Salvator. Aus dem Lateinischen. Bedeutung: der Retter. Abkürzungen: Salo, Sam, Sasso, Torio.

Samson, Simson: attraktiv, ausdrucksvoll und neuartig; einfache Schreibweise. Aus dem Hebräischen. Bedeutung: stark wie die Sonne. Abkürzungen: Sam, Sammy, Sasso.

Samuel: ein zeitloser biblischer Name; individuell, aber nicht zu ausgefallen; international, passt zu den meisten Familiennamen. Aus dem Hebräischen. Bedeutung: von Gott erhört. Abkürzungen: Sam, Sammy, Sasso.

Sander: ungewöhnlicher friesischer Name; macht neugierig; passt nicht nur in den Norden. Kurzform von → Alexander. Abkürzung: Sando.

Sascha: sehr beliebter russischer Name; ansprechend und freundlich. Kurz- und Koseform von → Alexander. In Frankreich: Sacha.

Saul: ein biblischer Name. Aus dem Hebräischen. Bedeutung: der Erbetene, Begehrte.

Sebald: ein alter Name, aber nicht altmodisch; passt nahezu überall. Verwandt mit Siegbald. Aus dem Althochdeutschen. Bedeutung: Sieg und kühn.

Sebastian: traditionell, zeitlos; sehr beliebt. Aus dem Griechischen. Bedeutung: der Erhabene. In Frankreich: Sébastien; in Italien: Sebastiano. Abkürzungen: Basti, Bastia, Bastian, Basto, Seba, Sebo. Namenstag: 20. Januar.

Sebe, **Sebert**, **Sebo**, **Sebold:** friesisch. Verwandt mit Siegbert. Aus dem Althochdeutschen. Bedeutung: der Sieg und glänzend. Eine Variante: Zebe.

Seibold: lässig; ein alter Name, aber nicht verstaubt. Verwandt mit Siegbald. Althochdeutsch. Bedeutung: Sieg und kühn. Abkürzungen: Bolo, Seibo.

Sent, **Sentz:** origineller friesischer Name; kurz, knapp und unkompliziert. Hergeleitet von Vincent, der englischen Fassung des Namens → Vinzenz.

Seraphin: romantisch, märchenhaft; am besten mit einem sehr schlichten oder besonders klangvollen Familiennamen zu kombinieren; biblisch. Bedeutung: nach dem Engel Seraphim. Abkürzung: Sepo.

Sergius: klassisch; passt am besten zu einem schlichten unauffälligen Familiennamen; die fremdsprachigen Fassungen sind inzwischen gefragter. Aus dem Lateinischen. Bedeutung: einst ein Nachname. In England und Frankreich: Serge; in Russland: Sergej, Serguscha (als Kosename); in Italien und Spanien: Sergio. Abkürzungen: Gio, Sego.

Servaz: individuell; wirkt weniger gut in Verbindung mit einem ganz alltäglichen Familiennamen; vor allem im Süden bekannt. Abgeleitet von Servatius. Aus dem Lateinischen. Bedeutung: der Gerettete. In Frankreich: Servais; in Italien: Servazio; in den Niederlanden: Servaas. Abkürzungen: Sero, Varo, Zio. Namenstag: 13. Mai.

Severin: zeitlos; ein warmer Name mit angenehmem Klang. Von Severinus. Lateinisch. Bedeutung: Hinweis auf eine alte Familie. In Dänemark und den Niederlanden: Sören. Abkürzungen: Senz, Zerres. Namenstag: 8. Januar.

Sewart: → Sievert/Siewert.

Sidney: frisch und modern. Aus dem Englischen. Verwandt mit Sidonius. Lateinisch. Bedeutung: aus Sidon stammend. Abkürzungen: Sid, Ned.

Siebel, **Siebo:** seltener friesischer Name; fröhlich und unbeschwert. Verwandt mit Siegbert. Aus dem Althochdeutschen. Bedeutung: Sieg und glänzend.

Siebert: zeitlos; alt, aber nicht altmodisch. Friesisch. Verwandt mit Siegbert. Aus dem Althochdeutschen. Bedeutung: Sieg und glänzend. In Frankreich: Sébert. Abkürzungen: Bert, Sibo, Sicco, Sig, Siggi, Siek.

Siegfried, Sigfrid: traditionell; passt zu den meisten Familiennamen. Aus dem Althochdeutschen. Bedeutung: Sieg und Friede. In Frankreich: Siffre. Abkürzungen: Sibo, Sicco, Siff, Sig, Siggi, Siek. Namenstag: 15. Februar.

Siemen, Siemo: friesisch, aber beileibe nicht nur für Norddeutsche interessant. Wahrscheinlich mit dem Namen → Simon verwandt.

Sierk, Sirk: kernig und frisch; verträgt sich besonders gut mit einem längeren Familiennamen. Norddeutsch. Abgeleitet von Siegrich. Aus dem Althochdeutschen. Bedeutung: Sieg und mächtig.

Sievert, Siewert, Siverd, Sivert, Siwert, auch **Sewart:** schlicht, einfach und zeitlos; friesische Namen, passen aber nicht nur in den Norden. Hergeleitet von Siegward. Aus dem Althochdeutschen. Bedeutung: Sieg und Hüter. Abkürzungen: Sicco, Siek, Sierk, Siert.

Sigurd: früher beliebt, heute weniger aktuell. Nordisch. Verwandt mit Siegward/Siegwart. Aus dem Althochdeutschen. Bedeutung: Sieg und Hüter. Abkürzungen: Sicco, Siggi, Sigo, Siko. Namenstag: 15.Februar.

Silko: ein unkomplizierter, frischer norddeutscher Name. Die männliche Form von Silke; Kurzform von Cäcilie. Aus dem Lateinischen. Bedeutung: ein alter Familienname. Abkürzungen: Sik, Sikko, Silo.

Silvan: ein edler, schlichter Name; individuell, aber nicht zu ausgefallen. Abgeleitet von Silvanus. Aus dem Lateinischen. Bedeutung: Gott des Waldes. In Frankreich: Silvain, Sylvain; in Italien: Silvano. Abkürzung: Silo.

Silvester, Sylvester: ungewöhnlich, ausgefallen; passt am besten zu einem sehr schlichten oder besonders klangvollen Familiennamen. Aus dem Lateinischen. Bedeutung: bewaldet. In Frankreich: Silvestre. Abkürzung: Systo. Namenstag: 31. Dezember.

Silvio: → Silvius.

Silvius: ein klassischer Name; originell, klar und frisch; selten. Aus dem Lateinischen. Bedeutung: Mann des Waldes. In Italien: Silvio; in Frankreich: Sylvain.

Simon, Simeon: sehr beliebter biblischer Name; zugleich frisch und warm im Klang; einfache Schreibweise. Aus dem Hebräischen. Bedeutung: die Erhörung. In Italien: Simone; in Russland: Semjon. Abkürzungen: Sim, Sony, Sonny. Namenstag: 28. Oktober/8. Oktober.

Simson: → Samson.

Sixt, Sixtus: ein besonderer Name; edel und ohne Schnörkel. Aus dem Lateinischen. Bedeutung: der Feine.

Sixten: schwedischer Name; schlicht, klar und zeitlos. Bedeutung: Sieg und Stein. Abkürzungen: Sisto, Sixt.

Skipp: norwegisch; passend für alle, die das Meer lieben. Bedeutung: der Schiffseigner.

Sönke, auch **Söncke, Sönnich** oder **Süncke:** friesisch; macht sich besonders gut mit einem typisch norddeutschen Familiennamen. Bedeutung: das Söhnchen.

Sören: in Norddeutschland recht beliebt. Ursprünglich dänisch. Verwandt mit dem Namen → Severin.

Sophus: anspruchsvoll und selten; macht sich am besten mit einem ebenso anspruchsvollen Familiennamen. Aus dem Griechischen. Bedeutung: klug.

KURZ- UND KOSEFORMEN

Eltern, Geschwister und Freunde sind meistens ganz groß darin, einen Namen in eine Kurz- oder Koseform abzuwandeln.

➤ Eine Koseform ist die zärtliche Anrede, die vertrauliche Form eines Vornamens, und so wird aus Hans der Hansemann. Oft hat der Kosename aber auch überhaupt keinen Bezug zu dem Vornamen, und dann wird aus Jonas das Bärchen.

➤ Eine Kurzform entsteht im täglichen Umgang mit einem längeren Vornamen und durch seinen häufigen Gebrauch. Immer den gesamten Namen aussprechen oder schreiben zu müssen wird einfach als unpraktisch angesehen. Aus Claudia kann auf diese Weise Dina werden, aus Friederike Rike.

Stan: lässig, leicht und unkompliziert; passt zu fast jedem Familiennamen und in jedes Land. Aus dem Englischen. Kurzform von Stanley. Bedeutung: ein alter Familienname.

Stanislaus: slawisch, aber in vielen Ländern bekannt. Hergeleitet von Stanislaw. Bedeutung: standhaft und Ruhm. In Italien: Stanislao; in Frankreich: Stanislas; in Osteuropa: Stanislav, Stanislaw. Abkürzungen: Stan, Stiva, Strasi.

Stefan, Stephan, Stephen: ein biblischer Name. Aus dem Griechischen. Bedeutung: der Bekränzte. In Norddeutschland auch Steffen; in Schweden und Dänemark: Staffan; im Englischen: Stephen, Steve, Steven; in Spanien: Estéban, Esteban, Estevan; in Italien: Stefano; in Frankreich: Étienne, Estienne oder Stéphane; in Osteuropa: Stepan; in Russland: Istvan. Abkürzungen: Fanyo, Steff, Steffel, Steve, Stoffel. Namenstag: 16. August.

Steffen: → Stefan.

Sten: ungezwungen und zeitgemäß; macht sich besonders gut mit einem etwas längeren Familiennamen; in vielen Ländern bekannt. Nordisch. Bedeutung: der Stein. In Norwegen: Steinar; in Dänemark und England: Steen.

Steve, Steven: → Stephan.

Stuart: lässig; international. Aus dem Englischen. Bedeutung: bezieht sich auf das schottische Königshaus.

Sven, Svenn oder **Swen:** nordisch; seit vielen Jahrzehnten bekannt und beliebt. Bedeutung: junger Mann. Andere Formen: Svende, Svenning, Swen. In Norwegen: Svein oder Sveinn; in Dänemark: Svend.

S

Taako, Tako: ausgefallen, aber nicht übertrieben originell; einprägsam. Norddeutsch. Ursprünglich eine Kurzform von Namen mit der Anfangssilbe »Diet« wie zum Beispiel Dietrich, Dietmar. Bedeutung: das Volk.

Tado, Tade: ein klangvoller friesischer Zweisilber; lässt sich nicht nur mit norddeutschen Namen wirkungsvoll kombinieren. Kurzform von Namen mit der Anfangssilbe »Diet«. Bedeutung: Volk. Abkürzungen: Tam, Tammy.

Tage: in Dänemark bekannt; passt am besten an die Nord- und Ostseeküste. Ein nordischer Name. Bedeutung: Bürge. Abkürzung: Tak.

Tamino: ein klangvoller, romantischer Name; braucht einen entsprechend klangvollen Familiennamen, um gut zu wirken. Aus dem Griechischen. Bedeutung: der Herr, Gebieter. Abkürzungen: Nino, Tamo.

Tankred: selten; unabhängig von allen Zeiten und Moden. Aus dem Englischen. Verwandt mit Dankrad/Dankrat. Althochdeutsch. Bedeutung: Dank und Rat. In Italien: Tancredo. Abkürzungen: Tan, Tani, Ted.

Tarje, Terje: ungewohnt; passt besonders gut in den Norden. Norwegisch. Hergeleitet von dem nordischen Namen Thorger. Bedeutung: bezieht sich auf den Gott Thor (Wotan) und bedeutet dazu »der Speer«.

Tassilo, Thassilo: → Tasso.

Tasso: ein beschwingter, verspielter italienischer Name. Verwandt mit den Namen Tassilo, Thassilo, Ivo, Iwo. Abkürzungen: Ilo, Tass. Namenstag: 11. Dezember.

Tell: kurz und prägnant; ausgefallen, aber nicht übertrieben; einfach in der Schreibweise; verträgt sich mit nahezu jedem Familiennamen. Aus dem Althochdeutschen. Bedeutung: hell. Auch bekannt durch den Schweizer Nationalhelden Wilhelm Tell.

Thaddäus: ein anspruchs- und ausdrucksvoller Name. Aus dem Griechischen. Bedeutung: Lobpreis. In Italien: Taddeo; in Spanien: Tadeo. Abkürzungen: Tado, Tamo.

Thaisen, Theis: schlicht und originell; macht sich gut vor einem längeren norddeutschen Familiennamen. Friesisch. Verwandt mit → Matthias. Abkürzung: Thais.

Themke: vor allem in Norddeutschland bekannt. Verwandt mit dem Namen Dietmar. Aus dem Althochdeutschen. Bedeutung: Volk und berühmt.

Theo: angenehm im Klang, einfach in der Schreibweise; früher sehr beliebt, heute eher selten; wird langsam wieder entdeckt. Entweder angelehnt an → Theobald oder verwandt mit → Theodor.

Theobald: ein alter Name, der nur noch selten im Gespräch ist. Verwandt mit dem Namen Theobald/Dietbald. Aus dem Althochdeutschen. Bedeutung der Anfangssilbe »Die-«: Volk. In Frankreich: Thibault oder Thibauld; in Italien: Tebaldo. Abkürzungen: Baldo, Ted, Teddy, Theo.

Theodor: traditionell; nie im Trend, aber auch nie ganz vergessen; passt zu fast jedem Familiennamen. Aus dem Griechischen. Bedeutung: Geschenk Gottes. In den Niederlanden: Dorus; im Englischen: Theodore; in Frankreich: Théodore; in Italien und Spanien: Theodoro; in Russland: Fjodor oder Fedor, Feodor; in Ungarn: Tivedar. Abkürzungen: Dorus, Fedor, Ted, Teddy, Tede, Tedo, Tetje, Theo. Namenstag: 19. September.

Theophil: originell, aber nicht abgehoben; eher selten. Aus dem Griechischen. Bedeutung: Gottesfreund. In Italien: Teofilo. Abkürzungen: Fili, Filo, Theo, Phil.

Thiedemann: liebenswert; altmodisch, aber kein bisschen verstaubt. Verwandt den Namen mit der Anfangssilbe »Diet«; aus dem Althochdeutschen. Bedeutung: Volk. Abkürzungen: Tilo, Till, Tim, Timmy.

Thielmann, Thielemann: kerniger norddeutscher Name; passt am besten zu einem schlichten, kurzen Familiennamen. Verwandt mit Tilmann. Aus dem Althochdeutschen.

Bedeutung: Gefolgsmann, getreuer Mitstreiter. Abkürzungen: Tilo, Till, Tim, Timmy.

Thiemo, Tiemo, Timo, Timmo: angelehnt an die Namen → Dietmar/Thietmar. Abkürzungen: Tim, Timmi.

Thies, Thieß: selten, einprägsam; passt am besten nach Norddeutschland. Kurzform von → Matthias.

Thilo, Tilo: beliebter, unkomplizierter Name; angenehmer Klang durch die Vokalfolge i und o; mit fast jedem Familiennamen kombinierbar. Kurzform von Namen mit der Anfangssilbe »Diet«. Althochdeutsch. Bedeutung: Volk.

Thole: ein friesischer Name, der an alte Sagen erinnert und einfach wunderschön klingt. Bezieht sich wie alle Namen mit der Anfangssilbe »Tho« auf den Gott Thor (Wotan).

Thomas: zeitloser biblischer Name; immer beliebt; lässt sich mit den meisten Familiennamen verbinden. Aus dem Griechischen. Bedeutung: die Zwillinge. In Schottland: Tavis; in Dänemark: Tammes; in Finnland: Tuomo; in Frankreich: Thomé; in Italien: Tomaso, Tommaso, auch: Masetto, Masino; in Spanien: Tomas (auch in Schweden); in Osteuropa: Toma; in Ungarn: Tamás. Abkürzungen: Tam, Tamme, Tammo, Thoma, Thommy, Tom, Tomy, Tommi, Tommo, Tommy, Toms. Namenstag: 28. Januar.

Thor, Thore, Tore: nordischer Name, der auch besonders gut nach Norddeutschland passt. Bedeutung: bezieht sich auf den Gott Thor (Wotan).

Thorben, Torben, auch **Tharben:** im Norden recht beliebt. Dänisch, hergeleitet von dem Namen Torbjörn, einem nordischen Namen, der sich auf den Gott Thor (Wotan) bezieht und dazu »Bär« bedeutet.

Thorge, Thorger, Thorgert oder **Torke:** nordisch. Bezieht sich auf den Gott Thor (Wotan) und bedeutet dazu »Speer«. In Norwegen: Tarje oder Terje. Abkürzungen: Tor, Tore.

Thorgny, Torgni oder **Torgny:** individuell. Ebenfalls ein nordischer Name, der sich auf den Gott Thor (Wotan) bezieht; eine weitere Bedeutung: der Lärm.

Thorkell, Thorkil, Torkel, Torkil, Torkild: nordische Namen, die sich ebenfalls auf den Gott Thor (Wotan) beziehen; weitere Bedeutung: der Helm. Abkürzungen: Tor, Tore.

Thormod, Tormod: ein nordischer Name, der sich auf den Gott Thor (Wotan) bezieht; eine weitere Bedeutung: Mut. Abkürzungen: Tor, Tore.

Thorolf Torolf oder **Torulf:** nordische Namen; südlich von Skandinavien weitgehend unbekannt. Aus dem Altisländischen. Bedeutung: Wolf. Abkürzungen: Tore, Torm, Toste.

Thorsten, Torsten: beliebt und unkompliziert; passt zu den meisten norddeutschen Familiennamen. Aus Skandinavien. Bezieht sich auf den Gott Thor (Wotan) und bedeutet dazu »Steinwaffe«. Abkürzungen: Tore, Torm, Toste.

Thorwald, Torvald, Torwald: nordisch. Erinnert wiederum an den Gott Thor (Wotan); bedeutet dazu »herrschen«. Abkürzungen: Tore, Torm, Toste.

Thure oder **Ture:** schwedischer Vorname, der gut zu norddeutschen Familiennamen passt; Bedeutung: bezieht sich auf den nordischen Gewittergott Thor (Wotan).

Tiard, Tjard, Tjaard: vor allem in Norddeutschland bekannt. Ursprünglich eine Kurzform von Diethard. Althochdeutsch. Bedeutung: Volk und hart.

Tiark, Tjark: steht am besten vor einem längeren norddeutschen Nachnamen. Friesisch. Verwandt mit dem Namen Dederik. Bedeutung: das Volk.

Tiberius: anspruchsvoll; braucht einen entsprechend klangvollen Familiennamen, um gut zu wirken. Lateinisch. Erinnert an den Flussgott Tiberis. In Italien: Tiberio; in Frankreich: Tibère; in Ungarn: Tibor. Abkürzungen: Tibo, Tim.

Tibo: kurz und schlicht; angenehm mit den Vokalen i und o; passt zu fast jedem Nachnamen. Friesisch. Hergeleitet von Namen mit der Silbe »Diet«. Bedeutung: das Volk.

Tibor: → Tiberius.

Tiddo, Tide, Tido, Tiedo: norddeutsche Namen. Ursprünglich Kurzformen von Namen mit der Anfangssilbe »Diet«. Bedeutung: Volk.

Till Tyl: frisch und fröhlich. Kurzform von Namen mit der Anfangssilbe »Diet«. Bedeutung: Volk. Der Name wird auch als Abkürzung von → Tillman verstanden.

Tillman, Tillmann, Tilman, Tilmann: ein alter norddeutscher Name, der aber ganz und gar nicht altmodisch ist;

KLINGKLANG-NAMEN

Zunehmend mehr Eltern wünschen sich für ihr Kind einen Namen, der wie eine angenehme Melodie klingt, den man singen könnte. Namen wie Nicoletta, Claretta, Elisabetta erfüllen diese Erwartung. Auch der Name Martina bringt die erwünschten klanglichen Voraussetzungen mit, denn er enthält drei wohlklingende Vokale und endet mit dem besonders beliebten a. Gefragt sind heute vor allem auch kurze, wohlklingende Namen mit mindestens zwei Vokalen wie etwa Lea, Nina, Nora, Luca oder Jonas.

nach wie vor beliebt. Bedeutung: Nachkomme von Till. Abkürzungen: Till, Tillo.

Tim, Timm: unkompliziert, nach wie vor sehr gefragt; passt zu fast jedem Familiennamen; zählt zu den beliebtesten Jungennamen. Friesisch. Kurzform von den alten Namen → Thiemo und Dietmar.

Timon: selten, unverbraucht und unkompliziert; passt nahezu überall. Aus dem Griechischen. Bedeutung: Ehre, Ansehen. Abkürzung: Tim.

Timotheus: ein traditioneller biblischer Name. Aus dem Griechischen. Bedeutung: Gott ehrend. In Frankreich: Timothée; in Russland: Timofej; in Italien und Spanien: Timoteo; im Englischen: Timothy. Abkürzungen: Timo, Timm, Tim, Timmi, Timmy. Namenstag: 26. Januar.

Tino: unkomplizierter italienischer Name; angenehmer Klang. Kurzform von Namen mit den Endsilben »tino« wie zum Beispiel Celestino.

Titus: klassischer biblischer Name; anspruchsvoll. Aus dem Lateinischen. Bedeutung: der Geehrte. Eine andere Form: Titianus. In Italien: Tito. Namenstag: 26. Januar.

Tizian, Tiziano: elegant; extravagant; passt nicht zu jedem Familiennamen. Verwandt mit → Titus/Titianus.

Tobias: beliebter biblischer Name; passt immer und überall. Aus dem Hebräischen. Bedeutung: Gott ist gütig. In Griechenland: Tobit; in Finnland: Toivo. Abkürzungen: Bibi, Tobi, Toby, Tom, Tommi, Tommy.

Todd: lässig und unkompliziert; passt auch vor einen deutschen Familiennamen. Englisch. Bedeutung: der Fuchs.

Tönjes, Tönnies: klingt in norddeutschen Ohren zärtlich wie ein Kosename. Friesisch. Kurzform von → Antonius.

Tom: unkompliziert; mit nahezu jedem Familiennamen zu kombinieren. Ein englischer Name. Kurzform von → Thomas. Als Kosename: Tommy.

Tomke, Tomko: verspielt und heiter. Ein nordischer Name, der an Märchen erinnert. Wahrscheinlich eine Kurzform von Namen mit der Anfangssilbe »Thor«, die an den Gewittergott Thor (Wotan) erinnern.

Toni, Tony: ursprünglich ein englischer Name, heute international. Kurzform von Namen mit der Endsilbe »thony« wie zum Beispiel Anthony.

Tonio: unkomplizierter italienischer Name; in vielen Ländern beliebt. Ursprünglich Kurzform von Namen mit den Endsilben »tonio« wie etwa Antonio.

Tord: ungewöhnlich, aber nicht zu ausgefallen. Nordisch. Kurzform von Namen mit der Anfangssilbe »Thor« oder »Tor«, die sich auf den Gott Thor (Wotan) beziehen.

Torger: ein herber, nordischer Name, der an Meer und Wind erinnert. Bedeutung: bezieht sich auf den Gott Thor (Wotan) und bedeutet dazu: Speer.

Toste: nordisch. Ursprünglich eine Kurzform von Namen mit der Anfangssilbe »Thor« wie Thorsten oder Torsten.

Tove: schwedisch. Ursprünglich eine Kurzform von Namen mit der Anfangssilbe »Thor« oder »Tor«. Bedeutung: bezieht sich auf den Gott Thor (Wotan).

Trevor: individuell, international. Aus dem Irischen/Gälischen. Bedeutung: der Besonnene. Abkürzung: Tracy.

Tristan: klassisch; selten; macht sich am besten in Verbindung mit einem schlichten oder besonders klangvollen Familiennamen; erinnert an alte Sagen. Aus dem Keltischen. Bedeutung: das Waffengeklirr.

T

Ubald: ein alter Name; traditionell. Bedeutung: Geist und kühn. In Frankreich: Ubalde; in Italien: Ubaldo. Abkürzungen: Baldo, Ubbo, Ule.

Ubbe, Ubbo oder **Ubo:** vor allem bekannt im Norden. Friesisch. Wahrscheinlich eine Kurzform von → Ubald.

Udo, auch **Ude, Uto, Utto:** guter Klang; inzwischen jedoch fast vergessen. Norddeutsche Kurzform von → Ulrich, inzwischen selbstständig. Namenstag: 3. Oktober.

Ugo: fröhlich und frisch. Aus dem Italiensichen. Erinnert an den alten Namen → Hugo. Kosename: Ugolino.

Uland: schnörkellos, fern jeder Mode, ein alter Name. Aus dem Althochdeutschen. Bedeutung: Heimat, Land.

Ulbert: althochdeutsch. Bedeutung: Heimat und glänzend. Abkürzungen: Bert, Ule, Ullo, Ulo.

Ulerk: selten; harmoniert sicherlich am besten mit einem längeren, typisch norddeutschen Familiennamen. Verwandt mit → Ulrich. Kurzform: Ule.

Ulf, Ulff oder **Ulfo:** ein einfacher, klarer Name, der besonders gut in den Norden passt. Aus dem Nordischen. Bedeutung: Wolf. In Schweden: Ulv oder Ulw.

Ullmann: ungewöhnlicher alter Name. Aus dem Althochdeutschen. Bedeutung: die Heimat und der Mann. Abkürzungen: Ullo, Ulo.

Ulrich: schlicht und zeitlos; passt zu fast jedem Familiennamen. Aus dem Althochdeutschen. Bedeutung: Heimat und reich. In Frankreich: Ulric; in Italien: Ulrico, Uldarico; in Polen: Ulrych. Abkürzungen: Ule, Uli, Ulli, Ullo, Ulo, Rick, Rik, Ricky, Rikky. Namenstag: 4. Juli.

Ulrik: vor allem in Norddeutschland beliebt. Verwandt mit → Ulrich. In Friesland: Ulerk. Abkürzungen: Rick, Rik, Ricky, Rikky Ule, Uli, Ulli, Ullo, Ulo.

Umberto: extravagant, individuell; macht sich gut mit einem entsprechend eleganten Familiennamen. Italienisch. Verwandt mit dem Namen Humbert. Aus dem Althochdeutschen. Bedeutung: junger Bär und glänzend.

Umme, Ummo: klingt nach Nordseeküste. Friesisch. Hergeleitet von Namen aus dem Althochdeutschen mit der Anfangssilbe »Od« oder »Ot«. Bedeutung: der Besitz.

Unne, Unno: friesisch. Verwandt mit → Onno/Onne. Ursprünglich Kurzformen von Namen aus dem Althochdeutschen mit der Anfangssilbe »Od« oder »Ot«. Bedeutung: der Besitz.

Urban: selten; originell, aber nicht zu ausgefallen. Aus dem Lateinischen. Bedeutung: der Stadtbewohner. In Frankreich: Urbain; in Italien: Urbano; in Ungarn: Urbán. Abkürzungen: Ben, Uri. Namenstag: 28. Juli.

Uriel: ein ungewöhnlicher biblischer Name. Aus dem Hebräischen. Bedeutung: Gott ist mein Licht.

Urs: kurz und prägnant; vor allem in der Schweiz beliebt. Kurzform von Ursus oder Ursin. Aus dem Lateinischen. Bedeutung: der Bär. In Italien: Ursio. Andere Formen: Ursinus, Ursus. Namenstag: 30. September.

Utz, Uz: kurz und schnell. Kurzform von → Ulrich.

Uve, Uvo, Uwe, Uwo: gerade die Namen Uve und Uwe waren noch vor einigen Jahrzehnten in weiten Teilen Deutschlands verbreitet; inzwischen ziemlich aus der Mode gekommen. Norddeutsch. Kurzform von Namen mit der Anfangssilbe »Od« oder »Ot«. Bedeutung: Besitz. In Schweden: Ove.

U

Vadin: angenehmer Klang durch die Vokale a und i; passt jedoch nicht zu jedem Familiennamen. Ein indischer/pakistanischer Name. Bedeutung: der gelehrte Redner.

Valentin: leicht, heiter und unbeschwert. Aus dem Lateinischen. Bedeutung: kräftig und gesund. In Italien: Valente, Valentino. Abkürzungen: Valtin, Vasja, Velten, Veltin, Tino, Tinto. Namenstag: 14. Februar.

Valerian: freundlich; ungewöhnlich, aber nicht zu extravagant. Angelehnt an Valerius. Aus dem Lateinischen. Bedeutung: ein alter Familienname. In Italien: Valerio; in Frankreich: Valérie, Valéry, Valérien. Abkürzungen: Valtin, Vasja, Tino, Tinto. Namenstag: 29. Januar.

Varus: kernig und originell; einfach in der Schreibweise; vor allem in der Schweiz bekannt. Bezieht sich auf die Varusschlacht im Teutoburger Wald. Abkürzung: Vasja.

Vasco: individuell, aber nicht zu ausgefallen; angenehm im Klang durch die Vokale a und o. Ein portugiesischer Name. Bedeutung: der Baske.

Veit: kurz und knapp; wirkt am besten mit einem längeren Familiennamen. Aus dem Althochdeutschen. Angelehnt an Wido/Guido. Bedeutung: der Wald, Holz. In Schweden: Witas; in Südeuropa: Vito; in Frankreich: Voit, Vit. Kosenamen: Veicht, Vid, Wido.

Viktor, **Victor**, auch **Viktorian:** klassisch; passt am besten zu einem betont schlichten oder klangvollen Familiennamen. Aus dem Lateinischen. Bedeutung: Sieger. In Dänemark: Viggo; in Italien: Vittorio, Vittorino; in Frankreich: Victorien; in Russland: Vitulja. Abkürzungen: Torio, Vico, Vicco, Viko, Vikko. Namenstag: 30. September.

Vilmar: ein alter, aber ganz und gar nicht altbackener Name; fast in Vergessenheit geraten. Bedeutung: viel und berühmt. Abkürzungen: Vilo, Vit.

Vinzenz, Vinzent: heiter und positiv in der Ausstrahlung. Aus dem Lateinischen. Bedeutung: Sieger. In England, in Frankreich und in den Niederlanden: Vincent; in Italien: Vincento, Vicente oder Vincenzo; in Spanien und Portugal: Vincente; in Polen: Vincenty. Abkürzungen: Cenz, Cento, Senz, Sentz, Vido, Vinz. Namenstag: 22. Januar.

Vitus: attraktiv, schlicht und einfach; ausgefallen, aber nicht übertrieben originell. Verwandt mit → Veit/Guido. Aus dem Althochdeutschen. Bedeutung: der Wald, Holz. In Russland: Firko. Abkürzung: Vit. Namenstag: 15. Juni.

Vivian: edel; passt nicht zu jedem Familiennamen. Angelehnt an Vivianus. Aus dem Lateinischen. Bedeutung: der Muntere, Lebhafte. In Italien: Viviano; in Frankreich: Vivien. Abkürzungen: Vit, Vito, Viv.

Vocka, Vooke: friesisch, außerhalb von Friesland jedoch weitgehend unbekannt, wahrscheinlich angelehnt an Volker.

Volker, Folker: früher sehr beliebt, heute weniger gefragt; passt zu fast jedem Familiennamen. Aus dem Althochdeutschen. Bedeutung: das Volk und das Heer.

Volkert, Folkert, auch Volkard, Volkart: verwandt mit dem alten Namen Volkhard. Aus dem Althochdeutschen. Bedeutung: das Volk und hart.

Volkmar, Volmar: aus dem Althochdeutschen. Bedeutung: Volk und berühmt. Abkürzungen: Fock, Focko, Fokko.

V

Walter, Walther: vor etwa fünfzig Jahren ein beliebter Name, dann ziemlich aus der Mode gekommen; in vielen Ländern bekannt. Aus dem Althochdeutschen. Bedeutung: herrschen und Heer. Im Englischen: Walt; in Frankreich: Gauthier; in den Niederlanden: Wout, Wouter; in Italien: Gualterio. Abkürzungen: Walo, Walt.

Wanja, Vanja: romantischer Name. Russisch. Ursprünglich die Kurzform von → Ivan, Iwan/Johannes.

Warnart, Warnert: norddeutsch, mit Anklang an Wernhard. Aus dem Althochdeutschen. Bedeutung: wehren und hart. Abkürzungen: Warn, Hardy.

Wassili, Wassilij, auch **Vasilij:** russisch. Angelehnt an Basilius. Aus dem Griechischen. Bedeutung: der König. Abkürzungen: Wasio, Wasja.

Weeko, Weeke, Weko: friesisch, außerhalb Norddeutschlands jedoch kaum bekannt. Aus dem Althochdeutschen. Kurzform von Wedekind. Bedeutung: das Waldkind.

Welf: ein alter Name; kurz und prägnant. Bedeutung: bezog sich auf das Fürstengeschlecht der Welfen.

Wendel, Wendelin: ein fröhlicher Name, der sich überall anpasst. Kurzform von Wendelbert/Wendelmar. Der Wortanfang »Wendel« bezieht sich auf den Stamm der Wandalen.

Wenzel: ungewöhnlich, originell und frisch; passt nicht zu jedem Familiennamen. Kurzform von Wenzeslaus, einem slawischen Namen. Bedeutung: mehr und Ruhm. In Polen: Wazlaw. Abkürzung: Wenz. Namenstag: 28. September.

Werner, Wernher: vor Jahrzehnten gefragt, heute weniger aktuell. Aus dem Althochdeutschen. Bedeutung: wahrscheinlich ein Hinweis auf den Stamm der Warnen. Im Niederdeutschen: Warner; in Dänemark und Schweden: Verner; in Frankreich: Varnier oder Vernier.

Wessel: verspielt und munter; verträgt sich besonders gut mit einem typisch norddeutschen Familiennamen. Friesisch. Verwandt mit dem Namen → Werner.

Wibbo, Wibo: friesisch. Hergeleitet von Wigbald. Aus dem Althochdeutschen. Bedeutung: Kampf und kühn.

Wichert, Wichard, Wickart, Wickhart: nordisch. Hergeleitet von dem alten Namen Wighard. Aus dem Althochdeutschen. Bedeutung: Kampf und hart.

Wido: angenehm im Klang und einfach in der Schreibweise; passt nahezu überall. Verwandt mit → Guido.

Wiegand, Wigand: ein alter Name; heute weniger gefragt. Aus dem Althochdeutschen. Bedeutung: Kampf und kühn. Abkürzungen: Wick, Wig.

Wieland, Weiland: ein alter Name, dessen Herkunft und Bedeutung nicht eindeutig geklärt sind. In Dänemark: Völund; in Frankreich: Galland. Abkürzungen: Lando, Win.

Wienand, Winand: ein alter Name mit der Bedeutung: Kampf und kühn. Eine interessante Schreibweise: Wynand. Abkürzungen: Nando, Win, Winno, Wyn. Wyne.

Wiko: einfach und gut; lebt von seinem Klang. Friesisch. Verwandt mit anderen Namen mit der Silbe »Wie«.

Wilbert: ein alter Name, der auch in neue Zeiten und zu jedem Familiennamen passt. Aus dem Althochdeutschen. Bedeutung: Wille und glänzend.

Wilhelm: zeitlos und traditionell; die fremdsprachigen Formen sind heute jedoch teilweise beliebter. Ein alter

---

WELCHE NAMEN LIEGEN IM TREND?
Für Mädchen sind Namen mit dem Anfangsbuchstaben L gerade in Mode, also Namen wie Lea, Lisa, Laura, Lena und Lara. Bei den Jungs stehen dagegen Namen mit dem Anfangsbuchstaben J hoch im Kurs – Namen wie Jonas, Jonathan, Julian und Johannes. Aber auch alte Namen wie Clara, Spohie, Maximilian und Paul liegen wieder im Trend. Weniger wichtig sind für Eltern heute Herkunft und Bedeutung eines Namens. Der Klang muss stimmen, einfach soll er sein und ein gutes Image haben.

deutscher Name. Bedeutung: Wille und Helm. Im Englischen: William; in Schweden und Bulgarien: Vilhelm; in Dänemark: Villum, Willum; in den Niederlanden: Willem, Wellem; in Frankreich: Guillaume; in Spanien: Guillermo; in Tschechien: Vilém; in Ungarn: Vilmos. Abkürzungen: Helm, Will, Willi, Willy, Wilm, Wim. Namenstag: 28. Mai.

Wilken: schlicht und ohne Schnörkel; passt zu fast jedem Familiennamen. Hergeleitet von → Wilhelm. Abkürzungen: Will, Wilm oder Willm.

Wilko: besonders klangvoller norddeutscher Name; zeitlos, schlicht; passt nahezu überall und immer. Angelehnt an → Wilhelm. Abkürzungen: Will, Wilm.

Willem: → Wilhelm.

Wilm, Willm: kurz und knapp; passt am besten zu einem längeren Familiennamen. Kurzform von → Wilhelm.

Wilt: neuartig und interessant; originell, aber nicht abgehoben; mit jedem Familiennamen zu kombinieren. Friesisch. Wahrscheinlich hergeleitet von Wilhard/Wilbert. Aus dem Althochdeutschen. Bedeutung: Wille.

Winald, Winold, Winolt: ein alter Name; heute fast in Vergessenheit geraten. Althochdeutsch. Bedeutung: Freund und herrschen. Abkürzungen: Naldo, Win, Winno.

Wolfgang: früher beliebt, heute weniger aktuell. Angelehnt an Gangolf. Althochdeutsch. Bedeutung: Wolf und Streit. Abkürzungen: Wolf, Wulf. Namenstag: 31. Oktober.

Wolter: ein ziemlich unbekannter norddeutscher Name. Verwandt mit → Walter.

Woltje: friesisch; erinnert an das Plattdeutsche; klingt wie ein zärtlicher Kosename. Verwandt mit → Walter.

Wulf: → Wolfgang.

Wychmann: origineller friesischer Name; ungewöhnlich; sehr männlich. Verwandt mit Namen wie Wynand/Winand. Aus dem Althochdeutschen. Bedeutung: Kampf. Abkürzungen: Wych, Wyn, Wyne.

Wyn, Wyne, Wyneke oder **Wyneken:** friesisch. Verwandt mit Namen wie Wynand/Winand. Aus dem Althochdeutschen. Bedeutung: Kampf.

Xander: originelle Kurzform von → Alexander.

Xaver: vor allem in Süddeutschland bekannt. Eigentlich ein spanischer Name, aber seit langem eingebürgert. Bedeutung: erinnert an ein Schloss in Spanien. In Frankreich, England und Spanien: Javier, Xavier.

Xenox: ein englischer Name griechischen Ursprungs. Bedeutung: der Fremde.

Xerxes: aus dem Griechischen. Bedeutung: erinnert an einen König gleichen Namens. Im englischen Sprachraum: Xeno, Xerus, Xeres.

Xylon: ebenfalls ein englischer Name griechischen Ursprungs. Bedeutung: Holz.

X

Yanic: ein Name aus der Bretagne. Verwandt mit dem Namen → Jean/Johannes. In der Schweiz: Yanneck oder Yannick. Abkürzung: Yanne.

Yorck, York: kurz und knapp; originell, aber nicht aufgesetzt; passt am besten zu einem etwas ausgefalleneren oder sehr schlichten Familiennamen. Dänisch. Hergeleitet von → Georg. In England: Yorick, Yorrick; in Osteuropa: Jork.

Yule: ein schottischer/nordenglischer Name, inzwischen aber in vielen Ländern bekannt. Bedeutung: Weihnachten. In Schweden: Yul.

Yves: ein wohlklingender französischer Name. Verwandt mit dem Namen → Ivo.

Yvon, Ivon: ein französischer Name. Aus dem Althochdeutschen. Bedeutung: die Eibe.

Yvor: ein russischer Name. Verwandt mit → Ivar/Ingvar.

Zacharias: ein biblischer Name. Aus dem Griechischen. Bedeutung: Gott hat sich meiner erinnert. Im Englischen: Zachary; in Italien: Zaccaria; in Frankreich: Zacharie; in Russland: Sachar. Abkürzungen: Zach, Ric.

Zachäus: zeitlos und interessant; weckt Aufmerksamkeit; harmoniert jedoch nicht mit jedem Familiennamen. Verwandt mit → Zacharias. Abkürzung: Zach.

Zaid, auch **Said:** ein arabischer Name, der Träume weckt. Bedeutung: der Glückliche.

Zammert: ein friesischer Name. Verwandt mit → Dietmar. Abkürzung: Zalo.

Zander: schlicht und einprägsam. Kurzform von → Alexander. Abkürzung: Zano.

Zeno: ungewöhnlich; passt zu jedem Familiennamen. Aus dem Griechischen. Bedeutung: erinnert an Zeus.

Zenobius: ausgefallen, ungewöhnlich; braucht einen entsprechend anspruchsvollen Familiennamen, um gut zu wirken. Aus dem Griechischen. Bedeutung: erinnert an Zeus und bedeutet dazu »das Leben«.

Zerres, Serres: kernig. Ein rheinischer Name, angelehnt an → Severin.

Zoltan: ungarisch. Hergeleitet von Sultan (einem Titel).

Z

DIE BELIEBTESTEN NAMEN DER VERGANGENEN FÜNF JAHRE

1999

	Mädchen	Jungen
1.	Marie	Lukas
2.	Maria	Alexander
3.	Sophie	Maximilian
4.	Anna/Anne	Leon
5.	Laura	Tim
6.	Sarah	Daniel
7.	Julia	Niklas
8.	Michelle	Jan
9.	Lea	Philipp
10.	Katharina	Paul

2000

	Mädchen	Jungen
1.	Marie	Alexander
2.	Sophie	Maximilian
3.	Maria	Lukas
4.	Anna/Anne	Leon
5.	Laura	Tim
6.	Lea	Paul
7.	Julia	Niklas
8.	Michelle	Jonas
9.	Katharina	Daniel
10.	Sarah	Jan

2001	Mädchen	Jungen
1.	Marie	Leon
2.	Sophie	Alexander
3.	Maria	Maximilian
4.	Anna/Anne	Lukas
5.	Laura	Paul
6.	Michelle	Tim
7.	Lea	Jonas
8.	Julia	Niklas
9.	Sarah	Jan
10.	Lisa	Daniel

2002	Mädchen	Jungen
1.	Marie	Alexander
2.	Sophie	Maximilian
3.	Maria	Paul
4.	Anna/Anne	Leon
5.	Laura	Lukas
6.	Lea	Jonas
7.	Katharina	Niklas
8.	Sarah	Tim
9	Julia	David
10	Lena	Luca

2003	Mädchen	Jungen
1.	Marie	Maximilian
2.	Sophie	Alexander
3.	Maria	Leon
4.	Anna/Anne	Paul
5.	Lea	Lukas
6.	Laura	Felix
7.	Lena	Luca
8.	Leonie	David
9.	Julia	Tim
10.	Sarah	Jonas

Maria und Marie werden getrennt gezählt, weil sie sich in der Anzahl der Silben unterscheiden. Anna und Anne werden dagegen zusammen gezählt, weil sie sich in der Anzahl der Silben nicht unterscheiden.

IM ÜBERBLICK: INFORMATIONEN RUND UM DIE NAMENSGEBUNG

Impressum

© 2003 GRÄFE UND UNZER VERLAG GmbH, München
Alle Rechte vorbehalten. Nachdruck, auch auszugsweise, sowie Verbreitung durch Film, Funk, Fernsehen und Internet, durch fotomechanische Wiedergabe, Tonträger und Datenverarbeitungssysteme jeder Art nur mit schriftlicher Genehmigung des Verlages.

Programmleitung: Ulrich Ehrlenspiel
Redaktion: Monika Rolle
Lektorat: Andreas Kobschätzky
Illustrationen: Saskia Kölliker
Fotos: Antje Anders (Umschlag)
Gestaltung und Layout: independent Medien-Design
Herstellung: Markus Plötz
Satz: Filmsatz Schröter, München
Druck und Bindung: Druckerei Auer, Donauwörth

ISBN 3-7742-5734-5

Auflage	5.	4.		
Jahr	2007	06	05	04

Ein Unternehmen der
GANSKE VERLAGSGRUPPE

Hinweis:
Alle Informationen und Ratschläge in diesem Buch wurden von Autorin und Verlag sorgfältig zusammengestellt und geprüft. Dennoch kann eine Garantie nicht übernommen werden. Eine Haftung der Autorin und des Verlages ist ausgeschlossen.

Umwelthinweis:
Dieses Buch wurde auf chlorfrei gebleichtem Papier gedruckt. Um Rohstoffe zu sparen, haben wir auf Folienverpackung verzichtet.

Die **GU Homepage** finden Sie im Internet unter
www.gu-online.de